Sarah Benz · Katrin Trommler

# Sarggeschichten

mosaik

Sarah Benz
Katrin Trommler

# Sarggeschichten

## Warum selbstbestimmtes Abschiednehmen so wichtig ist

### Was wir über Trauer und Bestattung wissen sollten

mosaik

MIX
Papier | Fördert gute Waldnutzung
FSC® C010328

Penguin Random House Verlagsgruppe FSC® N001967

2. Auflage
Originalausgabe November 2023

Neumarkter Str. 28, 81673 München
Umschlag: Sabine Kwauka
Umschlagmotiv: © Tara Wolff
Redaktion: Nina Schnackenbeck
Satz: Uhl + Massopust, Aalen
Druck und Bindung: Alföldi Nyomda Zrt., Debrecen
Printed in Hungary
KF/JE · IH/ast
ISBN 978-3-442-39403-6

www.mosaik-verlag.de

# INHALT

*für Ralf*

# VORNEWEG

## WO WIR STEHEN

Sterben. Tod. Trauer. »Damit beschäftigt man sich ja eigentlich nicht«, sagte letztens ein Journalist in einem Interview halb entschuldigend zu Sarah. Ja, so ist es meistens, man beschäftigt sich nicht damit, man beschäftigt sich nicht damit, man beschäf… – und dann stirbt jemand, und niemand weiß so genau, was zu tun ist, was man darf oder was man sich eigentlich wirklich für so einen Abschied wünscht.

Meistens geht alles sehr schnell: zu einem Bestatter gehen, Sarg aussuchen, sich zwischen Erde und Feuer entscheiden, eine Rednerin oder den Geistlichen bestellen. Und dann sitzt man nach der Bestattung da und fragt sich, ob das alles war.

Aber es geht auch anders. Eine Vorbereitung auf den Tod ist möglich. Nicht auf die Gefühle, die wir dann durchleben – die werden kommen, und wir werden ihnen ähnlich ausgeliefert sein wie dem Tod selbst. Aber auf das, was es zu gestalten gibt, darauf können wir uns vorbereiten.

Der Tod gehört zum Leben. So zumindest sagt man es immer. Und ja, Menschen sterben. Im Durchschnitt werden wir in unserer Lebenszeit zwei bis zehn nahestehende Personen verlieren und betrauern. Großeltern, Eltern, Geschwister, Partnerpersonen, Kinder, befreundete Menschen und Personen, mit denen wir arbeiten. In manchen Familien- oder Freundeskreisen gibt es mehr Todesfälle als Geburten, werden mehr Trauerfeiern veranstaltet als Hochzeiten gefeiert.

Abschiede ziehen sich durch unser Leben, aber wie wir damit gut umgehen können, dazu gibt es keine Anleitung. Und wir haben Angst davor. Mit dem Tod fühlen wir uns oft allein. Dabei betrifft er uns doch alle. Wäre es da nicht wichtig, zu wissen, was möglich ist? Wie der Abschied gestaltet werden kann? Denn wir haben oft mehr Angst vor Dingen, die wir nicht kennen, und fühlen uns hilflos, wenn wir nichts tun können. Aber dieser Angst können wir begegnen und lernen, mit ihr umzugehen.

Die Gefühle, die mit einem Verlust einhergehen, benötigen viel Energie. Dann im Moment des Abschieds das erste Mal davon zu hören, dass man einen Verstorbenen eine Zeit lang auch zu Hause behalten kann, spontan entscheiden zu müssen, ob man die Mutter selbst anziehen will oder sie im Sarg noch einmal zu ihrem Lieblingswald gefahren werden soll – das kann eine große Überforderung sein. Es kann dazu führen, dass Dinge nicht geschehen, die eigentlich schön wären. Besonders dann, wenn es keine Begleitenden an der Seite gibt, die Möglichkeiten aufzeigen und Raum und Zeit dafür geben.

## WAS WIR WOLLEN

Wir sind Sarah Benz und Katrin Trommler. Gemeinsam machen wir das Kurzfilmprojekt »Sarggeschichten«. Wir wollen euch in diesem Buch erklären, was wir alles gestalten können, wenn ein uns wichtiger Mensch stirbt und beerdigt werden muss. In achtzehn Kapiteln erhaltet ihr Einsicht in verschiedene Stationen des Abschieds, vom Sterbebett über die Abschiednahme bis hin zur Trauerfeier und der Erinnerung an die Verstorbenen. Es werden Fachleute zu Wort kommen, und wir haben Menschen gebeten, von ihren persönlichen Erfahrungen zu berichten. Ihr werdet auch unsere Geschichten erfahren und was uns dazu gebracht hat, dieses Buch zu schreiben.

Als die »Sarggeschichten« in die Welt gingen, bekamen wir häufig Feedback wie: »Oh, das hätte ich alles tun können, als mein Vater starb? Hätte ich das doch schon eher gewusst.« Das hat uns darin bestärkt, weiterzumachen, zu informieren und zu ermutigen, Abschiede von nahen Menschen selbstbestimmt zu gestalten. Manchmal schreiben uns nun Leute, dass sie sich getraut haben, die Urne ihres Opas zu tragen oder dass sie ihre Mutter nach dem Tod gewaschen haben, weil sie es in unseren Filmen so gesehen haben. Familien reden darüber, was sich jeder für seinen Tod wünscht. Dabei entstehen verbindende Gespräche. Das sind für uns die schönsten Momente, deshalb machen wir die »Sarggeschichten«, und deshalb schreiben wir darüber.

## Wie die »Sarggeschichten« entstanden

**Sarah**

»Vor ungefähr neun Jahren entstand die Idee zu den ›Sarggeschichten‹. 2014 arbeitete ich in einem Stadtteilzentrum. Ich bot Veranstaltungen zum Thema ›Sterben und Trauer‹ an und lernte dabei Jan Möllers kennen, Bestatter bei memento Bestattungen. Uns verband der Wunsch, die Themen Sterben, Tod und Trauer näher an die Menschen heranzubringen. Im Sommer 2015 hatte ich die Idee, kleine Kurzfilme zu drehen und damit einen YouTube-Kanal zu starten. Jan war sofort dabei, und bei unserem ersten Ideensammeln hatten wir schnell über zwanzig Themen zusammen,

Filmdreh bei den »Sarggeschichten«

zu denen wir gerne arbeiten wollten. Das Problem: Wir hatten kein Geld und auch nur wenig Ahnung vom Filmen.

Der Zufall kam uns zu Hilfe. Eine Bekannte, der ich von der Filmidee erzählt hatte, traf Dr. Thomas Sitte, Vorsitzender der Deutschen Palliativ-Stiftung, der ebenfalls nach Möglichkeiten suchte, die Themen Sterben und Tod den Menschen näherzubringen. Sie sprach ihn an, erzählte von unserer Idee und stellte den Kontakt her. Die PalliativStiftung bot uns eine Anschubfinanzierung an, mit der wir neun Filme drehen konnten. Die ›Sarggeschichten‹ waren geboren.

Vor allem wollten wir den Menschen zeigen, welche Gestaltungsmöglichkeiten sie haben, wenn jemand stirbt. Außerdem war es uns wichtig, eine neue Bildsprache zu kreieren. Wir wollten etwas anderes zeigen als bedrückende Alleen, Blumen auf Gräbern, düstere, gedeckte Farben und getragene Musik. Es sollte bunt werden und lebendig. Der rote Sarg, auf dem ich moderiere, wurde zum Symbol des Projektes. Rot sagt ›Achtung, das ist wichtig!‹ Rot ist auch die Farbe der Liebe und ein guter Kontrast zu Schwarz und Grau.

Kurze Zeit später kam Karen Admiraal dazu und erweiterte für einige Jahre das Team. Heute arbeitet sie als Bestatterin in den Niederlanden.

Viele Menschen unterstützen die ›Sarggeschichten‹, indem sie ihre Geschichten teilen, beim Organisieren der Filmproduktion helfen, Equipment zu den Drehorten tragen, Veranstaltungen vorbereiten, die Webseite bauen und uns inhaltlich beraten. Ebenso teilen viele die ›Sarggeschichten‹ und tragen sie so in die Welt. Zu unserer großen Freude werden sie auch in der Fort- und Weiterbildung eingesetzt, zum Beispiel in der Pflege, Seelsorge, der Hospizarbeit und im Bestattungswesen. All diesen wunderbaren Menschen, die uns unterstützen und unterstützt haben, sind wir sehr dankbar für ihre gute Energie!

Sarah, Jan und Karen beim Filmdreh einer »Sarggeschichte«

Katrin stand von Anfang an als Protagonistin zur Verfügung und teilte ihre Erfahrungen um den Tod ihres Bruders und den ihrer Tochter.

Als die Stiftung das Projekt nicht länger finanzieren konnte, gründeten Jan und ich 2017 den Verein Sarggeschichten e.V. Katrin wurde die Dritte im Vorstand.

Ab dem Zeitpunkt waren die ›Sarggeschichten‹ auf Spenden angewiesen. Erst war unsicher, ob das Projekt würde allein überleben können – aber es funktionierte, und so konnten weitere Filme entstehen, die durch unseren YouTube-Kanal und unsere Webseite allen Menschen zugänglich sind.

Katrin und unsere Filmerin Katinka Zeuner beim Filmdreh

An alle Personen, die uns mit ihrer Spende unterstützt haben und weiterhin unterstützen, geht unser großer Dank!

Die vielen Kommentare und Fragen, die wir über unsere Social-Media-Seiten bekommen, besonders über den von mir geführten Twitterkanal @sarggeschichten, zeigen, wie wichtig es ist, offen über die Themen Sterben, Tod und Trauer zu sprechen. Es gibt viel Unwissen, Hilflosigkeit und viele Ängste, und dabei ist es so einfach, etwas dagegen zu tun. Informationen geben Sicherheit, und dann können Menschen Entscheidungen treffen und handlungsfähig werden.«

Das wichtigste Anliegen der »Sarggeschichten« ist es, Menschen Mut zu machen, Dinge zu gestalten, wenn der Tod ins Leben tritt. Deshalb sind wir so glücklich, dass es dieses Buch gibt. Ein Mutmachbuch für eine Zeit im Leben, in der Menschen geschwächt und verletzlich sind; für eine Zeit, in der es hilfreich sein kann, wenn man vorher schon einmal darüber nachgedacht hat, was geschehen soll, wenn jemand Wichtiges stirbt und verabschiedet werden muss.

## SARAH, KATRIN UND DER TOD

Uns beide verbindet eine lange Geschichte. In unserem Leben sind viele wichtige Menschen gestorben. Die Art, wie wir Abschied genommen haben, hat sich über die Jahre sehr verändert. Wir haben viel gemeinsam gelernt und sind daran gewachsen. Nicht zuletzt aus diesen Erfahrungen entstand die Motivation für dieses Buch.

Wir waren neun Jahre alt, als wir uns kennenlernten. Sarah kam damals neu in die Klasse. Wir freundeten uns an und verbrachten viele

Nachmittage zusammen. Oft spielten wir zu dritt mit Katrins großem Bruder Ralf. Später, als wir schon aufs Gymnasium gingen, zog Katrin ans andere Ende von Berlin und wechselte die Schule. Wir besuchten uns regelmäßig. Der Kontakt zwischen Sarah und Ralf wurde intensiver. Die beiden wurden ein Paar.

Zur gleichen Zeit erkrankte Katrins Vater schwer. Sie war gerade siebzehn.

## Katrin

»Ich erinnere mich an die ersten Symptome. Er wurde schwach, war verwirrt und unzurechnungsfähig. Mein kluger, starker Papa sackte förmlich in sich zusammen. Er vermischte Traum und Realität, Vergangenheit und Gegenwart.

Als sich der körperliche und geistige Verfall dramatisch beschleunigte, erfuhren meine Mutter, mein Bruder und ich von der unheilbaren Erbkrankheit, die sich seit Generationen unbemerkt durch unsere Familie zog, eine Variante der Creutzfeldt-Jakob-Krankheit. Vom Auftreten der ersten Symptome bis zum sicheren Tod bleiben sieben bis höchstens vierundzwanzig Monate.

Meinem Papa ging es immer schlechter, und er musste ins Krankenhaus eingewiesen werden. Als ich ihn dort das erste Mal besuchte, war ich völlig unvorbereitet. Nur mühsam erkannte ich ihn hinter dem blassen, ausgemergelten Schatten, der dort im Bett lag.

Ich wusste nicht, wohin mit meinen Gefühlen, meinen Zweifeln und meinen Ängsten. Ich wollte einfach nicht wahrhaben, dass er sterben würde. Meine Mutter versuchte, uns Kinder zu schützen, und riet uns, unseren Vater nicht mehr im Krankenhaus zu besuchen. Wir sollten ihn so in Erinnerung behalten, wie er einmal war. Diesen Rat nahmen wir an und sahen ihn nie wieder.

Wochen vergingen, mein sterbender Vater existierte nur als surrealer, angstvoller Gedanke. Ich habe ihn verschwiegen, verdrängt, und er starb schließlich, ohne dass ich mich von ihm verabschiedet hatte, in der Klinik. Ich war nicht bei ihm, als er starb, habe nicht seinen toten Körper berührt. Auch nach seinem Tod fragte niemand, ob wir ihn noch mal sehen wollten.

Das alles nicht erlebt zu haben, tut weh. Bis heute fehlt mir der Abschied von meinem Papa sehr. Er hatte sich für mich wie in Luft aufgelöst und war plötzlich einfach nicht mehr da. Ich fühlte mich von ihm verlassen. Es hatte kein ›Lebe wohl‹ oder ›Ich liebe dich‹ gegeben. Ich konnte seinen Tod nicht begreifen.

Bei der Trauerfeier sah ich dann seine Urne neben dem Rednerpult stehen, aber eine Verbindung zu meinem Vater spürte ich nicht. Ich saß neben meiner Mutter, daneben Sarah und mein Bruder Ralf. Wir saßen alle eng nebeneinander, aber es entstand keine Nähe. Alle fühlten sich allein. Ich war wie benebelt und habe nur schemenhafte Erinnerungen an diesen Tag. Alles war verschwommen und die Geräusche verzerrt. Ich fühlte mich unfähig, etwas zu fühlen, alles war wie eingefroren.«

Der Trauerredner erzählte etwas vom Erbe des Vaters an die Kinder. Sarah wurde übel. Sie hielt Ralf an der Hand und musste die ganze Zeit an die Krankheit denken. In Katrins Familie wurde selten über Gefühle gesprochen. Dadurch herrschte eine große Verkrampfung, und alle waren sehr unsicher. Aus Angst, das Falsche zu sagen, breitete sich bleiernes Schweigen aus.

Die Zeit verging, und der Alltag überdeckte die Hilflosigkeit, machte das Schweigen aushaltbarer.

Ein halbes Jahr später trennten sich Sarah und Ralf, blieben aber durch eine Freundschaft verbunden. Der Gedanke an die Erbkrankheit ließ Ralf nicht los. Er machte einen Gentest. Er war positiv. Auch er würde irgendwann in der Mitte seines Lebens, vielleicht mit fünfzig, vielleicht später, an dieser Erkrankung sterben. Bis dahin wollte er bewusst leben. Er verliebte sich neu, es ging ihm gut. Mit seiner Freundin reiste er nach Australien, ein lang gehegter Traum.

Ralf war dreiundzwanzig, als die ersten Ausfälle begannen. Er klagte über Erschöpfung, Gedächtnislücken und ging zu verschiedenen Ärzten. Langsam kam ein Verdacht auf, den sich keiner traute auszusprechen. Eine Untersuchung in einer Spezialklinik bestätigte die böse Ahnung: Die Krankheit war ausgebrochen. Viel zu früh. Katrin fuhr zu Sarah, um ihr die Nachricht zu überbringen.

### Sarah

»Wir versuchten, uns mit einer Flasche Rosé zu betrinken, saßen auf dem Teppich und weinten. Noch war uns nicht klar, was uns erwartete, aber wir wussten, es würde mit Ralfs Tod enden.

Ich kann nicht sagen, ob es durch die Gewissheit seines Todes einfacher war, aber ich habe nie gehadert oder gehofft, er würde nicht sterben, weil es einfach so klar war. Es gab nur eine Richtung, in die es ging. Ich habe nur dafür gebetet, dass wir alles schaffen, was auf uns zukommen würde.

Anfangs blieb Ralf noch in der WG wohnen, in die er mit Katrin gezogen war. Seine Mutter, seine Freundin, Katrin und ich waren fast immer da. Eine Pflegekraft kam zur Unterstützung. Wir alle erlebten den rapiden Verlauf der Krankheit, die unerbittlich fortschritt. Ralf hatte geistige Aussetzer, er verlor Erinnerungen und Worte. Auch körperlich baute er ab, konnte bald nicht mehr laufen und erlebte große Unruhezustände. Die Pflege zu Hause wurde unmöglich.

Ein Hospizplatz wurde frei. Das war eine große Entlastung für uns und doch so schmerzlich aufgrund der Endgültigkeit. Von da an wechselten wir uns an Ralfs Bett ab. Wir gingen über unsere Grenzen, aber es ist erstaunlich, was der Körper schafft, wenn er muss.

Wir waren alle bei ihm, als Ralf starb.

Nach Ralfs Tod, dem Abschied und der Trauerfeier kam die große Erschöpfung. Jede von uns kämpfte auf eigene Weise mit ihrem Verlust.«

## Katrin

»Ich trauerte leise und flüchtete vor dem Schmerz in Aktivität. Ich suchte das Leben, ging auf Partys, feierte, versuchte mich zu spüren und bemühte mich um Normalität. Mir war es unangenehm, meine Trauer zu zeigen. Ich wünschte mir Anerkennung für meinen Verlust, hatte aber gleichzeitig Angst vor dem Mitleid der anderen. Ich beneidete Sarah, weil sie frei ihre Gefühle zeigen konnte.«

## Sarah

»Ich lebte meine Trauer offen und intensiv. Diese Erfahrung hatte so viel mit mir gemacht, dass es für eine gewisse Zeit fest zu meiner Identität gehörte, Ralfs Sterben zu erwähnen. Ich musste darüber reden. Ich musste mich wieder in die Normalität zurückreden. Ich brauchte Raum für mich und meine Trauer. Ich wollte, dass sie gesehen wird. Die Welt musste doch wissen, dass sie einen wunderbaren Menschen verloren hatte.

Die Erfahrungen bei Ralfs Sterben machten mich mutiger, Dinge zu gestalten. Als meine Omi wenig später starb, haben meine Mama und ich sie gewaschen und angezogen, weil ich gelernt hatte, dass man das machen kann.

Meine Großmutter starb in einem Pflegeheim. Die Pflegekraft, die uns an dem Tag begleitete, war erst verblüfft und sagte, in den letzten fünfzehn Jahren hätte sie es nie erlebt, dass Zugehörige ihre Verstorbenen selbst versorgen wollten. Aber sie freute sich über meine Bitte. Es war so schön, meine Omi noch einmal anzufassen und mich von ihrem Körper zu verabschieden. Es war auch verbindend für mich und meine Mutter, das gemeinsam zu tun. Wir zogen ihr ihr liebstes Nachthemd an und legten ihr ein Kreuz in die Hände. Das wäre ihr wichtig gewesen.

Im Laufe des Tages trafen die Geschwister meiner Mutter ein. Dann gab es eine Aussegnung, zu der auch viele Pflegende und Betreuungskräfte kamen, die meine Omi in den letzten Jahren begleitet hatten. Wir sangen, und es wurde ein Psalm aus der Bibel gelesen. Danach gab es Kaffee und Kuchen bei meiner Omi im Zimmer. Wir redeten, weinten oder saßen einfach nur da und schauten sie an.

Ich beobachtete, wie sie immer weiter wegging von uns. Zu Beginn des Tages war sie noch warm und weich gewesen. Über die Stunden veränderte sich ihr Körper langsam, die Totenstarre trat ein, und ihre Haut wurde kühler. Deshalb zog ich ihr noch ihre dicken Wollsocken an, denn sie hatte oft kalte Füße gehabt und sollte auch jetzt nicht frieren.

Die Mitarbeiterin des Heimes sagte, wir könnten noch bleiben, bis der Bestatter meine Großmutter in den Sarg gelegt hätte, aber ich hatte Sorge, dass er nicht schön mit ihr umgehen würde, und wollte lieber nach Hause gehen. Die Vorstellung, dass eine fremde Person meine liebevoll gebettete Omi aus dem Bett hebt, fühlte sich unbehaglich an. Ich wollte mich lieber so an sie erinnern, wie sie da gerade lag.

Heute denke ich: Wie gern hätte ich sie selbst in ihren Sarg gebettet und sie bis zum Schluss begleitet. Aber ich habe zu wenig gewusst und den Bestatter nicht einmal gesehen. Er hat nur mit meiner Mutter gesprochen und auch nur über die Abläufe.

Zu der Zeit studierte ich Sozialpädagogik und verfolgte meinen Traum, Musik zu machen. Ich hatte mit dreizehn begonnen, Texte und Melodien zu schreiben und zu komponieren und spielte mich teils solo, teils mit Band durch Berlins Kleinkunstszene. Es hat mir nach Ralfs Tod geholfen, Lieder und Gedichte über meine Trauer zu schreiben. Als ich den Musiker Scott Brazieal kennenlernte, lud er mich in die USA ein, um meine Stücke aufzunehmen. Mein erstes Album entstand in Portland/Oregon und ist eins der größten Geschenke, die ich in meinem Leben bekommen habe. Bis heute hege ich den Traum, ein zweites Album aufzunehmen. Und obwohl ich lange traurig war, Musik nicht zum Mittelpunkt meiner Arbeit gemacht zu haben, bin ich nun froh darüber. Ich habe das Gefühl, meine Arbeit ist sinnvoll, und ich tue sie gern und mit Leidenschaft. In meinem Herzen ist die Musik aber immer da. Ich verfolgte meine musikalischen Projekte weiter und singe manchmal auch auf Trauerfeiern.

Obwohl er nicht deutlich sichtbar schien, zog sich der rote Faden der Themen Tod und Trauer schon durch mein damaliges Berufsleben. Im sozialpädagogischen Kontext versuchte ich immer, den Themen Raum zu geben, sei es durch verschiedene Kurse und Workshops, die ich anbot, oder die Gründung eines Trauercafés, welches ich für acht Jahre leitete.

Im gleichen Jahr, als meine Omi starb, begann ich, mich in der Notfallseelsorge zu engagieren. Seitdem begleite ich ehrenamtlich Menschen in den ersten Stunden nach plötzlichen Todesfällen. Für einen Abschied bleibt da oft nur wenig Zeit. Ich erlebe, wie Verstorbene von der Gerichtsmedizin oder auch von Bestattungsunternehmen abgeholt werden, ohne dass die Zugehörigen genug Zeit haben, sich in Ruhe zu verabschieden.

Einmal starb ein junger Mann unerwartet, der seine schwangere Frau hinterließ. Als ich eintraf, hieß es, der Bestatter sei schon unterwegs, um den Verstorbenen abzuholen. Die junge Frau wollte sich aber noch von ihrem Mann verabschieden. Ich nahm an, dass der Bestatter nicht lange bleiben würde, und überlegte, wie ich mehr Zeit für die Trauernde gewinnen könnte. Dann kam ein ruhiger, gemütlicher Mann durch die Tür. Er dirigierte die Fahrer, die schon darauf warteten, den Toten ins Auto zu laden, in die Küche und erklärte, wir bräuchten erst einmal Zeit.

Gemeinsam betteten wir den Verstorbenen auf die Trage, da ein Sarg nicht durch das Treppenhaus passte. Die Ehefrau bat mich, ein Foto von ihrem Mann zu machen. Sie holte eine Kamera und drückte sie mir in die Hand. Ich fotografierte erst zögerlich, dann mutiger. Die Ehefrau streichelte ihrem Mann über das Gesicht. Sie wünschte sich ein Lied. Gemeinsam sangen wir ›Der Mond ist aufgegangen‹.

Ich hatte einen Kloß im Hals, denn ich mag dieses Lied sehr. Es wich auf einmal alle Hektik aus der Situation, tiefe Ruhe breitete sich aus. Die Frau hielt ihren Mann im Arm. Als sie bereit war, zog sie am Ende sogar den Reißverschluss der Trage zu.

Erst dann gebot der Bestatter den beiden Fahrern, wieder ins Zimmer zu kommen, und sie trugen den Toten hinaus.

So etwas hatte ich noch nie erlebt. Ich wollte wissen, wer dieser Mensch war, der sich so gegen alle gängigen Abläufe stemmte. Es war drei Uhr nachts, und ich bat den Bestatter, mich heimzufahren. Uller Gscheidel hatte eigentlich einen anderen Weg, aber er tat es trotzdem – und wurde mein erster Kontakt in mein späteres Arbeitsfeld als Bestatterin. Über ihn lernte ich ein ganzes Netzwerk von Menschen kennen, die sich alle dafür engagieren, die Trauerkultur in Deutschland zu reformieren. Er ist heute ein sehr geschätzter Kollege.«

## Katrin

»Während dieser Zeit studierte ich in Dresden an der Kunsthochschule Kostümgestaltung. Durch meine Schneiderlehre an der Berliner Staatsoper hatte ich eine große Leidenschaft fürs Theater entwickelt. Mich fasziniert es, wie ich mit historischen Gewändern Kunstgeschichte fühlbar machen kann, und ich liebe es, Menschen durch fantasievolle Kostüme in eine andere Welt zu entführen.

Mit den eigenen Händen etwas erschaffen zu können, ist für mich besonders wichtig. Das kreative Arbeiten mit Stoffen und ganz unterschiedlichen Materialien hat für mich etwas sehr Lebendiges. Ich kann es anfassen, fühlen und mit allen Sinnen wahrnehmen.

Mein Studium war für mich wie ein Rausch, eine tiefe Freude, etwas über Themen zu lernen, die mich wirklich interessierten. Die Auseinandersetzung mit Kunst, Kultur und wie man gesellschaftliche Themen auf der Bühne sichtbar und fühlbar machen kann, fasziniert mich. Auch neben dem Studium durchlebte ich eine intensive Zeit, in der mein Leben pulsierte.

Ich wurde Gewandmeisterin und begann in der Kostümabteilung an verschiedenen Theatern zu arbeiten.

Durch unsere unterschiedlichen Studienorte hatten mein späterer Mann und ich über Jahre eine Fernbeziehung geführt. Nun wünschten wir uns mehr Nähe und wollten wissen, ob wir auch zusammenleben konnten. Wir zogen gemeinsam zurück nach Berlin. Unser Leben war bunt. Ich arbeitete freiberuflich für verschiedene Theater und gab Kurse an der Volkshochschule. Nach zehn Jahren Beziehung beschlossen wir zu heiraten, und nach einiger Zeit wurde ich schwanger.

Schon vor ihrer Geburt wurde bei unserer Tochter Clara ein Herzfehler diagnostiziert, der spätestens sechs Monate nach der Geburt operiert werden musste. Aus medizinischer Sicht ein Routineeingriff, so wurde es uns versichert.

Als sie auf die Welt kam, winzig klein und zart, schien alles schaffbar. Es gab so viele wundervolle Momente mit unserer hibbeligen, rothaarigen Tochter, die sich prima entwickelte. Mein Mann und ich haben es genossen, Eltern zu sein.

Aber da war auch immer die Angst vor der Herzoperation, die ja gemacht werden musste und die immer näher rückte. Ich werde nie ihre großen, blauen Augen vergessen, ihren Blick, mit dem sie uns ansah, als sie von uns weg in den Operationssaal gefahren wurde. So, als wollte sie fragen, warum das sein muss.

Clara überlebte die Operation nur um dreiundzwanzig Tage. Ihr Kreislauf brach mehrfach zusammen. Sie wurde erneut operiert, mehrmals, immer ohne Erfolg. Irgendwann war es aussichtslos, dass sie mit ihrem kranken Herzen weiterleben konnte.«

### Sarah

»Wir haben telefoniert an dem Abend, als klar war, dass Clara sterben würde. Ich wollte Katrin ein paar Dinge an die Hand geben, die sie und ihr Mann nach ihrem Tod tun konnten. Ich sagte ihr: ›Du musst jetzt nicht entscheiden, ob du das machst, du sollst es einfach nur hören.‹ Dann erzählte ich davon, dass sie Clara anziehen und auf den Arm nehmen könnten und dass es auch möglich sei, noch ein Foto von ihr zu machen.«

## Katrin

»Mein Mann und ich waren bei ihr, als die lebenserhaltenden Maschinen abgestellt wurden. Wir hielten ihre Händchen, als sie starb.

Später zogen wir ihr ein rotes Kleidchen an, in dem wir sie gerne gesehen hatten, und hielten sie auf dem Arm. Es wurde ein sehr inniger Abschied, an den ich mich mein Leben lang erinnern werde.

Als Sarah mir gesagt hatte, wir könnten Fotos von Clara nach ihrem Tod machen, hatten wir die Idee absurd gefunden. Ich war froh, dass sie uns diesen Gedanken mitgegeben hatte, denn als wir Clara im Arm hielten, entschieden wir uns anders. Die Bilder, die damals entstanden, sind mir heute sehr wichtig.

Später betteten wir zusammen mit der Bestatterin Clara in ihren Sarg, begleiteten ihre Kremation und gestalteten die Trauerfeier ganz nach unseren Vorstellungen. Ich wünschte mir von Sarah, dass sie mein liebstes Kinderlied singt.

Wenn ich unter Menschen bin, kann ich belastende Gefühle nicht gut zeigen. Diesmal wollte ich aber weinen und dem Schmerz um meine Tochter Raum geben. Zu Sarahs Musik liefen Bilder von Clara auf einer Leinwand. Ihr ganzes kleines Leben fächerte sich vor uns auf. Ich fühlte große Dankbarkeit für dieses ihr Leben und gleichzeitig unendliche Traurigkeit, dass sie nun fort war.

Clara hatte uns gezeigt, wie es ist, Eltern zu sein. Den Traum von einer Familie wollten mein Mann und ich nicht aufgeben, und wir wünschten uns ein zweites Kind.

Eineinhalb Jahre nach Claras Tod kam unser erster Sohn zur Welt. Ich habe mich erst nicht getraut, ihn zu lieben, weil ich Angst hatte, auch ihn zu verlieren. Es brauchte Zeit, bis ich dem Leben wieder vertrauen konnte.

Unser Sohn war gesund. Ein fröhliches Baby. Langsam stellte sich wieder ein Alltag ein.«

## Sarah

»Ein Jahr später wurde mein bester Freund Thomas immer öfter krank und schien sich nicht mehr zu erholen. Er war für meine Familie wie ein Ziehkind, und wir waren besorgt. Thomas erfuhr, dass er HIV-positiv war.

Ich habe geweint, als er es mir sagte. Ich nahm an, ich würde also auch ihn begraben, aber ich glaubte, das würde vielleicht in zwanzig oder dreißig Jahren sein. Leider irrte ich mich. Sein Zustand verschlechterte sich zusehends. Im engsten Freundeskreis wechselten wir uns mit seiner Betreuung ab.

Wir haben ihn angefleht zu essen, aber er wurde immer dünner und schwächer. Schließlich brachten wir ihn ins Krankenhaus in der Hoffnung, dass ihm geholfen würde. Aber auch dort war man hilflos, und keine Therapie schlug an. Er starb unerwartet schnell.

Alle kamen nach seinem Tod, standen um sein Bett herum und verabschiedeten sich. Wir haben geweint, ihn gestreichelt und gemeinsam gesungen. Er hat das Singen so geliebt.

Ich rief die Bestatterin an, die Clara beerdigt hat. Sie sorgte dafür, dass wir alles machen konnten, was wir brauchten. Ich konnte ihn mit ihr aus dem Krankenhaus abholen, ihn gemeinsam mit ihr waschen und anziehen. Die Trauerfeier gestalteten der Freundeskreis und die Familie gemeinsam, es gab Reden und Musik, und ich trug die Urne, auf die wir vorher bunte Ringe gemalt hatten, zum Grab. Gemeinsam mit Thomas' Mutter, seinem besten Freund und seiner besten Freundin senkten wir die Urne ins Grab.

Es war anstrengend, aber wir waren alle froh, dass wir so viel tun konnten.

All das ging, weil ich wusste und immer wieder erzählte, was möglich ist, weil wir alle miteinander redeten und Ideen teilten.

Thomas starb im selben Jahr, in dem die ›Sarggeschichten‹ ihren Anfang nahmen. Es hat mich sehr gestärkt, dass ich bei seinem Abschied schon so genau wusste, was wir alles machen konnten. Und ich wollte, dass viel mehr Menschen von ihren Möglichkeiten erfahren und ermutigt werden, ihre Abschiede selbst zu gestalten.«

## Katrin

»Ich war stolz, das dritte Gründungsmitglied für den gemeinnützigen Verein Sarggeschichten e. V. sein zu dürfen. Meine Geschichten in den Kurzfilmen zu erzählen, gab mir Kraft. Ich hatte das Gefühl, anderen Menschen damit Hoffnung und Trost spenden zu können. Der Tod meiner nahen Menschen gewann dadurch an Bedeutung. Es fühlte sich an, als könnte ich meinen Verlusten auf diese Weise einen Sinn geben, als wären meine nahen Menschen nicht umsonst gestorben.

Meine Erlebnisse sind ein Teil von mir und machen mich zu dem Menschen, der ich heute bin. Durch das Teilen meiner Erfahrungen mit anderen Menschen fiel es mir leichter, das anzunehmen, es zu akzeptieren und daran zu wachsen.

Meine Mutter war die Einzige aus meiner Familie, die mir geblieben war. Wir verbrachten viel Zeit zusammen, und sie war mir eine große Unterstützung mit den Kindern. Inzwischen war mein zweiter Sohn geboren, und sie war mit Leib und Seele Großmutter. Ich stellte mir vor, wie ich sie im hohen Alter vielleicht einmal pflegen würde, und es war ein schöner Gedanke für mich. Leider wird es dazu nicht kommen.

Als die ›Sarggeschichten‹ bekannter wurden und erstmals mediale Aufmerksamkeit auf sich zogen, erkrankte meine Mutter an Krebs.

Das aggressive Wachstum der Tumore wurde erst spät erkannt. Nur wenige Monate nach der Diagnose lag sie bereits im Sterben. Sarah war an meiner Seite und half mir bei der Suche nach einem Hospizplatz. Aber ihr Tod kam schneller als erwartet. In der letzten Nacht saßen wir zusammen am Bett meiner Mutter im Krankenhaus und lauschten ihren letzten schweren Atemzügen.

Es schien, als könnte sie in unserer Gegenwart nicht sterben. Erst als wir gingen, um selbst ein paar Stunden Schlaf zu finden, war es so weit. Sie starb in den frühen Morgenstunden.

Ich versorgte meine Mutter gemeinsam mit Sarah. Wir zogen sie an und nahmen mit der ganzen Familie von ihr Abschied. Am Ende des Tages kam Jan dazu, den ich gebeten hatte, meine Mutter zu bestatten.

Zusammen mit Sarah bettete er sie in einem separaten Raum in den Sarg. Ich war noch im Krankenzimmer und holte die Blumen, die ich dazulegen wollte. Eine Pflegerin sprach mich an und fragte: ›Wo ist denn deine Schwester? Ist sie schon im Raum bei eurer Mutter?‹ Eine Sekunde lang habe ich gestutzt, dann aber sofort gewusst, dass sie Sarah meinte. Ich musste lachen und gleichzeitig weinen. Schluchzend habe ich genickt und gesagt: ›Ja, meine *Schwester* ist schon in dem anderen Raum.‹

Meine ganze Herkunftsfamilie war jetzt tot, mein Vater, mein Bruder, meine Mutter, auch alle Großeltern, sogar meine Tochter. Aber ich hatte von diesem Moment an eine Herzens-Schwester.«

## Sarah

»Katrin war die erste Person, die ich bei einer Totenfürsorge begleitet und unterstützt habe. Im Vorfeld hatte ich viel von Jan gelernt und auch bei anderen Bestattenden hospitiert und assistiert. Julian, der damals bei memento Bestattungen ein Praktikum absolvierte, fragte mich 2018, ob ich ihn bei Totenfürsorgen oder Trauerfeiern unterstützen wolle. So begannen wir, zusammen zu arbeiten, und bald darauf bot er mir an, eigene Begleitungen zu übernehmen. Zu dieser Zeit arbeitete ich als Dozentin für Kommunikation ohne Worte®, einem Trainingsprogramm für nonverbale Kommunikation mit sterbenden und demenzkranken Menschen. Ich liebe es, anderen Menschen neue Perspektiven aufzuzeigen, und unterrichte leidenschaftlich gern. Die praktische Arbeit erfüllte mich auf einer anderen Ebene, und ich merkte schnell, dass sie meine Arbeit als Dozentin sehr bereicherte. Mittlerweile unterrichte ich auch verschiedene Trauer- und Bestattungsthemen, was wiederum zu einer verstärkten Reflexion meiner praktischen Arbeit führt.

Ich begreife es als große Ehre, als Bestatterin den Menschen in einer Situation beizustehen, in der sie so verletzlich sind. Sie in die Lage zu versetzen, selbstbestimmt ihre Entscheidungen zu treffen und ihren Abschiedsprozess zu gestalten, gibt mir ein Gefühl tiefer Zufriedenheit.

An meine erste Begleitung kann ich mich noch gut erinnern. Der Mann war plötzlich gestorben, und seine Frau hat ihn mit uns angezogen und ihm die Haare gekämmt und ihn rasiert. Sie hat die ganze Zeit geweint, mit ihm geredet und ihn gestreichelt. Da war so viel Wärme und Liebe im Raum, das hat mich sehr bewegt. Beim Anziehen fiel ihr plötzlich auf, dass sie seine Socken vergessen hatte. Da hat sie einfach ihre eigenen ausgezogen und ihm angezogen.

Ich denke an den Sohn, der eine ganz schlechte Beziehung zu seinem Vater gehabt hatte. Aber er wollte ihn nach seinem Tod unbedingt selbst versorgen und in den Sarg legen. Dabei sagte er ihm alles, was ihn belastet hat. Danach breitete sich eine ganz große Ruhe in ihm aus, und er konnte sich plötzlich liebevoll dem Vater zuwenden, auf den er doch eigentlich eine große Wut gehabt hatte.

Das sind Momente, in denen ich merke, wie viel es in Menschen bewegen kann, wenn sie die Möglichkeit bekommen, so Abschied zu nehmen, wie sie es gerne möchten. Wenn ich dafür einen Raum geben kann, macht mich das sehr froh.«

Unsere Beziehung ist durch unsere Verluste und die Auseinandersetzung mit ihnen über die Jahre tiefer geworden. Bei jedem Abschied haben wir etwas dazugelernt. Die Möglichkeit zu haben, unsere Verstorbenen anzusehen, zu versorgen, zu streicheln, ihnen etwas vorzusingen oder etwas in den Sarg mitzugeben, war für uns hilfreich, um zu verstehen, dass sie tot sind. Begreifen hat etwas mit Anfassen zu tun. Fürsorglich mit den Verstorbenen umzugehen, ist auch eine Möglichkeit zu spüren, dass sie wichtig sind und wichtig bleiben – auch, wenn sie tot sind. So kann man fühlen, dass eine Verbindung da ist, die über den Tod hinausgeht.

Wichtig ist, selbst entscheiden zu können, ob und auf welche Weise wir unseren Verstorbenen begegnen. Für die allermeisten Menschen ist es hilfreich, ihre Verstorbenen noch einmal zu sehen und zu berühren, aber es gibt auch jene, für die es keine Rolle spielt oder die sich bewusst dagegen entscheiden. Jeder Mensch spürt seine Bedürfnisse selbst am besten.

Wichtig ist, dass wir alle eine Wahl haben. Und eine Wahl gibt es nur dann, wenn uns die unterschiedlichen Möglichkeiten bekannt sind.

Wenn Menschen sich auf einen Todesfall vorbereiten, plötzlich mit einem Abschied konfrontiert sind oder einfach mehr über das Thema wissen möchten, werden sie in diesem Buch Informationen, Anregungen und Hilfe finden.

## WORTWAHL UND FARBWAHL

### Ansprache

Es ist uns wichtig, mit diesem Buch alle Menschen anzusprechen. Darum versuchen wir vorwiegend neutrale Bezeichnungen für Personengruppen zu finden und verwenden verschiedene Geschlechtsbezeichnungen im Wechsel. Das heißt, in diesem Buch treten zum Beispiel sowohl Bestatter auf als auch Bestatterinnen als auch bestattende Personen. In der Mehrzahl sprechen wir von Bestattenden. Wenn wir von verstorbenen Menschen oder Personen sprechen, von Freundinnen oder Kollegen, sind stets alle Geschlechter gemeint, auch nicht binäre Menschen. Wir verzichten für eine bessere Lesbarkeit auf Sternchen und Doppelpunkte.

### Wer sind Zugehörige?

Wir sprechen in den »Sarggeschichten«-Filmen und in diesem Buch von »Zugehörigen«. Manchmal wundern sich Leute über dieses Wort. Die meisten Menschen kennen den Ausdruck »Angehörige«, wenn von Familienmitgliedern einer kranken oder sterbenden Person gesprochen wird. Aber wer genau ist eigentlich damit gemeint?

Im Strafgesetzbuch zählen zu den Angehörigen nur Personen, die in gerader Linie verwandt oder verschwägert sind. Das sind: Eltern, Kinder, Pflegeeltern und Pflegekinder, Geschwister, Verheiratete, Verlobte und Verschwägerte.

Unser Verständnis von Partnerschaften, Freundschaften und Beziehungen ist aber mittlerweile deutlich vielfältiger. Wir leben in tiefer Verbundenheit mit einem oder mehreren Menschen ganz ohne rechtlichen Rahmen, in Lebenspartnerschaften, in offenen Beziehungen, als Geliebte, Freundinnen, Kollegen oder Bekannte. Manche Menschen stehen beispielsweise ihren Wahlfamilien und ihrem Freundeskreis näher als ihren Blutsverwandten.

Wir möchten also mit dem Wort »Zugehörige« alle Menschen ansprechen, die eine wichtige Verbindung zu einem anderen Menschen haben.

## Farbige Überschriften, Zitate und Icons

Innerhalb der Kapitel werden wir über persönliche Erfahrungen zu den jeweiligen Themen sprechen, oder andere Menschen kommen zu Wort. Damit ihr erkennt, welche Person spricht, ist der Text von Sarah grün und der von Katrin blau. Beiträge von anderen Menschen sind beige unterlegt, und Interviews stehen auf grauem Hintergrund.

Zwischen den Sachkapiteln findet ihr Kapitel, in denen wir besondere Geschichten von uns und nahestehenden Personen mit euch teilen.

Das Symbol mit der Weltkugel dient als Hinweis, dass ihr zu einem bestimmten Thema weiterführende Links im Anhang findet.

# 1. BEVOR EIN MENSCH IM STERBEN LIEGT

## WAS KOSTET EINE BESTATTUNG?

Viele Leute wollen wissen, wie viel eine Bestattung kostet, aber das lässt sich gar nicht so einfach sagen. Die Preisspanne bei Bestattungen ist riesig, und nach oben gibt es keine Grenzen. Es spielt eine Rolle, wie viel Begleitung ihr euch wünscht, was ihr selbst machen wollt und welche Produkte ihr auswählt. Die Höhe der Kosten ist nicht nur davon abhängig, wie aufwendig ihr die Beisetzung oder die Trauerfeier plant, auch Ämter und Urkunden müssen bezahlt werden. Dabei gibt es regionale Unterschiede. Je nachdem, wo in Deutschland ihr bestatten möchtet, kann es also teurer oder günstiger sein.

Über die Details der Kosten für eine Bestattung wird wenig gesprochen. Aber es ist hilfreich zu wissen, was alles zu einer Bestattung dazugehört und welche Posten konkret anfallen können. Da jedem einzelnen Kostenpunkt wieder unterschiedliche Preise zugrunde liegen, können wir keine genauen Zahlen nennen. Wir wollen jedoch zeigen, welche Kostenpunkte in jedem Fall auf euch zukommen, was für eine Bestattung unserer Meinung nach nicht zwingend nötig ist und was ihr selbst machen könnt.

Neben einem angemessenen Preis gibt es bei der Wahl des Bestattungsunternehmens aber auch noch andere Dinge, die ihr beachten solltet. Wir sprechen über die Fragen, die wirklich wichtig sind.

## Welche Posten kann es bei einer Bestattung geben?

Es gibt bestimmte Dinge, die ihr bei einer Bestattung immer bezahlen müsst. Und es gibt Posten, bei denen ihr euch aussuchen könnt, ob ihr diese Leistung in Anspruch nehmen möchtet oder nicht.

Im Folgenden wollen wir die unterschiedlichen Posten genauer erklären.

### 1. Leichenschau

Wenn ein Mensch nicht im Krankenhaus gestorben ist, muss eine Ärztin oder ein Arzt gerufen werden, um die erste Leichenschau durchzuführen. Anschließend wird der Totenschein, manchmal auch Leichenschauschein genannt, ausgestellt. Die Kosten dafür trägt nicht die Krankenkasse, denn die ist nur zuständig, solange der Mensch am Leben ist. Die Kosten für Anfahrt und Arbeitszeit müssen also die Zugehörigen bezahlen. Oft ist das dem medizinischen Personal unangenehm, und sie geben die Rechnung an die Bestattungsunternehmen weiter. Der Preis für die erste Leichenschau erscheint deshalb oft als Kostenpunkt auf der Rechnung für die Bestattung, obwohl die Bestattenden damit gar nichts zu tun haben.

Bei einer Kremation erfolgt noch eine zweite Leichenschau, die über die Kremationskosten vom Krematorium verrechnet wird.

### 2. Transport

Wenn ein verstorbener Mensch transportiert wird, sind dafür nur Fahrzeuge mit einer besonderen Ausstattung zugelassen. Die Haltung des Fahrzeugs, Treibstoff und Fahrtzeiten zählen zu den Bestattungskosten.

Julian und Sarah im Thanatos-Bestattungsbus

Ein Transport erfolgt zum Beispiel vom Sterbeort in die Kühlräume eines Bestattungsunternehmens. Von dort gibt es eine weitere Überführung (so wird die Beförderung von Verstorbenen genannt) zum Friedhof oder ins Krematorium. Auch der Transport der Urne vom Krematorium zum Friedhof wird berechnet. Bei einer Überführung mit dem Flugzeug sind besondere Anforderungen und Anträge nötig.

## 3. Totenfürsorge

Die Totenfürsorge ist die Pflege des verstorbenen Körpers. Einige Bestattende nennen es auch »hygienische Totenversorgung«. Hier gibt es große Unterschiede, was das bei den jeweiligen Bestattungsunternehmen bedeutet. Einige arbeiten sehr funktionell und sachlich. Bei anderen steht liebevolle Zuwendung im Vordergrund. Fragt nach, wenn ihr wissen wollt, was euer Bestattungsunternehmen genau mit eurem Verstorbenen oder eurer Verstorbenen macht. Gesetzlich vorgeschrieben ist eine Versorgung nicht.

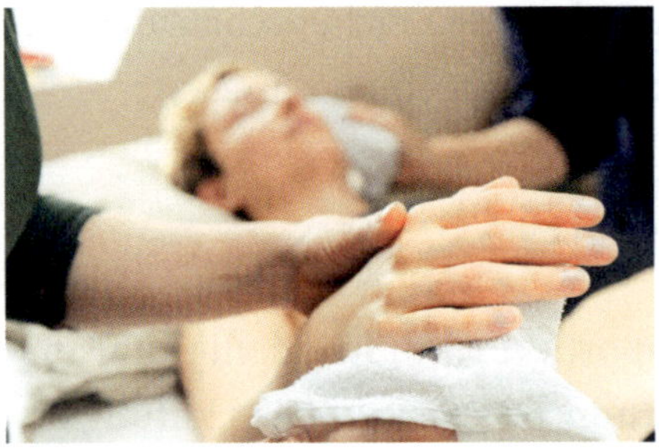

Totenfürsorge

Am Schluss der Versorgung wird die verstorbene Person in den Sarg gebettet. Für das Versorgen und Einbetten sollten mindestens zwei Personen zur Verfügung stehen.

## 4. Sarg

Einfacher Kiefernsarg

Sarg mit Beschlägen

Korbsarg

Einen Sarg braucht ihr in jedem Fall. Für muslimische Beisetzungen gibt es extra Regelungen. Bei einer Feuerbestattung wird der Körper bis zur Kremation im Sarg aufbewahrt. Das Material des Sarges wird außerdem bei der Einäscherung als Brennstoff benötigt. Vom einfachen Kiefernsarg bis zum luxuriösen Eichensarg gibt es alles zu kaufen.

Auch umweltfreundliche Särge aus gepresster und veredelter Zellulose können für eine Feuerbestattung verwendet werden. In den Niederlanden gibt es einen Sarg für Erdbestattungen, der aus Pilzgeflechten besteht und Giftstoffe im Körper, zum Beispiel von einer Chemotherapie, neutralisieren kann.

Ihr könnt einen Sarg auch selbst bauen. Das ist nicht ganz einfach, da es einige Vorgaben gibt, die zu beachten sind, aber es ist möglich. Mehr Informationen dazu findet ihr im Internet. Eine Liste unserer Links findet ihr im Anhang.

## 5. Innenausstattung des Sarges und Kleidung

Sarg mit eigener Bettwäsche und Kleidung

Die Innenausstattung des Sarges, Decken und Kissen, aber auch die Kleidung für den verstorbenen Menschen müsst ihr nicht vom Bestatter kaufen. Ihr könnt eigene Sachen nehmen. Manche Krematorien empfehlen Kleidung aus Baumwolle für eine schadstoffärmere Verbrennung. Das solltet ihr vorher mit eurem Bestattungsunternehmen besprechen. Grundsätzlich sind natürliche Materialien wie Wolle, Leinen, Seide, Hanf und Baumwolle umweltfreundlicher, da sie sich rückstandslos zersetzen und die Umwelt nicht belasten.

## 6. Kühlung

Kühlraum für Särge (Filmstill)

In der Zeit bis zur Bestattung oder Kremation muss der Körper der verstorbenen Person gekühlt werden. Er wird bei etwa sechs Grad in einer Kühlung gelagert. Das sind speziell dafür ausgerüstete Räume, in denen die Temperatur mit Kühlaggregaten rund um die Uhr stabil gehalten werden kann. Je nachdem, wie lange ein verstorbener Mensch bis zur Beisetzung in der Kühlung bleibt, fallen unterschiedlich hohe Kosten an.

## 7. Abschiednahme

Einigen Zugehörigen ist es wichtig, noch Zeit mit dem verstorbenen Menschen zu verbringen. Zu Hause ist das, je nach Bundesland, 24 bis 48 Stunden möglich. In Bayern gibt es keine Frist. Stirbt ein Mensch im Krankenhaus oder Heim, können die Bestattenden ihn innerhalb dieser Frist nach Hause bringen.

Später ist eine Abschiednahme nur in geeigneten Räumlichkeiten wie in einer Kapelle oder in einem Abschiedsraum beim Bestattungsunternehmen erlaubt. Im Kapitel »WAS IST EINE ABSCHIEDNAHME?« gehen wir genauer darauf ein.

Es ist wichtig zu wissen, dass es euer Recht ist, auch schon bei der Versorgung und Einbettung eures verstorbenen Menschen dabei zu sein. Wenn ihr möchtet, könnt ihr es mit der Abschiednahme verbinden. Bittet dafür euer Bestattungsunternehmen um Unterstützung.

## 8. Papiere

Die Ausstellung der Sterbeurkunden und des Erbscheins kosten Geld.

Sterbeurkunden müssen beantragt werden. Dazu müssen der Totenschein, eine Sterbefallanzeige, die Geburtsurkunde und gegebenenfalls Ehe- und Scheidungsurkunde zum Standesamt gebracht werden. Eine Sterbeurkunde wird zum Krematorium und Friedhof weitergeleitet. Das könnt ihr selbst machen, oder das Bestattungsunternehmen übernimmt diese Wege für euch. Weitere Sterbeurkunden benötigt ihr zum Beispiel zum Beantragen eines Erbscheins.

Auch für eine Todesanzeige in der Zeitung oder für den Druck von Trauerkarten entstehen Kosten. Hierfür könnt ihr die Gestaltung selbst übernehmen oder sie in Auftrag geben.

## 9. Kremation

Abschied im Krematorium (Filmstill)

In einem Krematorium ruht der verstorbene Mensch bis zur Einäscherung im Sarg in einem Kühlraum. Darum kümmern sich die Mitarbeitenden vor Ort. Sie planen außerdem die Termine für die Einäscherungen, organisieren die zweite Leichenschau, transportieren den Sarg zur Trauerhalle oder zum Ofen, überwachen den Verbrennungsprozess und überprüfen und warten die notwendige Technik. Wenn ihr im Krematorium eine Feier machen möchtet oder die Einfahrt in den Ofen begleiten wollt, fallen eventuell zusätzliche Gebühren an.

## 10. Urne

Verschiedene Urnen (Filmstill)

Im Krematorium wird die Asche in eine Kapsel gefüllt. Eine Urne ist nur die schmückende Hülle für diese Aschekapsel. Ihr müsst keine Urne haben, sondern könnt die Aschekapsel auch so auf dem Friedhof beisetzen. Wenn ihr eine Urne haben möchtet, könnt ihr sie kaufen, zum Beispiel im Internet, oder beim Bestattungsunternehmen bestellen. Ihr könnt eine Urne auch selbst basteln. Es gibt eine Vielzahl verschiedener Urnen. Schaut, was zu euch passt und wie viel ihr investieren wollt.

## 11. Friedhof

Die Friedhofskosten kommen immer noch zu den Bestattungskosten dazu. Hier muss man die Grabstelle bezahlen sowie die Trauerhalle für die Trauerfeier und die Mitarbeitenden, die das Grab ausheben, und sich um die Feier kümmern. Manche Bestattenden nehmen die Friedhofskosten mit auf ihre Rechnung, andere verweisen auf den Friedhof.

## 12. Grab

Es gibt verschiedene Grabstellen, die ihr auswählen könnt. Auf den meisten Friedhöfen in Deutschland wird eine Grabstelle für zwanzig oder fünfundzwanzig Jahre gepachtet. Bei Wahlgräbern kann nach Ablauf dieser Liegezeit die Grabstelle immer wieder verlängert werden.

Erdreihengrab (Filmstill)

Für eine Erdbestattung, also wenn der Sarg in die Erde gelegt wird, gibt es Erdreihen- und Erdwahlgräber.

Ein **Erdreihengrab** ist immer das nächste Grab in einer Reihe von Erdgräbern. Der Ort ist also vorgegeben. In einem Erdreihengrab wird nur ein Sarg bestattet. Eine Verlängerung der Liegezeit ist hier nicht möglich.

Erdwahlgrab (Filmstill)

Bei einem **Erdwahlgrab** zeigen euch die Friedhofsmitarbeitenden, welche Grabstellen frei sind. Ihr könnt dann das Grab aussuchen, das euch am besten gefällt. Bei Erdwahlgräbern können bis zu zwei Särge und vier Urnen beigesetzt werden. Die Liegezeit könnt ihr verlängern. Das Erdwahlgrab ist deshalb etwas teurer.

Auch für **Urnen** gibt es **Reihen- und Wahlgräber**, wobei in Reihengräbern nur jeweils eine Urne beigesetzt wird. Wahlgräber bieten meist für vier Urnen Platz und können nach Ablauf der Liegefrist verlängert werden.

Urnengräber (Filmstill)

Auf vielen Friedhöfen gibt es außerdem die Möglichkeit, Urnen auf einer **Wiese** zu bestatten. Auf manchen Wiesen bleibt die Grabstelle anonym. Es gibt aber auch Wiesen, auf denen die Namen der Verstorbenen auf eine Tafel oder Stele eingraviert werden.

Urnenwiese (Filmstill)

Urnen können darüber hinaus in einem **Bestattungswald** beigesetzt werden. Das ist ein begrenztes und geschütztes Waldstück, in dem man sich einen Ort für die Beisetzung einer Urne aussuchen kann. Auch einige Friedhöfe verfügen über ein kleines Waldstück und bieten **Baumgräber** für Urnen an.

Baumgräber (Filmstill)

Kolumbarium

Des Weiteren gibt es die Möglichkeit, Urnen in einem **Kolumbarium** zu bestatten. Kolumbarien sind Bauwerke, in denen Urnen auf Stelen oder in einzelnen Nischen stehen. Teils sind die Urnen dort sichtbar ausgestellt, teils sind sie von Steinplatten verdeckt, in denen die Namen der Verstorbenen eingraviert werden können.

Seebestattung

Bei einer **Seebestattung** in Deutschland wird die Asche des verstorbenen Menschen in einer wasserlöslichen Urne in der Nord- oder Ostsee eingesenkt. Es entstehen Kosten bei der Reederei für die Bereitstellung des Schiffes und des Personals. Wenn ihr etwas mehr investieren möchtet, dann könnt ihr die Beisetzung begleiten und eine Trauerfeier auf dem Schiff planen.

Vereinzelt ist in Deutschland auch eine Art der **Kompostierung** erlaubt. Hierzu wird der Körper der verstorbenen Person in einen speziellen Sarg gebettet und mit Stroh und Grünschnitt bedeckt. Natürliche Mikroorganismen helfen, den Körper zu zersetzen. Unter idealen Bedingungen verwandelt sich dabei alles Organische innerhalb von vierzig Tagen zu Erde. Diese Erde muss derzeit laut Gesetz in Deutschland auf einem Friedhof beigesetzt werden. Zur Kompostierung kommen die Friedhofskosten also noch dazu. Bisher gibt es nur einen Standort in Schleswig-Holstein für dieses Verfahren. Die Links findet ihr im Anhang.

## 13. Trauerfeier

Man kann eine Beisetzung auch ohne Trauerfeier machen. Wenn ihr jedoch eine Feier plant, könnt ihr Blumen, Dekoration, eine Rede und Musik bestellen oder alles selbst gestalten.

Ihr könnt für die Feier eine Trauerhalle oder Kapelle auf dem Friedhof nutzen, ihr könnt sie aber auch im Krematorium oder in einem Abschiedsraum organisieren. Sprecht darüber mit eurem Bestattungsunternehmen und fragt nach den Kosten für die Nutzung der Räume. Bei Kirchenmitgliedern sind die Kosten für eine Pfarrerin oder einen Pfarrer und für die Nutzung einer Kapelle durch die Kirchensteuer abgedeckt. Mehr zu der Gestaltung einer Trauerfeier findet ihr im Kapitel: »WIE MACHE ICH EINE TOLLE TRAUERFEIER?«

Wenn ihr nach der Feier mit euren Gästen etwas essen oder trinken wollt, müsst ihr nicht zwingend in ein Restaurant gehen. Ihr könnt auch alles selbst kochen oder gemeinsam mit euren Zugehörigen ein Essen zubereiten.

## 14. Grabstein

Ihr könnt einen Grabstein kaufen oder in die Natur gehen und selbst einen finden. Es ist nicht zwingend notwendig, einen Grabstein zu haben. Auf manchen Friedhöfen könnt ihr eine Patenschaft für ein altes Grab mit Grabstein übernehmen. Diesen Stein könnt ihr von Steinmetzen überarbeiten und den Namen der verstorbenen Person eingravieren lassen. Das Gravieren von Buchstaben und Zahlen wird je nach Art des Steins und nach Anzahl der Zeichen berechnet.

Viele Grabsteine kommen nicht aus Europa und werden leider mit Kinderarbeit hergestellt. Fragt beim Kauf nach, wenn ihr einen Stein haben wollt, der ohne Kinderarbeit abgebaut wurde. Links dazu stehen im Anhang.

### 15. Begleitung

Es ist möglich, den ganzen Bestattungsprozess allein zu überlegen und ihn allein zu gestalten. Wenn ihr genau wisst, was ihr wollt, braucht ihr die bestattende Person nur für die Organisation von Kühlung, Transport und Anmeldung bei Krematorium und Friedhof.

Für viele Menschen ist es aber wichtig in dieser verletzlichen Zeit, in der es viele Unsicherheiten gibt, zu ihren Fragen und Bedürfnissen beraten zu werden. Ebenso wünschen sich viele Zugehörige eine Person, mit der sie sich austauschen können, die jederzeit ansprechbar ist und emotionale Fragen rund um die Trauer begleiten kann. Dies ist viel mehr als nur ein Verkaufsgespräch, in dem Sarg und Urne ausgesucht werden. Es gibt Bestattungsunternehmen, bei denen deshalb die Begleitung ein eigener Posten ist. Bei anderen werden die Kosten für Beratungsgespräche oft auf die Preise der Produkte aufgeschlagen.

Neben all diesen Posten können je nach Wunsch und Vorstellung noch weitere Kostenpunkte hinzukommen. Das hängt ganz davon ab, was euch wichtig ist und wie aufwendig ihr die Bestattung, die Trauerfeier und das Grab ausstatten möchtet.

Bestattungsunternehmen haben unterschiedliche Schwerpunkte in ihrem Angebot und berechnen deshalb die Preise auch unterschiedlich.

## Was sind Paketpreise?

Einige Bestattungsunternehmen bieten Paketpreise an. Julian Heigel ist Bestatter und hat sein Preismodell genauer erklärt.

Dr. Julian Heigel, Bestatter

»In meinem Bestattungsunternehmen sehen wir unsere Leistung vor allem im Beraten und Begleiten eines guten Bestattungsprozesses. Das bedeutet, zuhören, Fragen stellen, abwarten, alles in Ruhe erklären und Unterstützung anbieten. Särge und Urnen geben wir annähernd zum Einkaufspreis weiter. Wir lassen uns unsere Begleitung durch eine feste Pauschale bezahlen und sind deshalb frei davon, in unseren Trauergesprächen etwas verkaufen zu müssen. Die Paketpreise setzen sich aus der Pauschale für die Beratung und allen anderen Bestattungskosten zusammen.

Unsere Preisliste und die Aufstellung der Posten, die zum Basispaket dazugehören, sind auf unserer Webseite für alle transparent einsehbar.«

Manche Zugehörige wünschen sich beim ersten Gespräch einen detaillierten Kostenvoranschlag und erfragen diesen oft schriftlich im Voraus. Dazu müssen aber alle Posten, die gewünscht sind, vorher schon klar sein. Das ist jedoch schwierig, wenn man eine Bestattung als Prozess versteht, bei dem sich auch Dinge entwickeln können. Es kann durchaus sein, dass die teure Urne doch nicht genommen wird, weil die Kinder eine selbst basteln wollen, oder es entsteht der Wunsch nach einer zusätzlichen Abschiednahme, weil es so viele Menschen gibt, die sich verabschieden möchten. Deshalb ist es sinnvoller, die einzelnen Posten und deren Preise zu kennen, um einen ungefähren Richtwert über die Kosten zu haben.

Paketpreise sind eine gute Möglichkeit, um vorab eine Vorstellung von der Gesamtsumme zu bekommen. Die Verbraucherinitiative Bestattungskultur Aeternitas hat die große Preisspanne üblicher Gesamtkosten einer Bestattung auf ihrer Homepage aufgeführt.

## Was ist eine Bestattungsvorsorge?

Bei einer Bestattungsvorsorge geht es in erster Linie um eine finanzielle Absicherung der Beerdigung. So können Zugehörige entlastet und persönliche Wünsche und Vorstellungen vorab festgehalten werden. Die zwei sichersten Varianten dafür sind einmalige Einlagen in einen Treuhandvertrag oder monatliche Beiträge für eine Sterbegeldversicherung.

Für die Treuhandeinlage könnt ihr mit den Bestattenden ein Bestattungsvorsorge-Paket nach euren Wüschen zusammenstellen, die Kosten dafür kalkulieren lassen und das Geld in einen Treuhandvertrag einzahlen. Im Todesfall wird dieses Treuhandvermögen dann an die vorher beauftragten Bestattenden zur Erfüllung des Vertrages ausgezahlt.

Eine andere Möglichkeit ist die Sterbegeldversicherung, bei der monatlich kleine Beträge eingezahlt und im Todesfall an die vorher festgelegten Zugehörigen ausgezahlt werden.

Wenn ihr euch genauer über die Vor- und Nachteile informieren möchtet, findet ihr passende Links im Anhang.

## Wusstet ihr schon?

Einige Bestattungsunternehmen bieten manchmal unglaublich günstig erscheinende Angebote an. Fragt dann genau nach, welche Posten in der Summe enthalten sind. Oft werden Kremation, Leichenschau, Friedhofsgebühren, Mehrwertsteuer oder andere Kosten für diese Angebote rausgerechnet, die man dann nachher extra bezahlen muss. Eine gemeinsame Totenfürsorge oder eine Abschiednahme ist dort oft nicht möglich.

Wenn ihr ein Bestattungsunternehmen ausgewählt habt, und ihr fühlt euch damit dann doch nicht wohl, könnt ihr jederzeit die Zusammenarbeit beenden und zu anderen Bestattenden gehen.

### Ordnungsbehördliche Bestattung

Menschen, die keine Zugehörigen haben oder deren Zugehörige nicht innerhalb einer bestimmten Frist (das sind in der Regel zehn Tage) nach dem Tod ausfindig gemacht werden können, werden ordnungsbehördlich bestattet. Das heißt, sie werden auf Kosten des zuständigen Gesundheitsamtes kremiert und auf einem dafür festgelegten Urnenfeld beigesetzt.

### Bestattungspflicht

In Deutschland sind folgende Personen, je nach Bundesland in unterschiedlichen Reihenfolgen, per Gesetz dazu verpflichtet, die Bestattungskosten zu tragen: Eheleute, Partnerpersonen, Kinder, Eltern,

Geschwister, Sorgeberechtigte, Großeltern, Enkelkinder und sonstige Verwandte.

## Sozialbestattung

Seid ihr bestattungspflichtig, habt aber kein Geld, dann könnt ihr beim Sozialamt Unterstützung für die Bestattung beantragen. Dafür müsst ihr einen »Antrag auf Übernahme der Bestattungskosten nach § 74 Sozialgesetzbuch XII« stellen. Das Formular und die Info, welche Unterlagen ihr für die Beantragung braucht, findet ihr auf der Internetseite eures zuständigen Sozialamtes. Sprecht darüber auch mit euren Bestattenden, damit sie auf eure finanzielle Situation Rücksicht nehmen können.

Ihr könnt auch Personen bestimmen, eure Bestattung zu organisieren, die nicht bestattungspflichtig sind. Diese müssen jedoch die Kosten selbst tragen und können keine Unterstützung beim Sozialamt beantragen.

Bis 2004 gab es in Deutschland das Sterbegeld. Das war ein fester Betrag, der von den Krankenkassen im Todesfall ihrer Mitglieder ausgezahlt wurde. Ein angemessener Betrag, von dem man eine Bestattung vollständig finanzieren kann, war das aber nicht. Den bekommt man, wenn man zum Beispiel eine entsprechende Unfallversicherung abgeschlossen hat.

Bei verbeamteten Menschen zahlt die Beamtenversorgung weiterhin einen Betrag für die Bestattung aus. Es ist leider auch beim Abschied so, dass die Vermögensverhältnisse eine Rolle spielen und einkommensschwächere Menschen benachteiligt werden.

### Warum ist das wichtig?

Ihr müsst nicht im ersten Gespräch mit der bestattenden Person alles entscheiden. Ihr dürft euch Zeit lassen, Fragen stellen und auch Dinge wieder ändern. Geld ist ein wichtiges Thema, besonders, wenn ihr darauf achten müsst, wie viel ihr ausgebt.

Aber es gibt Dinge, die mit Geld nichts zu tun haben und trotzdem wichtig sind bei der Wahl eines Bestattungsunternehmens. Stellt euch die Frage, ob ihr diesen bestattenden Personen euren verstorbenen Menschen anvertrauen wollt und ob ihr euch mit eurer Trauer und all euren Gefühlen bei ihnen wirklich gut aufgehoben fühlt.

## WARUM BRAUCHE ICH EINE VORSORGEVOLLMACHT?

In einer Vorsorgevollmacht bestimmt ihr eine oder mehrere Personen, die für euch Entscheidungen treffen, wenn ihr das nicht mehr könnt, zum Beispiel, weil ihr bewusstlos im Krankenhaus liegt oder verwirrt seid.

Mit diesen Personen solltet ihr unbedingt darüber sprechen, was für euch wichtig ist, wenn ihr krank werdet oder im Sterben liegt, denn sie müssen in eurem Sinne entscheiden, auch wenn sie vielleicht etwas anderes wollen würden. Ihr solltet darüber reden, wie ihr euch das Lebensende vorstellt und was ihr als würdevoll empfindet. Zum Beispiel, bis zu welchem Punkt ihr euch lebenserhaltende Maßnahmen wünscht, wie künstliche Ernährung oder das Angeschlossensein an eine Herz-Lungen-Maschine.

Es müssen nicht immer die nächsten Menschen sein, die ihr in einer Vollmacht einsetzt. Manchmal kann es für eine nahe Person schwer sein, eine Entscheidung durchzusetzen, die sich der betroffene Mensch wünscht. Zum Beispiel zu sagen: »Mein Mann wollte nie an die Dialyse, er hätte lieber sediert werden und sterben wollen.«

Für Menschen mit Wahlfamilien, deren engste Personen nicht mit ihnen verheiratet, verwandt oder verschwägert sind, ist es besonders ratsam, eine Vorsorgevollmacht zu haben. Es kann sonst passieren, dass diese Personen im Krankenhaus keine Auskunft über den Gesundheitszustand ihrer Zugehörigen bekommen. Verwandte und verheiratete Personen bekommen Auskunft, gleichgültig, ob sie einander nahestehen oder nicht.

Für medizinische Entscheidungen ist immer die Person am wichtigsten, die in der Vorsorgevollmacht steht.

Es können auch mehrere Menschen bevollmächtigt werden. Dabei ist es wichtig, dass alle Bevollmächtigten zwar gleichberechtigt sind, aber auch unabhängig voneinander entscheiden dürfen. Wenn ihr es genauer festlegen möchtet, könnt ihr in die Vorsorgevollmacht schreiben, dass zuerst Person X entscheiden darf und, wenn diese nicht greifbar ist, dann Person Y die Entscheidungen übernimmt.

In einer Vorsorgevollmacht geht es nicht nur um medizinische Belange. Ihr könnt Verantwortungsbereiche aufteilen. Dann bestimmt beispielsweise der Sohn über den Aufenthaltsort der demenzerkrankten Mutter und verfügt, dass sie in ein neues Pflegeheim umziehen soll. Die Tochter regelt dann die Behördenangelegenheiten der Mutter und verwaltet die Post.

Zusätzlich können auch Untervollmachten eingerichtet werden. Das heißt, wenn ihr beispielsweise für eure Mutter eine Vorsorgevollmacht habt und es ein rechtliches Problem gibt, könntet ihr einem vertrauten Anwalt eine Untervollmacht erteilen, um alle rechtlichen Dinge zu regeln.

Eine Vorsorgevollmacht wird dann wichtig, wenn ihr euch selbst nicht mehr verständigen könnt oder ihr nicht mehr in der Lage seid, für euch selbst zu entscheiden. Dann werden die Bevollmächtigten hinzugezogen. Daher ist es wichtig, dass ihr Menschen auswählt, für euch zu sprechen, denen ihr voll und ganz vertraut.

## Was ist eine Patientenverfügung?

In einer Patientenverfügung könnt ihr festlegen, welche medizinischen Behandlungen ihr in bestimmten Situationen haben wollt oder eben nicht. Zum Beispiel, wann ihr wiederbelebt werden möchtet oder unter welchen Umständen ihr künstlich ernährt werden wollt – und wann nicht.

Eine Patientenverfügung sollte bei einer nahen Person oder der Hausärztin hinterlegt werden und im Falle eines Aufenthalts im Krankenhaus, Heim oder Hospiz in die Krankenakte kommen.

Dr. med. Kevean Mönchgesang

Worauf ihr bei einer Patientenverfügung achten solltet und warum eine Vorsorgevollmacht für die behandelnden Ärztinnen und Ärzte wichtig ist, darüber sprach Sarah mit Dr. med. Kevean Mönchgesang. Er ist Oberarzt auf der Palliativstation im Katholischen Krankenhaus St. Johann Nepomuk in Erfurt.

**Sarah:** »Neben der Vorsorgevollmacht gibt es auch die Möglichkeit, eine Patientenverfügung auszufüllen. Sollte man aus deiner Sicht als Arzt beides haben?«
**Kevean:** »Ideal wäre beides. Für die Arbeit als Arzt reicht mir zunächst die Vorsorgevollmacht, denn es ist hilfreich, eine bevollmächtigte Ansprechperson zu haben. Dabei ist besonders wichtig, dass die Bevollmächtigten auch darüber informiert wurden, dass sie bevollmächtigt sind.«

### Patientenverfügung mit persönlichem Text

**Sarah:** »Was ist dir bei einer Patientenverfügung wichtig?«
**Kevean:** »Da gibt es viele Dinge. Bei Patientenverfügungen existieren zum Beispiel fertige Formulare, bei denen man ankreuzen kann, welche Maßnahmen man sich wünscht und welche man nicht möchte. Aber oft wissen die Leute nicht, was genau sie da eigentlich ankreuzen und ausfüllen. Mir wäre es wichtig, dass man etwas Persönliches dazu schreibt und einen kurzen Text anhängt. Darin könnte stehen, wer man ist, wie man gelebt hat und warum man sich für oder gegen bestimmte Behandlungen entscheidet. Zum Beispiel: ›Ich möchte, wenn ich im Sterben liege, nicht künstlich ernährt werden, weil ich bei meiner Freundin gesehen habe, dass sie dadurch unter starker Übelkeit litt und es ihr Leben unnütz verlängerte‹.«
**Sarah:** »Du meinst, dass persönliche Gedanken und Hintergründe wichtig sind, um zu verstehen, was die Menschen zu ihren Entscheidungen führt?«
**Kevean:** »Genau. Eine Patientenverfügung kann nur beispielhaft oder theoretisch sein, man kann nicht alle möglichen Szenarien schon vorher durchdenken. Durch die persönlichen Gedanken kann ich mir als Arzt besser vorstellen, was sich die Person in der konkreten Situation dann wünscht und wie sie behandelt werden will.
Es sollten auf keinen Fall im Formular nur Kreuze bei JA und NEIN gemacht werden. Ein paar Sätze mit persönlichen Vorstellungen und Wün-

schen sind viel aussagekräftiger und wichtig für eine entsprechende Behandlung. Es geht um die eigenen Werte und die eigene Haltung.«

## Patientenverfügung widerrufen

**Sarah:** »Wenn eine Person bei dir in Behandlung ist, die eine Patientenverfügung hat, was liest du daraus und wie gehst du damit um? Meist triffst du wahrscheinlich nicht auf eine Situation, die dort genau so beschrieben steht.«

**Kevean:** »Erst mal schaue ich, ob eine Patientenverfügung überhaupt notwendig ist. Nicht immer sind Menschen schon in diesem Stadium. Wenn es aber klar um das Lebensende geht und Entscheidungen zu Behandlungen wie Dialyse, Antibiose oder zur künstlichen Ernährung getroffen werden müssen, versuche ich zuerst mit ihnen in Kontakt zu treten. Wenn sie nicht mehr sprechen können, sind sie vielleicht aber in der Lage, verlässlich ja und nein anzuzeigen.

Je nach Situation ist es nicht immer sinnvoll, die Patientenverfügung sofort eins zu eins umzusetzen. Es kann hilfreich sein, die Verfügung noch einmal zu hinterfragen und die Entscheidungen darin abzusichern, entweder mit der Patientin oder der Bevollmächtigten. Denn es kann sein, dass sie bereits vor fünf oder mehr Jahren angefertigt wurde und sich seitdem einige Vorstellungen verändert haben. Ich hatte beispielsweise einen Patienten mit ALS[1] in Behandlung, der auf keinen Fall künstlich beatmet, also nicht intubiert werden wollte. Doch als er sich beim Essen verschluckte, Atemnot und Panik bekam, rief er einen Notarzt und verlangte nach einer künstlichen Beatmung. Je nach Situation können sich Bedürfnisse und Wünsche der Patienten also auch ändern.

---

1 Die Amyotrophe Lateralsklerose (ALS) ist eine unheilbare, tödliche Erkrankung, bei der Nervenzellen zunehmend geschädigt werden, die für die Kontrolle der Muskulatur zuständig sind. Das führt zu Muskelschwund, Lähmungen und letztendlich zu Atemstillstand.

In einem anderen Fall kam eine Patientin zu uns, die schon am Ende ihres Lebens angekommen war. Ihre Verfügung hatte sie lange vorher bei voller Gesundheit ausgefüllt und sich alle Maßnahmen, das gesamte Programm von Dialyse bis künstliche Beatmung und Ernährung gewünscht. In ihrem Zustand wäre das aber nicht sinnvoll gewesen. Dann gingen wir noch einmal ins Gespräch und überlegten gemeinsam, welche Maßnahmen die Symptome wirklich noch verbessern könnten oder was die Lebensqualität eher vermindern würde.
Einem Patienten mit viel Flüssigkeit in Brustkorb und Bauchraum, der kaum atmen kann, dem würde ich beispielsweise keine Flüssigkeit mehr geben, um die Situation nicht noch zu verschlechtern. Das wird alles diskutiert.«
**Sarah:** »Man kann eine Patientenverfügung also auch jederzeit widerrufen. Aber was ist, wenn man sich nicht mehr äußern kann?«
**Kevean:** »Dann würde ich schauen, ob es eine Vorsorgevollmacht gibt und mit den Bevollmächtigten sprechen. Gibt es diese nicht, so wirkt die Patientenverfügung. In so einer Situation muss ich genau schauen, welche Behandlungen medizinisch notwendig wären und dann mit der Verfügung abgleichen, ob diese angekreuzt wurden. Je nachdem wird die Therapie angepasst. Dabei achte ich besonders darauf, ob die Maßnahmen zweckmäßig, ausreichend und angemessen sind. Durch meine langjährige Erfahrung weiß ich, wann eine Behandlung den Verlauf der Erkrankung nicht mehr verändern würde.«

## Medizinischer Rat

**Sarah:** »Kannst du als Mediziner den Bevollmächtigten bei Entscheidungen helfen?«
**Kevean:** »Ja, indem ich ihnen die Situation der betroffenen Person genau erkläre. Ich erläutere meine Prognose zum Verlauf der Erkrankung,

welche Behandlungen meiner Meinung nach sinnvoll sind und welche nicht helfen können. Natürlich ist das keine Garantie, sondern nur meine Einschätzung.
Ich erkläre ganz genau, was mit der Person passiert, wenn wir dieses oder jenes unternehmen oder unterlassen. Wenn man beispielsweise die Dialyse beendet, dann kann sich Wasser im Körper sammeln, es könnte zu Unruhe, Luftnot oder Schmerzen kommen. Ich berate gemeinsam mit den Zugehörigen, was wir dann tun können und was darauf folgen kann. Ich versuche immer, ergebnisoffen zu beraten, meine Meinung zu begründen und ein Angebot zu machen, wie es weitergehen kann. Das halte ich für sehr wichtig. Alle Betroffenen und die Zugehörigen sollten diese Unterstützung bekommen.«

### Ohne Vorsorgevollmacht und Patientenverfügung

**Sarah:** »Was passiert, wenn ein Mensch zu euch kommt, der weder Vorsorgevollmacht noch Patientenverfügung hat?«
**Kevean:** »Das ist eine schwierige Situation. Wir versuchen natürlich zuerst, so viel wie möglich auch mithilfe der Zugehörigen, sofern bekannt, über diese Person herauszufinden, über ihre Wünsche, Vorstellungen und Werte. Gerade wenn es keinen Bevollmächtigten gibt, sind die Informationen der Zugehörigen wichtig und werden in die medizinischen Entscheidungen mit einbezogen.
Seit dem 1. Januar 2023 gilt in deutschen Krankenhäusern die sogenannte Ehegattennotvertretung nach § 1358 des BGB. Diese regelt, dass Eheleute, wenn es keine Vollmacht gibt, kurzfristig als Vorsorgebevollmächtigte bestimmt werden können. Diese Vorsorgevollmacht gilt für die Dauer der Erkrankung, ist aber maximal auf ein halbes Jahr begrenzt. Danach wird ein gesetzlicher Betreuender festgelegt. Diese Regel gilt jedoch nur für verheiratete Menschen.

Bei unverheirateten Menschen ohne Vollmacht und Verfügung wird je nach medizinischer Lage unterschiedlich gehandelt. Auf einer Intensivstation wird beispielsweise, wenn innerhalb von 24 Stunden keine Bevollmächtigten gefunden wurden und der Wille der erkrankten Person nicht geklärt werden konnte, eine Betreuerperson per Gesetz durch das Amtsgericht eingesetzt. Zuerst ist das immer die nächstverwandte Person, also Eltern, Kinder, Geschwister und so weiter. Diese Person darf auch ablehnen und dafür eine andere Person vorschlagen, die dann nicht verwandt sein muss. Erst wenn sich am Ende niemand bereit erklärt, wird eine externe Person für die gesetzliche Betreuung eingesetzt. Das sind Menschen, die dafür ausgebildet sind und vom Gericht beauftragt werden.«

### Über den Tod hinaus

**Sarah:** »Im Vordruck vom Ministerium kann man verfügen, dass die Vorsorgevollmacht über den Tod hinaus gilt. Was genau bedeutet das?«

**Kevean:** »Das bedeutet, dass die Bevollmächtigten entscheiden können, ob der verstorbene Körper für wissenschaftliche Zwecke, beispielsweise an ein anatomisches Institut, gespendet werden kann, ob obduziert werden darf oder ob Organe entnommen werden sollen.«

**Sarah:** »Wenn die Patienten keinen Organspendeausweis haben, dürfen das die Vorsorgebevollmächtigten entscheiden?«

**Kevean:** »Ja, so ist es, immer aber entsprechend des mutmaßlichen Willens der verstorbenen Person.«

## Wusstet ihr schon?

Die Form für eine Vorsorgevollmacht ist nicht vorgeschrieben. Theoretisch könnt ihr sogar ein Video aufnehmen. Eine schriftliche Verfügung sollte den Ort, das Datum und eure Unterschrift beinhalten. Im Internet findet ihr verschiedene Vorlagen, bei denen ihr ankreuzen und ergänzen könnt, was euch wichtig ist, wie zum Beispiel die Vordrucke vom Bundesministerium der Justiz.

Es ist ratsam, eine Patientenverfügung nicht allein auszufüllen, sondern mit einer vertrauten Person die Punkte zu diskutieren. Wenn ihr unsicher seid, könnt ihr medizinisches Personal zu Rate ziehen, wie zum Beispiel die behandelnde Onkologin oder den Hausarzt.

In Pflegeheimen gibt es sogenannte Advance Care Planner (ACP), das sind Menschen, die sich sehr gut auskennen und durch umfangreiche Erfahrungen in diesem Bereich auch die Folgen der Entscheidungen gut erklären können.

Es gibt auch eine Patientenverfügung in Leichter Sprache.

Für das Ausfüllen von Vorsorgevollmacht und Patientenverfügung braucht ihr weder einen Notar noch anderen rechtlichen Beistand. Mit den Angaben von Ort, Datum und der eigenen Unterschrift werden Vollmacht und Verfügung automatisch rechtskräftig.

Eine Vollmacht und eine Patientenverfügung könnt ihr außerdem jederzeit ändern oder widerrufen. Ihr könnt auch jemand anderes als Bevollmächtigten einsetzen.

Solltet ihr zusätzlich zur Vorsorgevollmacht Bankvollmachten erteilen wollen, reicht es nicht, das schriftlich zu hinterlegen. Das müsst ihr persönlich bei der Bank machen.

## Warum ist das wichtig?

Eine Vorsorgevollmacht auszufüllen, dauert nicht lange und ist recht einfach. Wenn ihr eine Vollmacht vorbereitet, werdet ihr auch darüber nachdenken, dass ihr verletzlich seid und einmal sterben werdet. Das kann eine gute Gelegenheit sein, um mit Menschen, die euch nahestehen, darüber zu sprechen, was euch wichtig ist in eurem Leben und für euer Sterben.

Wenn ihr eure Wünsche etwas genauer formulieren wollt oder ihr niemanden bevollmächtigen möchtet oder könnt, ist eine Patientenverfügung ratsam.

# 2. WENN EIN MENSCH IM STERBEN LIEGT

## WIE KANN MAN STERBENDE UND ZUGEHÖRIGE UNTERSTÜTZEN?

Sterben ist ein natürlicher Vorgang, besonders, wenn ein Mensch an Altersschwäche oder auch an einer Krankheit stirbt. Grundsätzlich muss dafür niemand ins Krankenhaus, und es muss auch nicht unbedingt eine medizinische Fachkraft gerufen werden. Es kann aber sehr hilfreich und beruhigend sein, wenn geschultes Personal den Sterbenden und ihren Zugehörigen Fragen zum Sterbeprozess beantworten und Dinge erklären.

Sterben tut nicht weh. Es kann aber sein, dass sich das Schmerzempfinden in den letzten Lebenstagen verändert. Dann können Schmerzen in der Regel sehr gut behandelt werden. Etwas anderes ist es, wenn ein Mensch an einer Erkrankung stirbt, die starke Schmerzen verursacht, wie manche Krebsarten. In diesen Fällen ist eine vernünftige Schmerztherapie zwingend notwendig, das jedoch ohnehin von Anfang an. Dafür muss man nicht in ein Krankenhaus gehen. Bei einer guten medizinischen Versorgung geht das auch zu Hause.

Viele Menschen machen sich Sorgen, dass Schmerzmittel ihr Bewusstsein dämpfen und sie ihre verbleibende Lebenszeit nicht bei klarem Verstand verbringen können. Aber es gibt Schmerzmittel und Dosierungsmethoden, die die Schmerzen lindern, ohne das Bewusstsein zu trüben. So können Sterbende an ihrem Lebensende noch Dinge tun, die ihnen wichtig sind. Sie können mit ihren Zugehörigen in Kontakt bleiben und sich bewusst verabschieden.

Viele Menschen sterben im Schlaf oder fallen langsam in einen komaähnlichen Zustand, insbesondere dann, wenn die Organe nach und nach aufhören zu arbeiten. Oft bekommen die zugehörigen Menschen im letzten Moment Angst, wenn der Tod nahe kommt, und rufen notärztliche Unterstützung oder fahren doch ins Krankenhaus. Das ist aber gar nicht immer sinnvoll.

Einen Menschen beim Sterben zu begleiten, ist immer eine einmalige Situation, in der es Ängste gibt. Um den Ängsten zu begegnen, ist es hilfreich, wenn die Beschwerden und ihre Behandlungsmöglichkeiten mit professionellen Helfenden *vorher* besprochen werden. So könnt ihr euch als Begleitende sicherer fühlen. Hier sind Menschen wertvoll, die euch auch emotional zur Seite stehen.

Die Behandlung von Symptomen und die Versorgung von Menschen, die bald sterben werden, nennt man »Palliativmedizin«. Der Begriff »palliativ« kommt vom Lateinischen *pallium* (»Mantel«) und bedeutet »lindern, wo heilen nicht mehr möglich ist«. Palliativmedizin und -pflege nehmen das Sterben als normalen Prozess an und unterstützen das Leben in seiner letzten Phase. Einige Krankenhäuser haben eigene Palliativstationen, oder es sind in der Klinik Palliativteams tätig, die auf die Bedürfnisse von Sterbenden und ihren Zugehörigen eingehen. Auch zu Hause oder im Pflegeheim können solche spezialisierten ambulanten Palliativteams eingebunden werden. Diese Versorgung wird auch SAPV genannt (»Spezialisierte ambulante Palliativversorgung«). Mehr dazu findet ihr bei der Deutschen Gesellschaft für Palliativmedizin oder beim Deutschen Hospiz- und PalliativVerband.

## Praktische Hilfe und Tipps

Dr. med. Kevean Mönchgesang

Auch über die palliative Versorgung sprach Sarah mit Dr. med. Kevean Mönchgesang, Oberarzt auf der Palliativstation im Katholischen Krankenhaus St. Johann Nepomuk in Erfurt.

**Sarah:** »Du sagst, du bist gerne Palliativmediziner. Warum hast du dich dafür entschieden, mit Sterbenden zu arbeiten?«

**Kevean:** »Als ich anfing, Medizin zu studieren, wollte ich genau so arbeiten, individuell, nah, gemeinsam entscheiden, was als Nächstes getan werden oder was unterlassen werden soll. Ich wollte mich den Menschen mit Zeit widmen, um auch von ihnen zu lernen. Die letzte Lebensphase ist zwar oft eine sehr kurze, aber immer eine sehr intensive Zeit. Und in keinem anderen Fachgebiet der Medizin habe ich diese Zeit als so wertvoll erlebt. Sterben ist nicht nur ein medizinischer Umstand, es ist eine Lebensphase, die alle Bereiche des Seins – körperlich, psychisch, sozial und spirituell – berührt. Da muss man sich von Mensch zu Mensch und nicht nur als Ärztin und Patient begegnen. Das fand und finde ich immer noch faszinierend und wichtig.«

### Aushalten und da sein

**Sarah:** »Wenn ein wichtiger Mensch stirbt, möchte ich als Zugehörige gern Dinge tun, um ihm die letzte Zeit so angenehm wie möglich zu machen. Was kann ich konkret tun?«

**Kevean:** »Zuerst einmal muss ich sagen, dass Zugehörige oft schon sehr viel tun: miteinander sein, füreinander da sein, versorgen, umsorgen – das ist doch schon ziemlich viel. Einen Menschen halten und gemeinsam die Situation aushalten, mitunter 24 Stunden am Tag, das muss man erst mal schaffen. Da erleben Menschen, dass sich bei den Sterbenden Dinge wie Geschmack, Hunger, Durst und Kraft plötzlich verändern. Da wird die lebenslustige Frau ganz still, oder der kräftige Mann wird auf einmal ganz klein. Das muss man erst einmal verstehen, und dann braucht die Trauer der Sterbenden selbst auch noch einen Platz. Plötzlich muss man sich über Themen wie das Sterben und die Bestattung Gedanken machen, Haltungen finden, Meinungen haben. Ganz schön viel ›Tun‹, wie ich finde.«

### In Kontakt bleiben

**Kevean:** »Wichtig finde ich, dass Sterbende nicht abgeschottet von allen und allem allein in einem Zimmer liegen (außer, sie wollen das unbedingt so). Sorgt eher dafür, dass die sterbende Person inmitten des Familienlebens bleibt. Ermutigt Freunde, Verwandte und andere wichtige Begleitende wie beispielsweise Nachbarn, Vereinsfreundinnen oder Gemeindemitglieder, diese Zeit aktiv mitzugestalten. Vielleicht kann der Chor oder die Kapelle, in der die sterbende Person Mitglied war, ein kleines Ständchen bringen. Vielleicht ist aber auch einfach der neueste Dorfklatsch eine Möglichkeit, am Leben teilzuhaben. Möglicherweise kann jemand vorlesen, vielleicht schaut jemand alte Fotos mit an, oder man genießt gemeinsam Musik.«

### Für sich selbst sorgen

**Kevean:** »Ich finde es notwendig, dass man sich selbst in der Begleitung eines sterbenden Menschen auch Freiräume lässt und in seinem eigenen Leben für Entspannung, Genuss und Freude sorgt. Das kann zum Beispiel der Friseurbesuch sein, der Kinobesuch mit Freunden oder die Waldrunde mit den Enkeln und dem Hund. Holt euch Entlastung! Ein Pflegedienst oder auch eine ambulante Hospizgruppe kann Zeitressourcen frei werden lassen.«

**Sarah:** »Wenn der sterbende Mensch nicht in palliativer Behandlung ist, worum kann ich medizinisches Personal bitten?«

**Kevean:** »Auf jeden Fall sollte man nach genügend Aufklärung verlangen. Man könnte zum Beispiel mit der behandelnden Hausärztin klären: Was könnte alles im Verlauf der Erkrankung passieren? Wie soll man dann reagieren? Wen rufe ich an? Wann rufe ich an? Meist ergeben sich Probleme in der Nacht oder auch am Wochenende, jedenfalls außerhalb der typischen Sprechstundenzeiten. Da könnte das Hinzuziehen eines SAPV-Teams mit einer 24-Stunden-Rufbereitschaft Abhilfe schaffen.

Für Zugehörige von sterbenden Personen ist es hilfreich, folgende Dinge zu wissen: Ist eine Patientenverfügung erstellt? Wenn ja: Wo befindet sie sich? Ist sie konkret genug für außenstehende Hilfspersonen wie Rettungsdienste? Wenn nein: An welcher Stelle kann sie nachgebessert werden? Welche Medikamente gibt es für die unterschiedlichen Symptome, und sind die Medikamente schon gut eingestellt? Ganz wichtig ist die Frage, ob Medikamente für den akuten Bedarf vorhanden sind. Bei Unsicherheiten kann man sich Hilfe holen, bei der Palliativärztin oder dem Hausarzt.«

### Essen, trinken und Pflege

**Sarah:** »Was ist noch hilfreich zu wissen, wenn ich einen sterbenden Menschen begleite, und wie kann ich ihn unterstützen?«

**Kevean:** »Der sterbende Mensch wird sich verändern, nicht nur äußerlich sichtbar. Manchmal sind es auch kleine Dinge wie heiß geliebte Angewohnheiten oder Vorlieben, die sich verändern. So kann beispielsweise

Schaumstoffschwämmchen für die Mundpflege

der Appetit erst weniger werden und später ganz verschwinden. Dann ist wichtig, zu verstehen, dass das ganz normal ist. Der Mensch stirbt nicht, weil er nicht mehr isst, sondern er isst nicht mehr, weil er stirbt. Ebenso ist es mit dem Durst. Keinesfalls müssen Sterbende essen und trinken, das löst oft weitere Symptome wie Übelkeit und Erbrechen aus. Auf künstliche Zufuhr von Nahrung und Flüssigkeit kann und sollte in der Regel im fortgeschrittenen Sterbeprozess verzichtet werden.

Damit der Mund nicht austrocknet, ist eine gute Pflege der Lippen und des Mundraumes besonders wichtig. Dazu wird ein Schaumstoffschwämmchen in Flüssigkeit getunkt, womit der Mund sanft ausgewischt werden kann. Hier kann beispielsweise normale Butter, vermengt mit etwas Honig, oder eine Mischung aus Wasser, Zucker und Aromaöl genutzt werden. Vielleicht öffnet die sterbende Person aber auch nur den Mund bei etwas, das ihr vertraut ist, dann kann Mundpflege auch mit dem Lieblingsgetränk, beispielsweise Bier oder Kaffee, durchgeführt werden. Generell ist zu sagen, dass die Mundpflege immer vorsichtig und mit Ankündigung erfolgen sollte. Und je schläfriger der Mensch ist, desto trockener sollte die Mundpflege erfolgen, das heißt desto weniger Flüssigkeit sollte man auf das Schwämmchen aufbringen.«

## Atmung und Luftnot

**Kevean:** »Es kann sein, dass Menschen unruhig werden oder sich die Atmung verändert. Sie kann sehr viel langsamer werden, eventuell treten auch längere Pausen ein, oder die Atmung wird schneller, vielleicht unregelmäßiger. Dann ist es wichtig, Ruhe zu bewahren und nicht in Hektik zu verfallen. Es kann ein Fenster geöffnet werden, oder ein kleiner Ventilator sorgt für einen kühlenden Luftstrom. Auch das ruhige Atmen der begleitenden Person wirkt sich oft positiv aus. Außerdem können geeignete Medikamente helfen, nicht nur gegen die Atemnot, sondern auch gegen die damit verbundene Angst.

Ein häufiges Phänomen, insbesondere in den letzten Lebenstagen oder Lebensstunden, ist eine ›rasselnde‹ Atmung, die entsteht, wenn Sekrete nicht mehr geschluckt oder abgehustet werden können. Hierunter leiden die Sterbenden selbst nicht, daher kann auch auf unnötige Maßnahmen wie Absaugen verzichtet werden.«

## Unruhe und Angst

**Kevean:** »Auch eine leichte Desorientiertheit kann bei Sterbenden auftreten, meist ist sie milde ausgeprägt und benötigt keine weitere Behandlung. Steigert sie sich zu Angst oder Unruhe, können vielfältige nichtmedikamentöse Dinge helfen, wie unterschiedliche Aromaöle, je nach Symptomen. Gegen Angst und Unruhe hilft zum Beispiel Lavendelöl, auf ein Tuch getropft und neben dem Kopfkissen platziert. Ich rate aber dazu, die sterbende Person zu fragen oder auf ihre Reaktion zu achten, ob der Duft für sie auch angenehm ist. Mischungen verschiedener Öle ermöglichen außerdem die Behandlung von Juckreiz oder helfen gegen Wassereinlagerungen (Ödeme).

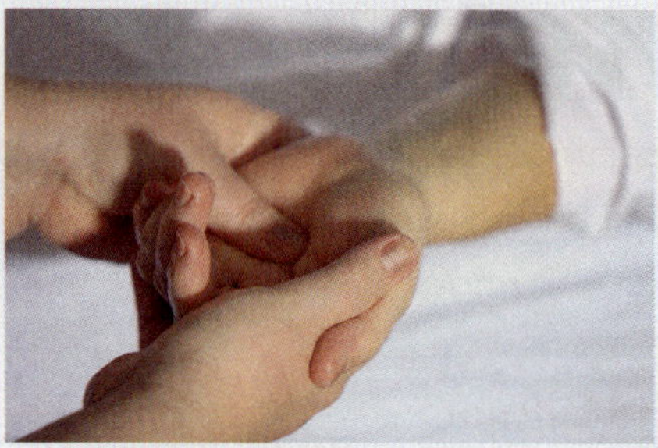

Entspannende Handmassage

Eine einfache Handmassage mit der Lieblingscreme oder einem angenehmen Massageöl kann ebenso Ängste lindern und ermöglicht Nähe zum sterbenden Menschen. Auch hier ist es wichtig, auf die Körpersprache zu achten, um zu sehen, ob es sich für die sterbende Person gut anfühlt.
Musik kann ebenfalls für Entspannung sorgen, Erinnerungen oder Gefühle wecken und dabei helfen, für einen Moment ganz woanders zu sein. Eine andere Möglichkeit für Sterbende, zur Ruhe zu kommen, sind Gedankenreisen oder Meditationen.

## Schmerzen

**Kevean:** »Viele Menschen, die beispielsweise an Tumorerkrankungen sterben, fürchten sich vor Schmerzen. Kann sich ein Mensch nicht mehr äußern, sind Unruhe, schnelle Atmung, verkrampfte Haltung oder das Verziehen des Gesichtes und Stöhnen mögliche Hinweise darauf, dass die Person Schmerzen hat.
Ich empfehle eine Medikation mit einem ausreichend wirksamen Schmerzmittel, zum Beispiel Morphin, als Grundmedikation. Dazu sollte immer eine entsprechende Bedarfsmedikation bereitstehen. Das sind Medikamente, die schnell gegen plötzliche Schmerzen wirken und die von den Zugehörigen selbstständig gegeben werden können. Verordnet werden diese Medikamente von den betreuenden medizinischen Fachkräften. Auch Lagerungen mit Kissen und Decken können einzelne Körperstellen wie Schultern, Becken oder Fersen entlasten und Schmerzen lindern.«

## Wusstet ihr schon?

In der Palliativversorgung ist Teamarbeit besonders wichtig. Ärztliches Personal, Pflegekräfte, Zugehörige, Fachkräfte aus Physiotherapie und Psychologie, Seelsorgende und viele andere arbeiten zusammen. Zur Behandlung von Schmerzen und Beschwerden gehören nicht nur Medikamente, sondern auch Physiotherapie, Einreibungen und Umschläge, Gespräche, Kunst-, Tier- oder Musiktherapie; alles, was einen sterbenden Menschen stärkt und entlastet.

Palliativmedizinische Fachkräfte gibt es nicht nur in Krankenhäusern. Im Gegenteil, die meisten haben eine ganz normale Praxis. Sie kommen dann zu den Menschen, die sie begleiten, nach Hause.

## Warum ist das wichtig?

Sterben ist immer etwas Neues. Wir können es nicht üben. Es gilt, Unsicherheiten und Ängste anzusprechen, auszuhalten und vielleicht zu lindern. Verlässliche Unterstützung und Ruhe sind dabei besonders wichtig.

Palliativversorgung erhöht die Lebensqualität von Sterbenden und verlängert dadurch oft das Leben. Die Tage am Ende des Lebens sind genauso wichtig wie die am Anfang oder in der Mitte.

Sarah

# ÜBER DEN TOD HINAUS

Er ist krank, aber niemand weiß, dass es ein Sterben ist, was wir hier erleben. Ich weiß so wenig über Aids. Ich habe keine Ahnung, was die richtigen Fragen sind, wie weit ich mich einmischen soll, wo es Hilfe gibt. Von einem Pflegedienst geschweige denn einem SAPV-Dienst habe ich noch nie gehört. Aber so weit sind wir noch nicht.

Thomas ist zu Hause und sehr schwach. Wir beginnen, reihum für ihn zu kochen, und besuchen ihn regelmäßig. Jedes Mal, wenn wir in die Wohnung kommen, stehen Teller mit Essen auf dem Tisch, von denen er maximal ein oder zwei Teelöffel herausgepickt hat. Wir sind so hilflos. Sein kleiner, ausgemergelter Körper wirkt zerbrechlich in dem großen Bademantel. Er geht langsam, schwankend. Ich kaufe ihm appetitanregenden Tee aus der Apotheke. Er nippt daran, verzieht das Gesicht und verkündet, er werde den Tee nicht trinken, er rieche eklig. Seine Arme sind so unfassbar dünn. Ich weiß nicht mehr weiter, brülle ihn an, zwinge ihn, eine halbe Tasse zu trinken. Ich weiß nicht, was ich erwarte, wahrscheinlich, dass er nun Heißhunger bekommt. Nichts dergleichen passiert. Er lässt nach einem Bissen den Löffel sinken und geht wieder ins Bett. Ich schäme mich für meinen Ausraster.

Anika und Philipp, Thomas' beste Freunde, und ich beraten uns mit Frank, seinem Bruder. So kann es nicht weitergehen. Was, wenn Thomas stürzt und sich verletzt? Er muss wieder ins Krankenhaus. Dort können sie ihm sicher helfen. Nur: Er will nicht. Der darauffolgende Dienstag ist der

Tag, an dem sich die Machtverhältnisse endgültig verändern. Anika und ich sind gekommen, und wir werden ihn ins Krankenhaus bringen, auch gegen seinen Willen.

Es ist schrecklich, und Thomas lässt uns spüren, wie wütend und verletzt er ist. Aber tief in sich muss er auch fühlen, dass es allein zu Hause nicht mehr geht. Schimpfend lässt er uns eine Tasche für ihn packen und den Krankentransport holen. Anika muss ihre Kinder abholen, also bleibe ich mit ihm allein vier Stunden in der vollen Notaufnahme, bevor sie ihn aufnehmen. Er beschimpft mich und wütet die ganze Zeit, und ich frage mich, ob ich nun unsere Freundschaft zerstört habe. Hätte ich da gewusst, dass er seine Wohnung nie mehr wiedersehen würde, ich hätte es wohl nicht ausgehalten.

Ich habe eine Vorsorgevollmacht ausgedruckt, stopfe sie ihm in die Tasche und bitte ihn, sie bei Gelegenheit auszufüllen. Er schaut mich wütend an und dreht dann den Kopf zur Wand.

Wir denken alle, dass es ihm nun bald besser geht. Aber wir irren uns. Er bekommt beutelweise Flüssignahrung, intravenös und als Trinkpäckchen. Aber nichts bleibt in dem geschundenen Körper, er bekommt Durchfall und nimmt weiter ab. Wir wechseln uns wieder ab, sodass er jeden Tag Besuch hat. Meine Mama kommt regelmäßig und liest ihm vor. Einmal fahre ich ihn mit dem Rollstuhl in der ersten Februarsonne herum, aber er weint, weil das Holpern auf dem Gehweg so wehtut. Beim Anziehen wundere ich mich über die faustgroße, feste Ausstülpung an seinem unteren Rücken. Ich wusste nicht, dass man das Steißbein sehen kann, wenn Menschen so dünn sind.

Das Krankenhausessen ist keine große Hilfe. Wir bringen ihm alles, was er sich wünscht. Clementinen sind es häufig. Er isst sie mit großem Appetit. Wir hegen Hoffnung, aber er wird immer schwächer.

Eines Tages bittet er mich am Telefon, die Vorsorgevollmacht noch einmal mitzubringen, er habe sie als Schmierzettel gebraucht und würde sie jetzt gern mit mir zusammen ausfüllen. Da spüre ich zum ersten Mal kalte Angst. Warum will er das? Spürt er, dass wir sie bald brauchen werden? Ich traue mich nicht, mit ihm darüber zu sprechen, aber wir füllen die Vollmacht aus und legen einen Durchschlag in seine Krankenakte. Jetzt bin ich also bevollmächtigt für alles »über den Tod hinaus«, so steht es auf dem Formular. Ich habe keine Ahnung, welche Tragweite das haben kann.

Thomas besteht darauf, trotz seiner wackeligen Beine, allein auf die Toilette zu gehen. Also warte ich vor der geschlossenen Tür, dass er wieder ins Krankenzimmer zurückkommt. Es dauert. Schließlich höre ich ihn leise nach mir rufen. Ich trete ins Bad und sehe, wie er vergeblich versucht, sich am Haltegriff hochzuziehen. Seine Arme sind zu schwach, er sinkt zurück auf die Klobrille und weint. »Es geht nicht mehr. Ich schaff's nicht.« »Ist nicht schlimm, ich helf dir.« Ich greife unter seine Arme, stemme ihn auf die Füße und stütze ihn auf dem Weg zurück in sein Bett. Ist nicht schlimm? Mein bester Freund ist nun so schwach, dass er nicht mehr allein aufs Klo gehen kann. Ein weiterer Schritt in dieselbe Richtung. Spätestens jetzt wird mir klar, dass es nicht mehr besser wird. Ich kann es da noch nicht denken, es ist mehr wie eine Ahnung, die durch meinen Kopf weht. Wenn es nicht mehr besser wird, dann wird es schlechter? Was kommt am Ende?

Während mir bei Ralf seit der Diagnosestellung immer klar war, dass er schließlich sterben würde, fühle ich mich für den Gedanken bei Thomas immer schuldig. Ich bin es nicht gewohnt, zu hoffen, zu bangen, in der Schwebe zu sein über so lange Zeit. Ich wünsche mir Eindeutigkeit, aber vielleicht mehr für mich selbst.

Wenn ich sicher wäre, dass es sein Sterben ist, das ich hier miterlebe, dann wüsste ich, was zu tun wäre. Ich würde einen Hospizplatz suchen und ihn verlegen lassen. Aber der Arzt ist seltsam vage in unserem Gespräch. »Er ist doch final, das sehe ich doch!«, sage ich fast flehentlich zu ihm, weil ich mich nicht traue, »Er stirbt« zu sagen. »Nun, es ist kritisch«, erwidert der junge Mediziner, der offenbar nicht dazu bereit ist, einen Menschen im gleichen Alter wie er selbst als sterbend zu erklären. »Aber wenn es noch kritischer wird, legen wir ihn einfach auf intensiv.«

Ich bin zu erschöpft, zu unsicher, um zu kämpfen. Weiß Thomas, wie es um ihn steht? Warum rede ich nicht mit ihm darüber? Ich habe Angst, dass ich ihm die Lebenskraft nehme. Vielleicht irre ich mich ja. »Er muss jetzt wirklich mal kämpfen«, sagen die Freunde und versuchen, Mut zu machen. »Was ist, wenn wir an dem Punkt schon vorbei sind?«, frage ich leise. Mehr traue ich mich nicht zu sagen.

Ich sehe mich selbst tage- und nächtelang an einem Intensivbett mit blinkenden Monitoren sitzen, bis ich entscheiden muss, die Maschinen abzustellen. Gott sei Dank kommt es dazu nicht. Als Läsionen im Gehirn gefunden werden, kann Thomas nicht mehr, und er will auch nicht mehr. Sein Kreislauf versagt an einem Dienstagnachmittag, die Reanimation ist erfolglos. Vorbereitet sind wir auf seinen Tod trotzdem nicht.

Anika ruft mich an, ihre Stimme zittert: »Sarah, du musst jetzt ganz stark sein. Thomas ist gerade gestorben.« Ich stürme aus dem Haus, nehme ein Taxi und fahre ins Krankenhaus. Unterwegs rufe ich Frank an, meine Mutter. Alle wollen kommen.

Ich renne vom Tor der Klinik bis zu seinem Zimmer. Ich frage mich noch, warum ich renne, jetzt, wo ich doch nichts mehr ändern, nichts mehr aufhalten kann, aber ich will so schnell wie möglich zu ihm. Die Schwester führt mich ins Zimmer. Dort liegt er, klein und blass und ganz ruhig. Sie haben ihm drei Tulpen in die Hände gelegt, und er wirkt wie eine einzige Werbung für den Klinikkonzern, denn auf Nachthemd, Kopfkissen und Bettdecke wiederholt sich der Schriftzug wieder und wieder, wie ein Muster.

Ist es jetzt zu Ende? Thomas, der neun Sprachen konnte, hochbegabt und einsam war, wunderschön sang, ein lautes, kringelndes Lachen besaß, das weithin zu hören war, als Erzieher seine Erfüllung gefunden hatte, so viel erreicht hatte in seinem Leben, aber gewiss noch mehr sehen und erleben wollte. Es gab doch noch so viel. Und jetzt soll alles zu Ende sein?

Frank kommt mit der Mutter. Dann treffen meine Mama und mein Bruder ein, Anika, Philipp, Freunde. Am Schluss sind wir ungefähr zehn Menschen, die um sein Bett stehen. Wir singen »Somewhere over the rainbow«, das Lied, das wir vor zwei Tagen noch mit ihm zusammen gesungen habe, weinen, streicheln ihn. Anika hat Angst, ihn zu berühren, er ist der erste Tote, den sie sieht. Sie legt ihre Hand auf meine, wir streicheln ihn gemeinsam, dann ziehe ich langsam meine Hand weg, und sie braucht sie nicht mehr.

Nach zwei Stunden kommt Philipp zu mir. »Die wollen das Zimmer haben«, sagt er und deutet nach draußen. Darauf war ich vorbereitet. Entschlossen trete ich auf den Flur hinaus und habe vor, um mehr Zeit zu bitten. Ich laufe direkt in eine alte Dame hinein, die in ihrem Bett schon vor der Zimmertür wartet. Damit habe ich nicht gerechnet. Jetzt weiß ich nicht mehr, was ich tun soll. Wir packen unsere Sachen zusammen. »Wir haben da so einen Abschiedsraum«, höre ich hinter mir eine Pflegekraft sagen, kann aber nicht darauf reagieren. Sie spricht mich nicht direkt an, und mein Gehirn ist zu langsam, es schaltet nicht, begreift nicht, dass dies bedeutet, dass wir länger bleiben könnten, wenn wir in den Abschiedsraum gingen. Ich tue nichts, weil ich nicht verstehe.

»Wir bringen ihn jetzt in den Keller«, sagt eine andere Pflegerin, diesmal direkt zu mir. Da regt sich meine letzte Kraft, und ich sage sehr bestimmt: »Gut, dann gehen wir mit.« Wie es kommt, dass sie mich nur verwundert ansieht und nickt, weiß ich bis heute nicht. Wenn ich die Geschichte in meinen Kursen erzähle, sagen die Pflegekräfte immer, niemals würden sie jemanden mit in die Kühlung nehmen. Wir durften mit, und ich bin dankbar dafür, dass sich die Pflegekraft uns nicht in den Weg stellte.

Sie legen ein Laken über Thomas, unter dem ich seine Hand weiter festhalte, und schieben sein Bett zum Aufzug. Alle folgen mir wie ein eigenartiger Trauerzug, und gemeinsam kommen wir im Keller des Krankenhauses an, wo die Pflegerinnen sein Bett in einen gekachelten Raum mit einem klappernden Ventilator schieben. Ich stelle mir vor, das Laken wäre schalldicht, sodass mein Freund, der sein Leben lang geräuschempfindlich war, das Scheppern nicht hören kann. Dann steigen die Pflegerinnen wieder in den Aufzug, wünschen uns alles Gute und sind weg. Wir stehen allein in der Tiefe des Kellers und tasten uns von dem gekachelten Raum aus langsam den Gang entlang. Wir wissen nicht, wo wir sind und wo die richtige Richtung ist. Vorsichtig schleichen wir um die Ecke und immer weiter, bis wir den Ausgang finden. Endlich stehen wir auf dem Parkplatz, umarmen uns und atmen die frische Nachtluft ein.

Drei Monate, bevor Thomas starb, organisierte ich mit Jan und einem zweiten Bestatter eine meiner ersten Veranstaltungen zu Tod und Trauer in einem Stadtteilzentrum. Wir wollten die Leute einladen, mit uns einen Sarg zu bemalen. Viele sagten, sie hätten Angst vor dem Sarg. Ich fragte Freunde, weil ich fürchtete, es würden nicht genug Teilnehmende kommen. Thomas hatte Lust und kam. Ich war überrascht. Gemeinsam bemalten wir den Sarg, es gab heiße Schokolade und Diskussionen über Abschied und Bestattung. Der Bestatter nahm anschließend den Sarg, der wunderschön und farbenfroh geworden war, mit in seinen Laden.

Als Thomas tot war, erinnerte ich mich daran und bat unsere Bestatterin, zu fragen, ob der Sarg noch zu haben war. Sie organisierte alles, und so wurde Thomas in einem Sarg bestattet, den er selbst mit bemalt hatte. Ob er damals schon geahnt hatte, dass er selbst diesen Sarg brauchen

Thomas (im weißen Pulli) und Sarah (Bild rechts) bemalen bei der Veranstaltung im Stadtteilzentrum Thomas' späteren Sarg

würde? Als ich die Seitenkante mit grüner Farbe angestrichen hatte, hätte ich jedenfalls nie gedacht, dass dieser Sarg für mich noch so persönlich werden würde.

Zwei Tage nach seinem Tod holte ich Thomas gemeinsam mit der Bestatterin aus der Klinik ab. Sie hatte mir angeboten mitzukommen. Ich wusste nicht, dass so etwas ging. Die Mitarbeiter vom Fuhrdienst fegten mit dem Sarg auf einem Rollwagen vorneweg durch die Katakomben des Krankenhauses. Wir mussten uns beeilen, um Schritt zu halten. Ich fühlte mich wie in einem Traum. Jemand hatte bunte Bilder an die Wände gemalt, die Flure waren endlos. Einmal kam uns ein Mensch auf einem Fahrrad entgegen. Wie in Zeitlupe schauten wir uns an, während unsere Blicke sich kreuzten und kurz darauf verloren, während ich dem Sarg meines besten Freundes hinterherrannte zu einem unbekannten Ziel. Wir erreichten einen kleinen Raum mit braunen Bodenfliesen. Ein älterer Mann mit Schnurrbart hielt brummend ein Klemmbrett in der Hand. Das Radio spielte »It's Not Unusual« von Tom Jones. Wie oft hatten wir dieses Lied zusammen gesungen. Ich musste lächeln. Es war passend. Dann öffnete der Mann einen Kühlschrank und zog ein Blech nach vorn, auf dem Thomas lag. Es war befremdlich, ihn so zu sehen, ich wusste nicht, wie ich reagieren sollte.

Die Männer vom Fuhrdienst legten ihn in den Sarg, die Bestatterin unterschrieb auf dem Klemmbrett, und wir fuhren den Sarg, in dem nun mein bester Freund lag, zurück durch die unterirdische, verborgene Welt der Klinik zum Auto. Es war ein schwarzer Kombi mit großen Fenstern. Die beiden Männer schoben den Sarg hinein und schlossen die Heckklappe. Hier draußen schien die Sonne, und blauer Himmel leuchtete über dem Klinikgelände. Die Bestatterin bat, die Sichtblende der Fenster nicht hochzufahren, und so sahen wir dem bunten Sarg im dunklen Wagen nach, bis er um die Ecke verschwand.

## WIE KANN MAN STERBENDE IM KRANKENHAUS BEGLEITEN?

Wenn Menschen gefragt werden, wo sie sterben wollen, ist das Krankenhaus so gut wie nie die Antwort. In Wirklichkeit ist das Krankenhaus aber sehr häufig der Ort, an dem Menschen ihre letzten Tage verbringen und sterben. Ungefähr die Hälfte der Bevölkerung in Deutschland stirbt im Krankenhaus. Die meisten kommen mit akuten Problemen auf Station oder in die Notaufnahme, und auch wenn Situationen lebensbedrohlich sein können, sind häufig weder das Personal noch die Zugehörigen auf ein Sterben eingestellt.

Ins Krankenhaus geht man, um gesund zu werden. Aber wenn es Komplikationen während der Operation gibt oder sich der Allgemeinzustand immer weiter verschlechtert, dann sterben Menschen eben oft im Krankenhaus. Besonders alte Menschen werden mit Erkrankungen in Kliniken aufgenommen, mit denen sie nicht in ein Hospiz kämen, wie zum Beispiel mit einer Lungenentzündung oder auch nach Unfällen, wie beispielsweise nach einem Sturz. Oft sterben sie aber an diesen Erkrankungen oder an den Folgen.

Heute bilden immer mehr Krankenhäuser ihre Mitarbeitenden auch für die Pflege Sterbender aus. Manche haben sogar eine eigene Palliativstation. So können Krankenhäuser besser auf die Bedürfnisse Sterbender eingehen und eine passende Schmerztherapie anbieten. Für Zugehörige und Betroffene ist das Krankenhaus trotzdem ein ungewohnter Ort, an dem man sich erst einmal zurechtfinden muss. Aber das Krankenhaus bietet auch Vorteile, und zwar nicht nur medizinische.

Marco erzählt in unserer »Sarggeschichte« von seiner Oma:

Marco (Filmstill)

»Meine Oma wurde mit fast 90 Jahren schwer krank. Anfangs haben meine Eltern sie zu Hause gepflegt. Meine Oma wollte nie ins Krankenhaus, aber auf Anraten ihres Hausarztes ist sie dann doch dorthin gegangen. Im Krankenhaus wurde sich professionell um alles gekümmert, um die Hygiene, die Medikamente, auch um das Umlagern. Dadurch hatten wir mehr Zeit, einfach da zu sein, meine Oma zu begleiten und ihr zum Beispiel beim Essen zu helfen. Die Verantwortung für die Pflege meiner Oma zu teilen, war eine große Entlastung für uns. Wir mussten keine Angst mehr haben, irgendetwas falsch zu machen.

Es war erst nicht abzusehen, aber sie ist dann auch im Krankenhaus gestorben. Ich bin froh, dass wir vorher noch diese Zeit mit ihr hatten, in der wir uns einfach auf sie konzentrieren konnten.«

## Informationen teilen

Krankenhäuser sind große, effiziente Institutionen und können nicht jeden Menschen in seiner Einzigartigkeit sehen. Darum können nicht immer alle individuellen Bedürfnisse erfüllt werden. Wenn ihr einen sterbenden Menschen im Krankenhaus begleitet, könnt ihr aber selbst aktiv werden, um die Situation für alle Beteiligten zu erleichtern.

In einem Krankenhaus arbeiten viele verschiedene Menschen zusammen mit vielen verschiedenen Aufgaben. Informationen zu teilen, ist da besonders wichtig, in alle Richtungen.

Klärt frühzeitig Fragen zur medizinischen Versorgung. Wie zum Beispiel, ob es eine Patientenverfügung oder eine Vorsorgevollmacht gibt. Soll künstlich beatmet oder ernährt werden? Welche Medikamente wurden bisher eingenommen, und welche Unverträglichkeiten gibt es? Wer kann bei Fragen wie erreicht werden? Diese Informationen solltet ihr unbedingt schriftlich weitergeben.

Aufgrund von Schichtdiensten werdet ihr nicht alle Pflegenden persönlich treffen oder mit ihnen reden können. Deshalb ist es hilfreich, eine Notiz zu hinterlegen oder einen Brief zu schreiben, der zusätzlich die wichtigsten persönlichen Informationen enthält. Gerade wenn die Person, die im Krankenhaus ist, nicht mehr sprechen kann oder durch die Krankheit stark in ihrer Kommunikation eingeschränkt ist, zum Beispiel durch Schmerzen oder Müdigkeit, ist dies wichtig. Macht diese Notizen so vielen Mitarbeitenden wie möglich zugänglich, damit alle Bescheid wissen und auf eure Wünsche eingehen können. Ihr könnt sie beispielsweise neben dem Bett aufhängen oder auf den Nachttisch kleben. Ein Brief könnte zum Beispiel so aussehen:

*»Liebe Pflegende,*

*erst einmal vielen Dank für Eure liebevolle Fürsorge für meine Mutter. Da sie selbst nicht mehr sprechen kann, schreibe ich Euch ein paar Informationen über sie auf.*

*Mamas Lieblingshandcreme steht auf der Fensterbank. Sie duftet nicht, weil Mama starke Gerüche nie mochte. Dafür mag sie es gerne, wenn man ihr Haar bürstet. Ihre Kinder sind Max und ich, Irene. Und es gibt einen vierjährigen Enkelsohn, Julian. Neben dem Foto von Julian steht ein Bild von ihrem geliebten Rennrad, auf dem sie noch bis vor Kurzem durch die Stadt gebraust ist.«*

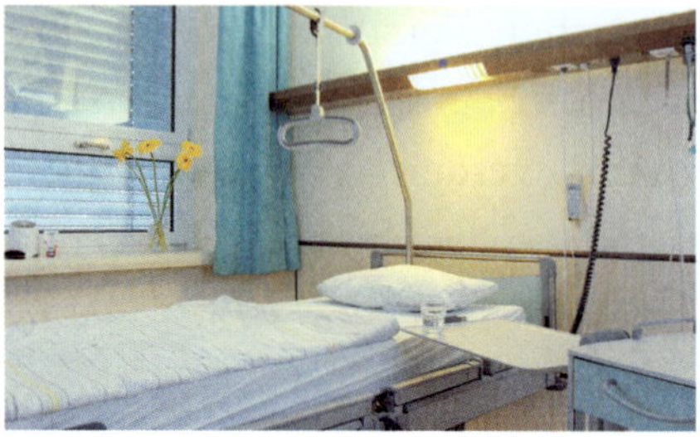

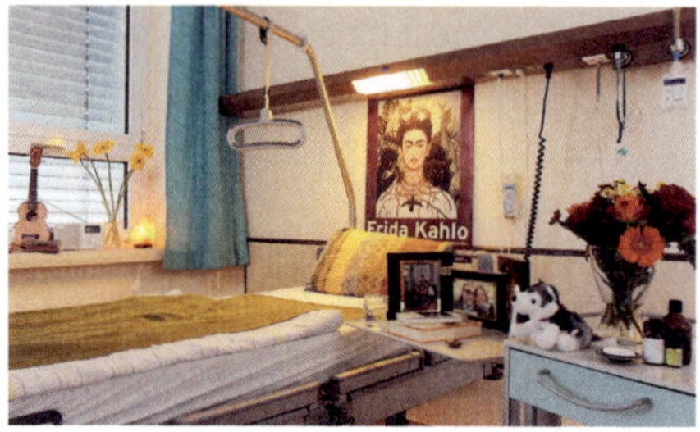


Beispiel, wie man ein zweckmäßiges Krankenhauszimmer persönlicher gestalten kann (Filmstills)

## Persönliches mitbringen

In Krankenhäusern muss effizient gearbeitet werden, deshalb sind die Zimmer in erster Linie funktional und steril gestaltet. Sie sind gut ausgeleuchtet, leicht zu reinigen und alle gleich eingerichtet. Ein Ort zum Sterben sollte aber eher persönlich und geborgen sein.

Schon kleine Dinge können eine große Wirkung haben. Ihr könnt zum Beispiel eigene Kissenbezüge mitbringen, Blumen, die Lieblingsmusik, Bücher, Fotos von den Lieben zu Hause und angenehmeres Licht. Das zusammen macht schon einen großen Unterschied.

## Abschied

Wenn ein Mensch im Krankenhaus verstirbt, könnt ihr noch eine Weile bei eurem Verstorbenen bleiben, um euch in Ruhe zu verabschieden. Es kann jedoch vorkommen, dass das Krankenzimmer schon bald wieder für neue Patienten benötigt wird. Die meisten Häuser haben einen separaten Raum, der für Abschiede zur Verfügung steht. Ihr könnt darum bitten, dass eure verstorbene Person dorthin gebracht wird, um noch etwas Zeit mit ihr zu verbringen.

Es ist auch möglich, den verstorbenen Menschen von der Station noch einmal nach Hause bringen zu lassen. Hier gilt: Je früher ihr sagt, dass ihr das machen möchtet, desto besser können sich alle darauf einstellen. Oft weiß das medizinische Personal nämlich nicht, dass dies möglich ist, und es benötigt etwas Aufklärung. Für die Überführung nach Hause benötigt ihr ein Bestattungsinstitut. Lasst euch von den Mitarbeitenden dabei unterstützen.

### Wusstet ihr schon?

Es gibt ambulante Hospizdienste, deren Mitarbeitende auch ins Krankenhaus kommen, für den Fall, dass Sterbende und ihre Zugehörigen Unterstützung brauchen. Daneben gibt es einen Sozialdienst und Seelsorgende, die euch begleiten, wenn ihr das wollt. Wenn Sterbende allein sind und sich Gesellschaft wünschen, gibt es auch Besuchsdienste, wie zum Beispiel die Grünen Damen und Herren.

Menschen in Ausnahmesituationen sind nicht so aufnahmefähig wie sonst. Oft ist der Aufenthalt in einer Klinik herausfordernd. Ein Krankenhaus ist ein großes System, das man nicht so schnell begreift. Es ist also völlig normal, wenn ihr Dinge nicht mitbekommt oder vergesst. Habt den Mut, nachzufragen, auch mehrmals, wenn ihr etwas nicht verstanden habt!

### Warum ist das wichtig?

Im besten Falle sollte man ein Krankenhaus natürlich gesund wieder verlassen. Ursprünglich waren Krankenhäuser nicht dazu vorgesehen, um schützende, unterstützende Orte für sterbende Menschen zu sein, aber ihr könnt selbst etwas tun, um sie mehr zu solchen Orten zu machen. Dabei hilft es, die festen Abläufe zu kennen und zu verstehen. Informiert die Pflegekräfte über Dinge, die euch wichtig sind. Und wenn ihr etwas Besonderes möchtet, sagt es möglichst früh, damit es noch gut zu organisieren ist.

## WAS IST EIN HOSPIZ?

Dr. Cicely Saunders

Hospize sind Orte, in denen Menschen leben, die bald sterben werden. Das Wort »Hospiz« kommt von dem lateinischen Begriff *hospitium*. Es bedeutet »Herberge«.

Die Gründerin der Hospiz-Bewegung war die Britin Cicely Saunders. Sie war Krankenschwester und pflegte 1948 Ela David Tasma, einen polnischen Juden, der das Ghetto überlebt hatte, aber dann schwer an Krebs erkrankt war. Die beiden kamen sich nahe und führten viele Gespräche über Glauben, Liebe und seinen Schmerz darüber, dass er glaubte, sein Leben sei verfehlt.

Die geschäftige Station im St. Luke's Hospital in London, auf der er lag, war kein guter Ort für solche Gespräche und auch nicht für sterbende Menschen. Es fehlte Ruhe. So überlegten die beiden, wie ein Ort sein müsste, damit Menschen dort umsorgt sterben könnten. Sie träumten von einem Haus, in dem es ruhiger war, mehr Fokus auf Schmerzkontrolle gelegt wurde und auch Themen eine Rolle spielten, die nicht unmittelbar mit Medizin verknüpft waren, wie beispielsweise, sich auch seelisch und psychisch auf den Tod einstellen zu können.

Nach wenigen Wochen starb Ela David Tasma. Aber er vermachte Cicely Saunders 500 Pfund, verbunden mit seinem Wunsch: »Lass mich ein Fenster in deinem Haus sein.«

Danach studierte sie Medizin und legte ihren Schwerpunkt auf die Pflege sterbender Menschen. Dabei entwickelte sie ihr Konzept des »totalen Schmerzes«, das in der Palliativmedizin als Meilenstein gilt. Dieses Schmerzverständnis umfasst nicht nur die körperliche Ebene, sondern auch die psychische, soziale und spirituelle Ebene der Sterbenden. So entwickelte sich in der palliativen Versorgung das Selbstverständnis, all diese vier Bereiche bei der Versorgung sterbender Menschen im Blick zu haben.

Außerdem sollte das Hospiz ein Ort sein, der nicht nur auf die Bedürfnisse der Sterbenden eingeht, sondern auch auf die ihrer Zugehörigen, denn auch sie erleben das Sterben und brauchen Begleitung. Die Zeit des Sterbens ist Lebenszeit, und auch in den letzten Tagen können Menschen noch Lebensqualität erleben.

Thomas Sitte, Vorstandsvorsitzender der Deutschen PalliativStiftung, sagt dazu: »Durch Hospizarbeit und Palliativversorgung können wir dazu beitragen, den Tagen mehr Leben zu geben (das wissen viele). Wir geben auch gleichzeitig dem Leben mehr Tage. Tatsächlich! Bei vielen Krankheiten sorgt eine frühzeitige Integration von hospizlich-palliativem Denken und Handeln für eine deutliche Lebensverlängerung.«

Es dauert 19 Jahre, bis Cicely Saunders im Jahr 1967 das St. Christopher's Hospice in London gründet und damit, wie sie sagte, »ein Haus um Ela David Tasmas Fenster baute«.

Das erste Hospiz in Deutschland wurde 1986 in Aachen gegründet. Heute gibt es über 250 stationäre Hospize in Deutschland und noch mehr Palliativstationen.

Als wir unsere »Sarggeschichte« »Was ist ein Hospiz?« im Ricam Hospiz in Berlin-Neukölln drehten, hatten wir vor, mit der Leitung, mit Pflegekräften und mit der Köchin zu sprechen. Ein Mitarbeiter sagte uns, eine Bewohnerin würde gerne etwas über ihre Zeit im Hospiz erzählen. Danach zu fragen, war uns gar nicht in den Sinn gekommen, weil wir die Sterbenden schützen wollten. Was für eine Freude war es dann, Ingeborg zu begegnen. Im Krankenhaus war ihr Zustand sehr schlecht, aber im Hospiz hat sie sich noch einmal erholt und konnte dort sogar ihren 95. Geburtstag groß feiern. Wir haben sie ein paarmal gesehen und den Erzählungen aus ihrem Leben gelauscht. Wir konnten ihr den fertigen Film zeigen und uns von ihr verabschieden, bevor sie starb.

Ingeborg im Ricam Hospiz (Filmstill)

»Seit zwei Monaten bin ich im Ricam Hospiz und jeden Morgen dankbar, hier zu sein. Ich werde als ganzer Mensch angenommen. Nicht ein Teil meines Körpers wird beobachtet, sondern *ich* werde wahrgenommen. Mit sehr viel liebevoller Anteilnahme werde ich in jeder Beziehung umsorgt. Mir werden Wünsche förmlich von den Augen abgelesen, und jeden Morgen wache ich auf, dankbar, hier zu sein.«

Alle Pflegekräfte im Hospiz sind speziell geschult und für Schmerztherapien ausgebildet. Für eine erfolgreiche Schmerztherapie braucht es Ruhe und Zeit, um sich auf jeden Menschen individuell einzulassen.

Auch eine gute Zusammenarbeit zwischen ärztlichem Personal, Pflegepersonal, Sozialarbeitenden, Therapierenden und den Zugehörigen wirkt sich positiv auf die sterbende Person aus. Oft helfen Behandlungen, die nichts mit Medikamenten zu tun haben, wie zum Beispiel Massagen, Physio-, Gestalt- und Musiktherapie. Im Hospiz ist all das möglich.

Die Zimmer können individueller und gemütlicher gestaltet werden als im Krankenhaus, und es gibt mehr Ruhe, da nur die nötigen medizinischen Behandlungen erfolgen. Das Küchenpersonal kann auf persönliche Vorlieben eingehen und beispielsweise das Lieblingsessen zubereiten. Auch die Essenszeiten können flexibler gewählt werden, und der Tagesablauf richtet sich, so gut es geht, nach den Bedürfnissen der sterbenden Menschen.

### Katrin

»Mein Bruder Ralf starb im Ricam Hospiz. Es liegt im obersten Stockwerk eines Wohnheims. Von der Dachterrasse aus konnten wir über die Dächer der Stadt blicken. Alle Räume waren hell und lichtdurchflutet. Das Gefühl von Weite und die Nähe zum Himmel taten mir unglaublich gut. Trotz der großen Belastung hatte ich an diesem Ort das Gefühl, wieder atmen zu können. Mein Bruder war schwer krank, und seine Pflege zu Hause beanspruchte alle Kräfte. Wir waren erleichtert, als wir für ihn den lang ersehnten Platz im Hospiz bekamen.

Ich erinnere mich an Räume voller Ruhe und Wärme. Alle bewegten sich in entspanntem Tempo, sprachen ohne Druck und in ruhigem Ton. Es gab kein hektisches Treiben auf den Gängen. Sobald wir das Hospiz betraten, wurden wir herzlich begrüßt.

Das Zimmer von Ralf lag direkt neben dem Stationszimmer der Mitarbeitenden. Wir konnten dadurch schnell und unkompliziert um Hilfe bitten. Wenn wir allein sein wollten, war das ebenso möglich. Das Zimmer war klein, aber wir durften es mit einem Poster schmücken und eine Lampe sowie ein kleines Schränkchen von zu Hause mitbringen. Ab und zu streckte eine freundliche Pflegekraft den Kopf zur Tür herein, um Getränke anzubieten oder zu fragen, ob wir etwas anderes bräuchten. Bei Schichtwechsel kam die Pflegekraft, die für uns zuständig war, und stellte sich vor, damit wir wussten, wen wir ansprechen konnten.

Für mich war es eine große Entlastung, die Rund-um-die-Uhr-Betreuung und die Pflege abgeben zu können. Wenn ich wollte, konnte ich mich weiter daran beteiligen, aber ich konnte mich auch zurückziehen, sobald ich eine Pause brauchte. Die Unterstützung und Atmosphäre vor Ort halfen mir, nach einer langen, bedrückenden Zeit etwas Leichtigkeit zu verspüren.

Als Ralf die erste Nacht im Hospiz schlief und sein Bett in unserer WG leer blieb, brachen Trauer, Wut und Verzweiflung aus mir heraus. Da habe ich begriffen, dass er nie mehr zurückkommen würde. Zum ersten Mal weinte ich und schrie mir den Schmerz von der Seele. Nach dieser quälenden Nacht fühlte ich mich aber auch befreit. Es war das erste Loslassen und ein erster Abschied von meinem Bruder. Ich hatte den Abstand gebraucht, um alles zu verstehen. Zuvor hatte ich einfach funktioniert, hatte getan, was getan werden musste, und hatte nur von einem Tag zum nächsten geschaut.

Die intime Atmosphäre im Hospiz ermöglichte gleichzeitig viel Nähe zu meinem Bruder. Ich durfte den ganzen Tag bei ihm bleiben, konnte bei ihm übernachten und so oft zu Besuch kommen, wie ich wollte.«

## Wusstet ihr schon?

Wenn ein Mensch lebensverkürzend erkrankt ist und absehbar ist, dass er sterben wird, kann er einen Platz im Hospiz beantragen. Diese Diagnose muss von einer Ärztin gestellt und bescheinigt werden. Mit dieser ärztlichen Verordnung wird dann ein Antrag auf Kostenübernahme durch Krankenkasse und Pflegekasse gestellt.

Lebt ein Mensch in einem Pflege- oder Altenheim und bekommt dort eine lebensverkürzende Erkrankung, ist es leider schwierig, ihn in ein Hospiz zu verlegen. Für die Krankenkassen wird dieser Mensch bereits ausreichend medizinisch versorgt und professionell gepflegt. Die wenigen Plätze in den Hospizen sind in erster Linie für Menschen, deren Pflege zu Hause nicht mehr gewährleistet ist. Es ist aber möglich, auch in einem Heim Unterstützung durch palliativmedizinische Fachkräfte oder durch ein SAPV-Team zu erhalten.

Es gibt nicht nur stationäre Hospize. In Deutschland haben wir zurzeit etwa 1500 **ambulante Hospizdienste**. Sie bieten Beratung für Menschen, die ihr Lebensende gern zu Hause verbringen wollen. Darüber hinaus werden ehrenamtlich Mitarbeitende an Sterbende und Zugehörige vermittelt. Sie übernehmen keine pflegenden Tätigkeiten, sondern begleiten die Menschen im Sterbeprozess. Das kann durch Gespräche und Freizeitaktivitäten geschehen, durch Hilfe in Haushalt und Garten oder einfach nur durch Dasein, Zuhören, Zeitschenken. Oft ist es wohltuend, sich mit Menschen auszutauschen, um Gefühle zu ordnen, zum Beispiel die Trauer über das eigene Sterben oder den bevorstehenden Verlust eines wichtigen Menschen. So kann gemeinsam überlegt werden, wie die verbleibende Zeit gut zu gestalten ist.

Neben den Hospizen und Hospizdiensten für Erwachsene gibt es auch **Hospize für Kinder**. Hier wird die ganze Familie schon ab der Diagnose einer lebensverkürzenden Krankheit eines Kindes begleitet. Es ist auch möglich, das erkrankte Kind für kürzere Zeiträume stationär im Hospiz betreuen zu lassen, damit die Bezugspersonen, die sich sonst immer um das Kind kümmern, entlastet werden und vielleicht einmal in den Urlaub fahren können. Das wird »Verhinderungspflege« genannt und von den Krankenkassen übernommen. Ebenso engagieren sich auch in diesem Bereich ehrenamtlich Helfende, die Familien begleiten und unterstützen. Es gibt Trauerbegleitung und Angebote für Geschwisterkinder. Damit kann das Kinderhospiz den Zugehörigen auch nach dem Tod eines Kindes noch Unterstützung bieten.

## Warum ist das wichtig?

Sterben ist eine wichtige und natürliche Lebensphase. Im Hospiz wird sie professionell begleitet. Sterbende und deren Zugehörige werden unterstützt, sodass sie die Möglichkeit bekommen, das Sterben nach ihren Vorstellungen zu gestalten. Das ist auch hilfreich für den Trauerprozess. Die Hospizkultur hat viel dazu beigetragen, dass die Bedürfnisse sterbender Menschen und ihres Umfeldes in der Gesellschaft mehr Bedeutung erlangen.

Sarah

# KANNST DU DEN HIMMEL SEHEN?

Ralf lag im Sterben.

Einen Menschen beim Sterben zu begleiten, ist schmerzhaft und auf vielen Ebenen herausfordernd. Mein Körper funktionierte auf eine Art, wie ich es vorher noch nicht erlebt hatte. Er schaffte es, Nächte nicht richtig zu schlafen, sich erschöpft wie automatisch in die S-Bahn zu stellen und den matschigen Schneeweg zum Hospiz zu laufen. Im Dunkeln durch den Schneematsch hin, im Dunkeln zurück. Mein Körper schaffte es, den Hunger abzustellen. Erst als die Hospizmitarbeiterin uns Teller mit liebevoll angerichteten Broten unter die Nase hielt, erinnerte er sich und verspeiste gierig die Nahrung, um sich zu stärken.

Auch die Psyche hält mehr aus als gedacht. Der junge Mann, der meine erste Liebe gewesen war, in dessen Armen ich mich geborgen fühlte und mit dem ich in den letzten neun Jahren so viel erlebt hatte, dass wir trotz unserer Trennung noch tief verbunden waren – dieser Mann lag ausgemergelt mit tiefen Augenhöhlen vor mir, und seine schmalen Hände suchten unsichtbaren Halt in der Luft. Ich schaffte es nicht zu begreifen, dass diese zwei Ralfs eine Person waren, und wenn diese Bilder sich wie eine Doppelbelichtung übereinanderlegten, fühlte es sich an wie ein Kurzschluss in der Seele.

Doch dann übernahm der Körper wieder, und ich half der Pflegerin dabei, Ralf die Windel zu wechseln, weil es nötig war und getan werden musste. Ich fütterte ihn mit Viertelhäppchen einer Wiener Würstchenscheibe, und er verspeiste sie so unglaublich langsam und wurde dann so müde davon, dass er einschlief.

So anstrengend, wie es war, es tat gut, etwas tun zu können. Einmal sackte ich vor Erschöpfung vor Ralfs Zimmer zusammen und saß schlotternd auf dem Fußboden. Eine Pflegende kam, hob mich auf, schob mich ins Stationszimmer, und ich erzählte stotternd und schluchzend, was mich bewegte. Sie gab mir ein Glas mit Pflaumensaft, war einfach da und hörte mir zu. In so einer Situation einen Menschen zu haben, der mich und meinen Schmerz gehalten hat, tat unglaublich gut.

Auch wenn Zugehörige viel Unterstützung brauchen, die meisten Menschen können auch in Krisen einschätzen, was sie wollen und brauchen, wenn ihnen jemand den Raum dafür gibt. Dafür ist Zeit und Ruhe nötig und Beratung mit Personen, denen sie vertrauen.

In Ralfs finaler Phase, sogar am Tag seines Todes, habe ich regelmäßig Fieber gemessen und ihm den Mund befeuchtet. Ich denke heute mit liebevollen und warmen Gefühlen an die fantastischen Pflegekräfte des Hospizes zurück, die alle wussten, dass nichts mehr gemessen werden musste. Sie ließen mich dennoch gütig gewähren, weil sie sahen, dass es mir half, etwas tun zu können, und ich dadurch diesem meinem ersten Sterben nicht so ohnmächtig ausgeliefert war.

In meiner Erinnerung gab es in dieser Zeit kaum Tageslicht. Bis auf den vorletzten Tag: Die Wolken rissen auf, ein Stück blauer Himmel leuchtete vor dem Fenster. Ralf liebte blauen Himmel. Ich setzte mich zu ihm. Ich wusste nicht, ob er mich hört: »Kannst du den Himmel sehen?«, fragte ich ihn. Da flüsterte er ganz leise: »Ja.« Das waren die ersten Worte, die er seit Tagen sprach, und die letzten, die ich von ihm hörte.

In der Nacht vor seinem Tod übernachtete ich im Gästezimmer des Hospizes. Ralfs Mama versuchte, Katrin und mich am nächsten Abend nach Hause zu schicken, damit wir uns mal ausschlafen konnten.

Ein tiefes Gefühl sagte mir, dass ich auf keinen Fall jetzt gehen konnte, es war eine Ahnung, die sich noch nicht in Worten ausdrücken ließ. Ich bin froh, dass sie nicht darauf bestand. So waren wir alle bei ihm, als er ein paar Stunden später starb.

Am Abend wurden seine rasselnden Atemzüge langsamer. Katrin kauerte auf einem Stuhl, die Knie angezogen, und schaute ihren Bruder an, während die Mutter mit den Pflegekräften sprach. Ralfs Freundin hielt ihre Hand auf seinem Herzen. Ich stand am Kopfende und strich ihm übers Haar. Sie und ich hielten uns an der Hand. Dieses Sterben hat uns einander nähergebracht, als wir uns sonst je gekommen wären.

Das einzige Geräusch im Zimmer war Ralfs Atem. Dann war es ruhig, ein Schatten huschte über sein Gesicht. Seine Freundin wusste es sofort. Ich nickte.

Ich habe mich vorher gefragt, wie das sein wird, einen Menschen, Ralf, sterben zu sehen. Ich stellte mir den Moment groß und dramatisch vor. Aber es war ganz leise, wie ein kleiner Vogel, den man in der Hand hält, der sich noch einmal sanft mit seinen Federlein anschmiegt, Atem holt und dann einfach davonfliegt. Seine Krankheit war so brutal, aber sein Sterben war voller Frieden.

# 3. NACHDEM EIN MENSCH GESTORBEN IST

## WAS PASSIERT, WENN DER TOD EINTRITT?

Wenn ein Tod absehbar ist und ein Mensch in seinem Bett verstirbt, dann gibt es erst mal nichts, was getan werden muss. Lasst euch Zeit und die Situation auf euch wirken. Wenn der Sterbeprozess lang war, wird sich sicher Erschöpfung einstellen, vielleicht auch Erleichterung in die Traurigkeit mischen. Schaut, welche eurer Bedürfnisse jetzt im Vordergrund stehen.

Wir haben für diesen Fall eine kleine Checkliste zusammengestellt, was nach dem Tod eines Menschen zu tun ist.

In den ersten Stunden:

- Erst mal durchatmen
- Etwas trinken, damit euer Kreislauf stabil bleibt
- Wenn ihr mögt, bei der verstorbenen Person sein, weinen, sie streicheln, anschauen und sich Zeit nehmen
- Haustiere versorgen und bei Bedarf selbst etwas essen
- Eine Ärztin rufen, die die erste Leichenschau durchführt und den Totenschein ausstellt
- Wichtige Menschen informieren, die vielleicht vorbeikommen wollen, um sich zu verabschieden

- Das Bestattungsunternehmen anrufen oder erst mal eins aussuchen, dazu vertraute Menschen befragen oder Webseiten angucken und auf das Bauchgefühl hören
- Mit dem Bestattungsunternehmen besprechen, wann sie die verstorbene Person abholen dürfen (siehe Frist, Seite 41)
- Die verstorbene Person kühl halten. Wenn es draußen kalt ist, reicht es aus, im Zimmer der Verstorbenen die Heizung abzudrehen und das Fenster zu öffnen. Wenn es sehr warm ist, kann der Körper mit einfachen Kühlakkus gekühlt werden, oder die Bestattenden bringen eine mobile Kühlmöglichkeit mit.
- Wenn niemand im Raum ist, zum Schutz vor Fliegen das Gesicht abdecken
- Wenn gewünscht, eine geistliche Person anrufen für ein religiöses Abschiedsritual, zum Beispiel eine Aussegnung des verstorbenen Menschen

Am nächsten oder übernächsten Tag:

- Die Bestattenden in Ruhe zum Gespräch treffen, Möglichkeiten für den weiteren Abschied besprechen
- Geburtsurkunde, gegebenenfalls Heirats- oder Scheidungsurkunde bereithalten (siehe Papiere, Seite 41)

Ab diesem Zeitpunkt:

- Euch von der bestattenden Person weiterhin liebevoll und beratend durch den Abschiedsprozess begleiten lassen
- Eventuell eine weitere Abschiednahme und die Trauerfeier planen

### Sarah

»Als Ralf gestorben war, waren wir alle bei ihm. Nach dem ersten Schmerz fühlte ich mich taub und erschöpft. Nach einer Weile ging ich auf den Flur, um meine Eltern anzurufen und ihnen die Nachricht zu überbringen. Danach stand ich einfach nur da und blickte ins Leere. Eine Pflegekraft kam und drückte mir eine Tasse in die Hand. Eine warme Tasse. Der Duft von frischem, starkem Kaffee drang in meine Nase. Ich trank einen Schluck. Die Hitze strömte in meinen Körper, der Geschmack war bitter, aber kräftig, und ich begriff, dass ich noch lebte. Es war, als weckte mich diese Tasse Kaffee aus meiner Starre und erinnerte mich daran, dass ich nicht mitgestorben war. Ralf war tot, aber ich war noch da.«

## Was geschieht mit dem Körper nach dem Tod?

Wir kennen unsere Menschen nur lebend. Sie tot zu sehen, ist immer etwas Neues und Fremdes. Darauf können wir uns auch nur bedingt vorbereiten. Aber es ist hilfreich, zu wissen, was mit einem Körper nach dem Tod passiert.

### Algor mortis

Wenn ein Mensch gestorben ist, dann kühlt der Körper langsam von der Körpertemperatur auf Raumtemperatur ab. Normalerweise kühlt der Körper um etwa 0,8 Grad pro Stunde ab. Zuerst erkalten die Hände und Füße, während sich die Wärme in Bauch und Rücken länger hält.

Es kann hilfreich sein, das Erkalten des Körpers durch Fühlen wahrzunehmen, um so den Tod zu begreifen.

## Livor mortis

Wenn das Herz nicht mehr schlägt, zirkuliert das Blut nicht mehr. Die schweren roten Blutkörperchen sinken der Schwerkraft folgend nach unten ab. Dadurch kommt es dort, wo der Körper aufliegt, langsam zu rötlich-violetten Verfärbungen auf der Haut, den sogenannten Totenflecken. Sie entstehen innerhalb einiger Stunden, und ihre Ausbreitung lässt sich gut beobachten. Manchmal sind sie sehr blass und kaum zu sehen, manchmal sind sie kräftiger.

## Rigor mortis

Ein bis zwei Stunden nach dem Tod setzt die Totenstarre ein. Sie entsteht durch den Abfall von Adenosintriphosphat, einem Stoff, der notwendig ist, damit die Muskeln sich entspannen. Sie beginnt im Nacken, im Kiefer und in den Augenlidern. Nach etwa sechs bis neun Stunden ist die Starre ausgeprägt und löst sich nach ein bis zwei Tagen wieder vollständig auf.

Wenn ihr eure verstorbene Person anziehen wollt, tut es, bevor die Totenstarre einsetzt. Wenn das nicht geht, könnt ihr die Totenstarre aber auch wegdehnen. Dazu bewegt ihr die Arme oder Beine der verstorbenen Person ganz langsam und mit gleichmäßigem Druck in den Gelenken. Ihr könnt aber auch warten, bis sich die Totenstarre von allein wieder löst, und euren verstorbenen Menschen dann ankleiden.

## Nähe zum Körper

Nicht immer ist es Zugehörigen möglich, ihrem sterbenden Menschen körperlich nahe zu sein. Schläuche und Maschine lassen keinen Platz, manchmal sind auch die Beschwerden der Patienten zu groß, sodass eine Umarmung viel zu schmerzhaft wäre. Die Sehnsucht, nach dem Tod den Körper des geliebten Menschen noch einmal ganz fest an sich zu drücken und in die Arme zu schließen, ist daher verständlich. Wenn ihr euch das wünscht, dürft ihr das auch tun. Ihr habt ein Recht, eure Verstorbenen zu sehen und zu berühren. Diese Berührungen können helfen, den Tod mit allen Sinnen zu begreifen.

Hildegard erzählt, wie sie sich von ihrem Mann verabschiedet hat:

»Am Morgen vor dem Tod meines Mannes wird mir beim Blick in seine Augen klar, dass er sich endgültig verabschiedet, nach langer, schwerer Krankheit. Er schläft fast den ganzen Tag, will nicht mehr sprechen, manchmal sieht er mich mit großen, fragenden Augen an. Wenn ich mich zu ihm setze, sage ich, dass er gehen dürfe, ohne Sorgen um mich, da ich doch, im gemeinsamen Wollen, eine starke Frau sei. Dann kommt ein kleines Lächeln in sein Gesicht. Sein Atem geht sehr schwer und ist laut und röchelnd.

In der Nacht, nach dem arbeitsreichen Tag, setze ich mich an sein Bett und berühre über Stunden nach Jin-Shin-Jyutsu-Art abwechselnd seine rechte und linke Handfläche und seinen Nacken, mit liebenden, helfenden Gedanken in meinem Kopf. Sein Atem wird immer ruhiger, dann sieht er mich dankbar an, dreht sich auf seine Lieblingsseite und schläft erneut ein. Todmüde lege ich mich, bei Licht, mit Blick zu ihm, auf mein Bett und schrecke nach fünfundzwanzig Minuten auf. Er liegt halb auf dem Rücken und atmet nicht mehr, ist gegangen, tot, ohne mein Dabeisein. Gemischte Gefühle überwältigen mich, zwischen Dankbarkeit, dass er nicht mehr leiden muss, und absoluter Leere.

Er sieht kaum verändert aus, ruhig, zufrieden, und ich nehme seine Hände in meine, lege meine Wange an seine, er ist warm und beweglich. Sein Schlafanzug verschwitzt vom heißen Tag. Bedürfnis nach mehr Nähe überflutet mich, ich lege mich zu ihm, mein Ohr auf seine Schulter, und habe gleichzeitig das Gefühl, zu halten und gehalten zu werden. Mein Kopf berührt seinen Hals, und mein Arm liegt über seiner Brust, wie früher so oft. Mein ganzer Körper und meine Seele sehen deutlich und in Zeitlupe die vielen gemeinsamen Jahre, und ich fühle mich mittendrin. Es ist eine unbeschreibliche Verbundenheit, wie lange, weiß ich nicht. Irgendwann wasche ich ihn voller Zuneigung und ziehe ihn sauber an. Seine Füße werden zuerst kalt, und ich streife ihm Wollsocken über.

Jetzt, wo ich das schreibe, ist mir sehr deutlich, dass ich gar nichts anderes gekonnt hätte, und ich bin nach wie vor dankbar für meinen Impuls. Wir haben auch nach vielen Jahren ohne den anderen immer noch eine innige, herzliche, hilfreiche Verbindung – manchmal freudig, aber auch traurig. Er war und ist der Mann meines Lebens.«

## Der Weg der Toten

Die meisten Menschen haben bei einem Todesfall keine Vorstellung davon, wo die verstorbene Person bis zur Beisetzung bleibt und welche Schritte bis dahin möglich sind. Die folgende Grafik soll euch einen Überblick verschaffen.

## Der Weg der Toten

Feststellung des Todes und 1. Leichenschau

Totenfürsorge und Abschiednahme am Sterbebett (zu Hause, im Heim oder Hospiz)

Abschied im Krankenhaus teils in separatem Raum
Die Toten verbleiben danach oft in der Pathologie (Kühlung)

Bei unklarer Todesursache Untersuchung in der Gerichtsmedizin

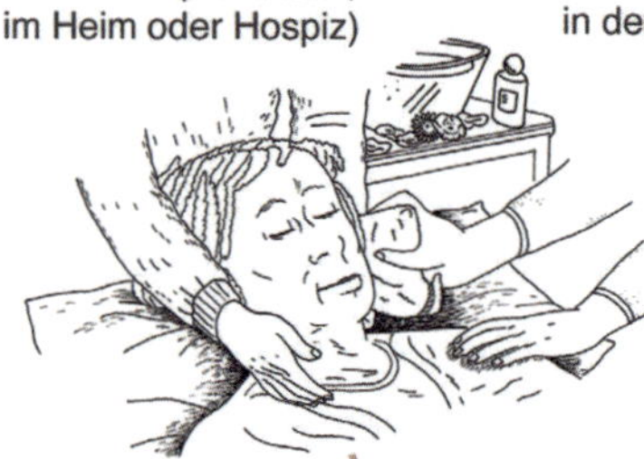

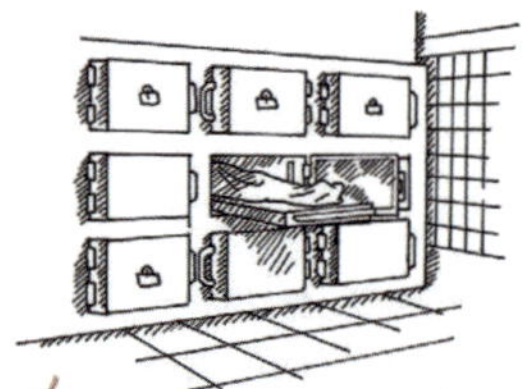

Abholung durch die Bestattenden und Unterbringung in Kühlräumen

Aufbahrung und Abschiednahme in einem Abschiedsraum

Totenfürsorge im Versorgungsraum mit Einbettung in den Sarg

Unterbringung in Kühlräumen bis zur Überführung

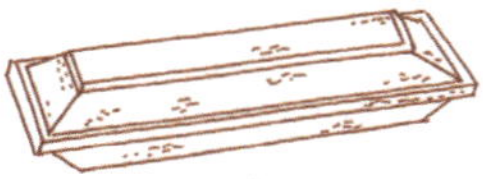

Überführung des Sarges zum Friedhof

Trauerfeier auf dem Friedhof

Oder zum Krematorium

Begleitung des Sarges zum Ofen

Asche wird später in Aschekapsel gefüllt und bleibt im Krematorium oder bei den Bestattenden

Beisetzung in ein Erdgrab

Überführung von Aschekapsel ggf. mit Urne zum Friedhof, zur Seebestattung oder in den Bestattungswald

Trauerfeier auf Friedhof, Schiff oder im Wald

Beisetzung von Aschekapsel oder Urne in ein Urnengrab, Binnenmeer oder Baumgrab

### Wusstet ihr schon?

Wenn zur Feststellung der Todesursache weitere Untersuchungen notwendig werden, muss der Arzt, der den Totenschein ausstellt, die Polizei informieren. Dann wird der verstorbene Mensch von der Polizei abgeholt und zur Gerichtsmedizin gebracht. Es ist trotzdem möglich, sich zu verabschieden, aber ihr habt in dem Moment weniger Zeit dazu. Ihr könnt die Polizei bitten, euch Unterstützung durch die Notfallseelsorge zu rufen. Es ist immer möglich, später eine Abschiednahme mit mehr Zeit zu planen. Mehr dazu findet ihr im Kapitel: »WAS PASSIERT NACH EINEM PLÖTZLICHEN TOD?«

### Warum ist das wichtig?

Oft fühlen sich Menschen nach dem Tod einer nahestehenden Person ohnmächtig und orientierungslos. Es ist hilfreich, zu wissen, welche Optionen und Handlungsspielräume in dieser Situation zur Verfügung stehen. So werden Menschen wirkmächtig, können aktiv gestalten und fühlen sich weniger den Umständen ausgeliefert. Dadurch kann es auch leichter werden, den Tod und den Verlust zu begreifen.

Sarah

# ZEIG MAL DEINE KLEINE ZEHE

Als ich mit meiner Mutter begann, meine verstorbene Omi zu waschen, war mir nicht klar, dass dies eine sehr sinnliche Angelegenheit mit viel körperlicher Nähe werden würde. Ich muss dazu sagen, dass es in unserer Familie immer körperliche Offenheit gab und wir Kinder zum Beispiel unsere Eltern ganz selbstverständlich nackt sahen. Auch wenn meine Omi sich fürs Bett fertig machte, sah ich sie in Unterhemd und Schlüpfer durchs Bad huschen. Wenn sie ihre Strumpfhose auszog, dann erneuerte sie ein kleines Schaumgummikissen, dass sie zwischen ihrer kleinsten und zweitkleinsten Zehe trug. Die kleine Zehe war nämlich im Laufe der Jahre so gewachsen, dass sie über der Zehe daneben lag. Um den Druckschmerz zu regulieren, gab es den Schaumgummi. Ich war als Kind fasziniert von dieser Zehe. Ich bat meine Großmutter oft darum, sie mir zu zeigen, und wohnte ehrfürchtig der Erneuerungszeremonie des Schaumgummis bei.

Als ich für das Waschen nach ihrem Tod die Decke zur Seite schob und ihren Fuß mit der kleinen krummen Zehe erblickte, da musste ich weinen, weil ich mich plötzlich wieder wie die kleine Enkeltochter fühlte, die erwartungsvoll sagt: »Omi, zeig mal deine kleine Zehe!«

Es war schön, die kleine Zehe noch ein letztes Mal zu sehen, sie zu berühren und mich von ihr zu verabschieden.

Meine Omi war eine schöne Frau, aber sie war bescheiden und gab nicht viel auf Kosmetik oder Ähnliches. Sie schminkte sich fast nie und trug kaum Schmuck, außer ihrem Ehering. Zu sehen, wie schön ihr Körper war, der drei Kindern das Leben geschenkt hatte, war besonders für mich. Weil ich wusste, dass es das letzte Mal sein würde, versuchte ich, besonders aufmerksam zu sein und mir ihre Züge einzuprägen. Ich wusste, ich würde sie irgendwann vergessen, genau wie ihren Geruch. Wenn ich sie im Altenheim besuchte, roch ich manchmal heimlich an ihrem hellgrauen Haar und versuchte, die Mischung aus Trockenshampoo, Uralt-Lavendel-Parfüm und Pflegecreme irgendwie in meinem Gedächtnis zu speichern. Der Geruchssinn ist der emotionalste Sinn, den wir haben. Ich würde ihren Geruch sofort wiedererkennen, wenn ich ihn riechen würde. Aber er ist mit ihr gestorben und hielt sich nur ein paar Monate in ihren Kleidern. Jetzt ist er weg, und ich werde ihn nie wieder in der Nase haben. Nur ein weißes Haar von ihr habe ich noch. Es haftete an einem Pullover, und ich habe es aufgehoben.

Als wir meine Omi wuschen, spürten wir ihren Körper kühl werden. Die Hände, das Gesicht zuerst, dann die Arme und Füße. Es war sehr präsent und traurig, wie alle Wärme aus ihr herausschwebte. Als wir ihr den Rücken waschen wollten, drehte ich sie zu mir auf die Seite und hielt sie mit meinen Händen. Da erlebte ich eine Überraschung. Ihr Rücken war warm, ja, er schien mir geradezu heiß. Tief beglückt schmiegte ich mich an sie, und es war, als käme sie noch einmal kurz ein Stück zurück, auf dem Weg von uns weg. Diese wunderbare Wärme ging von ihr in mich über, und es kam mir vor, als könnte ich dadurch einen Teil von ihr in mir bewahren.

Aber nicht nur die Nähe zu meiner Großmutter leuchtete noch einmal intensiv in meinem Herzen. Auch das gemeinsame Tun mit meiner Mutter verband uns drei Frauen tief miteinander.

Wir haben viel geweint, vorher, als wir mitten in der Nacht zu ihrem Totenbett gerufen wurden, und auch später bei der Aussegnung im Heim, zu der dann auch mein Onkel und meine Tante angereist kamen. Aber als wir sie wuschen, spürten und ihren Körper verabschiedeten, da erinnere ich mich nicht an Tränen. Es war eine eigentümliche Ruhe und Zeitlosigkeit, die uns umspülte. Es war nur wichtig, hier zu sein, bei ihr, und zu tun, was wir taten. So eine Zeit hat eine große Dichte und Qualität. Es ist Jetzt-Zeit. Ich fühlte mich wie tief in einer Meditation versunken, aber war ganz klar und präsent in der Situation.

Manchmal, wenn ich Zugehörige als Bestatterin begleite, dann ist es mir möglich, in diese Jetzt-Zeit der Menschen mitzukommen. Ich kann dann nicht sagen, ob eine Stunde vergangen ist oder vier, und ich bin mit allen Fasern meines Wesens dort mit diesen Menschen. Es ist für mich ein Geschenk, das zu erleben.

Meine Mama und ich sprachen wenig, aber waren uns sehr nahe, als wir meiner Omi das Nachthemd überzogen und sie ein letztes Mal betteten. Meine Mutter hatte ihr immer die Haare gekämmt, wenn sie zu Besuch ins Heim kam, und sie tat es jetzt noch einmal. Dann saßen wir bei ihr, spürten die Präsenz ihres Körpers im Zimmer, ruhten uns aus und warteten auf die Geschwister meiner Mama, die aus verschiedenen Richtungen mit dem Zug unterwegs waren, um von ihrer Mutter Abschied zu nehmen.

## WIE VERSORGT MAN EINEN VERSTORBENEN MENSCHEN?

Wenn ein Mensch gestorben ist, kann man ihn waschen und ankleiden. Das ist eine Möglichkeit, dem Verstorbenen noch einmal nahe zu sein. Diese Zeit und das, was man dabei tut, nennen wir Totenfürsorge. Auch wenn ein Bestattender etwas anderes sagt, ihr habt immer ein Recht darauf, eure Toten zu sehen und zu versorgen, wenn ihr das möchtet.

### Die einzelnen Schritte der Totenfürsorge

Wir erklären euch hier, was ihr im Detail bei einer Totenfürsorge alles machen könnt. Auf den folgenden Bildern ist unsere Freundin Julia zu sehen, die wir gebeten haben, eine Verstorbene darzustellen, die zu Hause gestorben ist und von uns versorgt wird.

Für eine Totenfürsorge muss man mindestens zu zweit sein, weil die verstorbene Person dann leichter zu bewegen ist, um sie anzuziehen. Natürlich können auch mehr Leute dabei sein.

### Vorbereitung

Um euch wohlzufühlen, ist es hilfreich, vor Ort für eine angenehme Atmosphäre zu sorgen. Oft reichen dafür Kleinigkeiten. Ihr könnt beispielsweise Kerzen oder Teelichter aufstellen, die ein warmes Licht geben. Blumen oder Duftöle machen einen Raum gemütlicher. Manche mögen Musik als Untermalung oder Naturklänge im Hintergrund. Schaut, was für euch und eure verstorbene Person am besten passt.

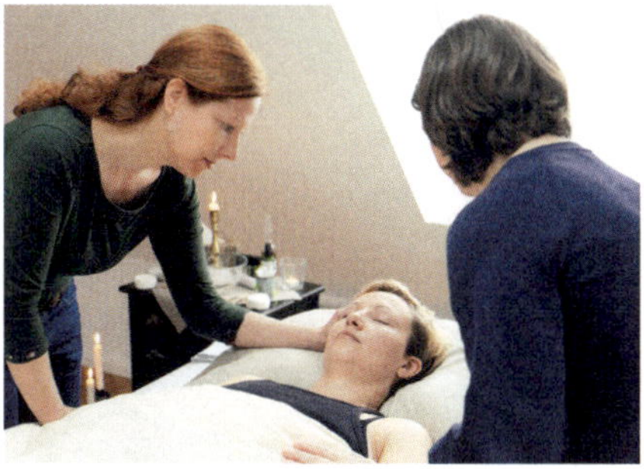

Sich selbst auf die Versorgung einstimmen

Den Raum vorbereiten und Hilfsmittel für die Pflege bereitlegen

Vielleicht hilft es euch, in Gedanken oder laut mit dem verstorbenen Menschen zu sprechen und ihm zu erzählen, dass ihr ihn jetzt waschen und anziehen werdet. Nehmt euch so viel Zeit, wie ihr braucht, um euch einzustimmen, bevor ihr mit der Versorgung beginnt.

Stellt euch ein paar Dinge bereit, die ihr verwenden möchtet. Beispielsweise eine Schüssel mit warmem Wasser, milde Seife, Tupfer, Pflaster, falls es kleine Wunden gibt, Creme, Haarbürste, Duftöle und so weiter.

## Augen schließen

Verstorbene haben manchmal ihre Augen noch etwas geöffnet. Wenn euch das stört, könnt ihr sie schließen. Dabei schiebt ihr vorsichtig mit dem Finger oder einem angefeuchteten Wattepad das Lid nach unten.

Vielleicht müsst ihr mit dem unteren Lid anfangen und es erst ein wenig nach oben schieben. Manchmal ist es auch möglich, das Lid an den Wimpern vorsichtig nach unten zu ziehen.

Es kann vorkommen, dass sich die Augen einen Spalt wieder öffnen, meist bleiben sie aber geschlossen.

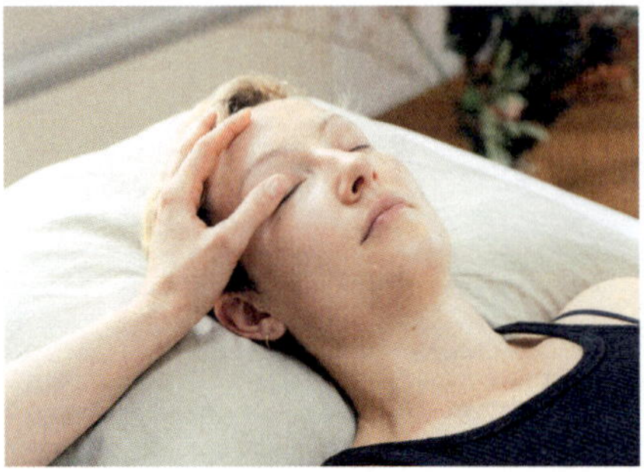

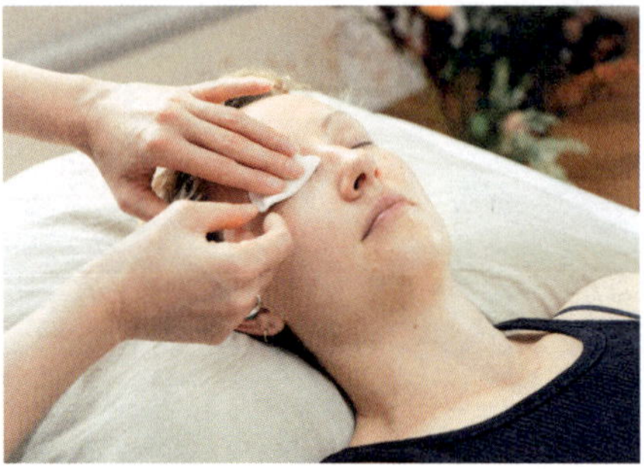

Die Augen mit dem Finger oder einem Wattepad schließen

## Blasenschwäche?

Wenn sich nach dem Tod alle Muskeln entspannen, kann es passieren, dass Verstorbene noch etwas Urin lassen oder Stuhlgang haben. Sollte das geschehen, könnt ihr sie einfach sauber wischen. Wenn ihr euch Sorgen macht, dass sich Blase oder Darm noch einmal entleeren, könnt ihr euren Verstorbenen eine Slipeinlage in die Unterhose legen oder eine Windel anziehen.

Manche Menschen fühlen sich ihren Zugehörigen nicht so nah, dass sie sie nach dem Tod auf so intime Weise berühren wollen. In diesem Fall könnt ihr euch immer Unterstützung durch Pflegende oder Bestattende holen, die das für euch übernehmen.

## Waschen

Wenn Verstorbene nicht schmutzig sind, ist es nicht nötig, sie zu waschen. Es ist eher ein Liebesdienst oder ein reinigendes Ritual, bei dem man dem verstorbenen Menschen noch einmal nahekommen kann. Entscheidet selbst, ob eure verstorbene Person eine Waschung gewollt hätte und ihr das Bedürfnis dazu habt. Ihr könnt nur das Gesicht und die Hände waschen oder den ganzen Körper.

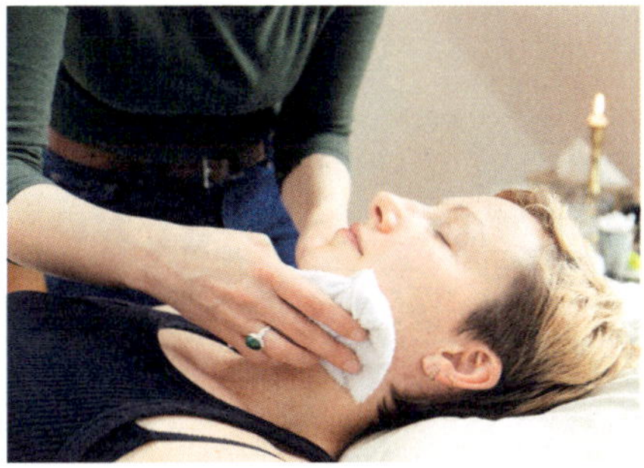
Die Haut sanft abtupfen

Bereitet dafür am besten eine Waschschüssel mit warmem Wasser vor. Ihr könnt Seife und einen weichen Lappen verwenden, mit dem ihr sanft über die Haut streichen oder sie abtupfen könnt.

Oft ist das Waschen hilfreich, um die Veränderungen zum lebendigen Körper wahrzunehmen und zu begreifen, dass der Mensch wirklich tot ist.

## Mund schließen

Bei den meisten Verstorbenen ist der Mund entweder geschlossen oder nur ein bisschen geöffnet, wie es auch beim Schlafen vorkommen kann. Falls euch das stören sollte, könnt ihr versuchen, den Mund sanft zu schließen, indem ihr eure Hände behutsam an Kinn und Scheitel legt und den Mund zudrückt. Manchmal bleibt er so.

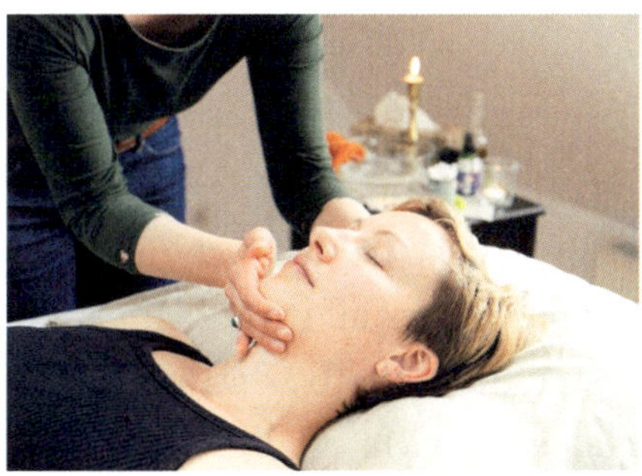
Den Mund durch leichten Druck schließen

Es kann auch ausreichen, den Kopf anders zu positionieren und beispielsweise ein zweites Kissen dazuzunehmen. Durch die veränderte Position schließt sich bei einigen Toten der Mund von allein.

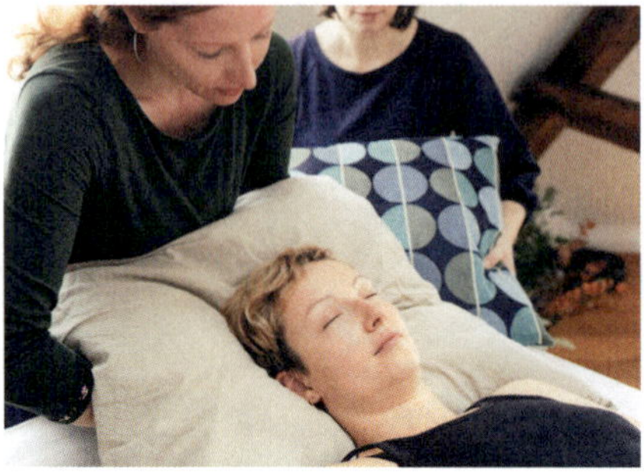
Ein zusätzliches Kissen unterlegen

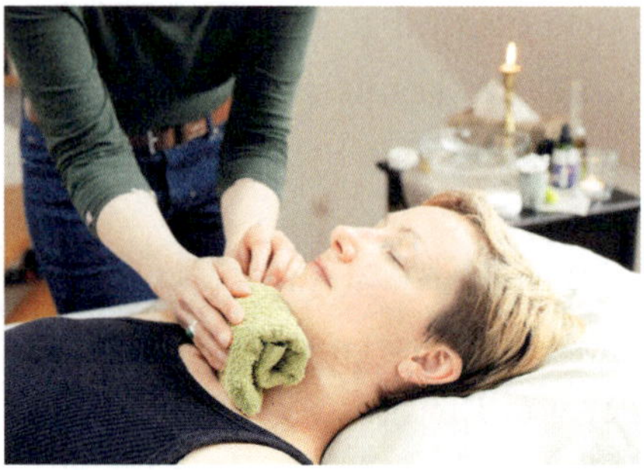
Eine Handtuchrolle unter das Kinn legen

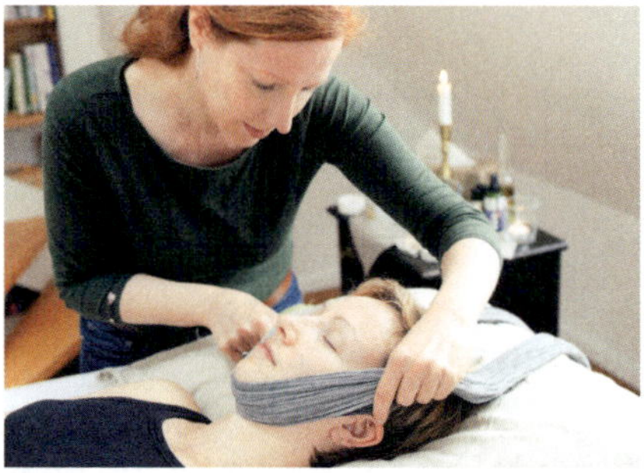
Ein Tuch um den Kopf binden

Wenn nicht, könnt ihr auch ein gerolltes Handtuch nehmen und es unter das Kinn legen, damit der Mund geschlossen bleibt. Oder ihr bindet ein weiches Tuch um den Kopf.

Nach ein paar Stunden könnt ihr die Handtuchrolle oder das Tuch wieder wegnehmen, denn durch die Totenstarre bleibt der Mund meist geschlossen. Manchmal kann er sich wieder öffnen, wenn diese nach etwa zwei Tagen vergeht.

## Anziehen

Jetzt könnt ihr euren verstorbenen Menschen anziehen. Ihr könnt Kleidungsstücke heraussuchen, die die Person gerne getragen hat oder die ihr besonders an ihr mochtet. Zu beachten ist, dass sich Kleidung aus festen Stoffen etwas schwieriger anziehen lässt. Einfacher geht es mit elastischen Materialien, es ist aber beides möglich. Am besten geht das Anziehen zu zweit oder zu dritt.

Ihr könnt eurer verstorbenen Person Strümpfe und auch Schuhe anziehen, wenn ihr das wollt. Überlegt, was sich für euch in diesem Moment gut anfühlt. Ob barfuß, in Feinstrümpfen mit High Heels, Happy Socks, Spitzentanzschuhen oder Pantoffeln – wichtig ist, dass es zu eurer verstorbenen Person passt.

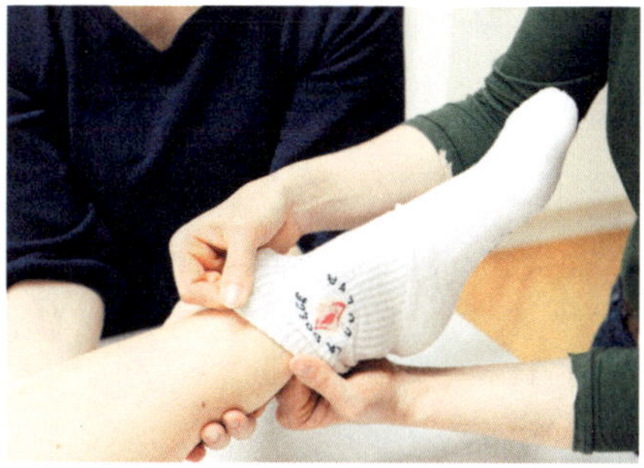

Socken oder Schuhe anziehen

In unserem Beispiel ziehen wir nach den Socken die Hose an. Mit derselben Technik, die wir euch gleich erklären, könnt ihr vorher die Unterwäsche anziehen.

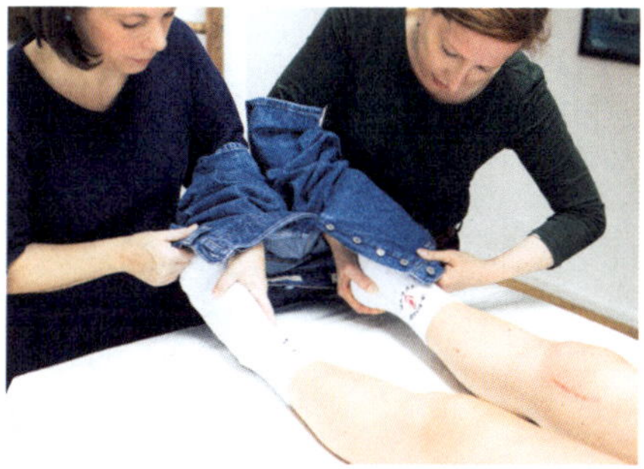

Hosenbein auf dem eigenen Arm zusammenraffen

Bei einer Hose schlüpft ihr zuerst mit eurer Hand von unten ins Hosenbein. Dann schiebt ihr den Stoff der Hose bis über das Handgelenk, bis die Hand am Bund wieder zu sehen ist.

Mit dieser Hand greift ihr nun die Füße der verstorbenen Person so, dass ihr den Stoff der Hose über die Füße und an den Beinen hochziehen könnt. Das wird am besten auf beiden Seiten gleichzeitig gemacht.

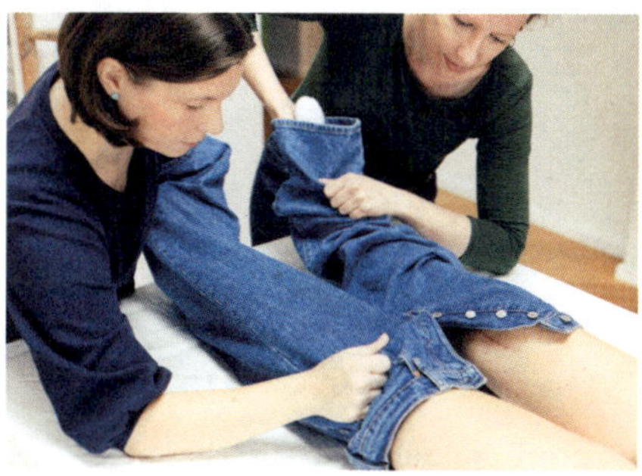

Die Füße greifen und die Hosenbeine hochziehen

Wenn der Stoff auf Höhe der

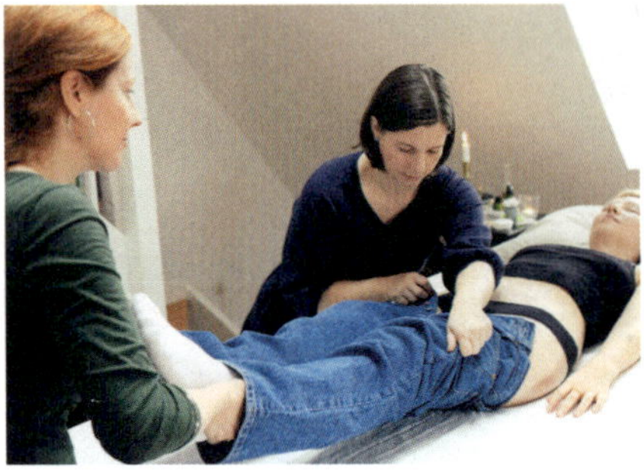

Hose bis zur Hüfte hochziehen

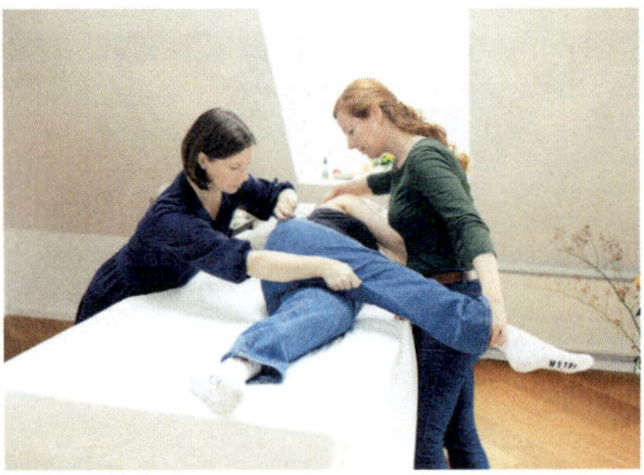

Fußgelenk und Schulter greifen und den Körper auf die Seite drehen

Hüfte nicht weiter hochgezogen werden kann, könnt ihr den Körper auf die Seite drehen. Dazu greift ihr Fußgelenk und Schulter einer Körperseite und zieht den Körper behutsam zu euch auf die Seite. So kann die Hose von der zweiten Person über die Hüfte gezogen werden. Das wird anschließend auf der anderen Seite wiederholt, bis die Hose richtig sitzt.

Hemd, T-Shirt, Pullover oder Jacke solltet ihr euch verkehrt herum zurechtlegen, sodass der Kragen oder Halsausschnitt auf Hüfthöhe liegt und der Saum am Hals. Oberteile mit Knöpfen sollten aufgeknöpft werden.

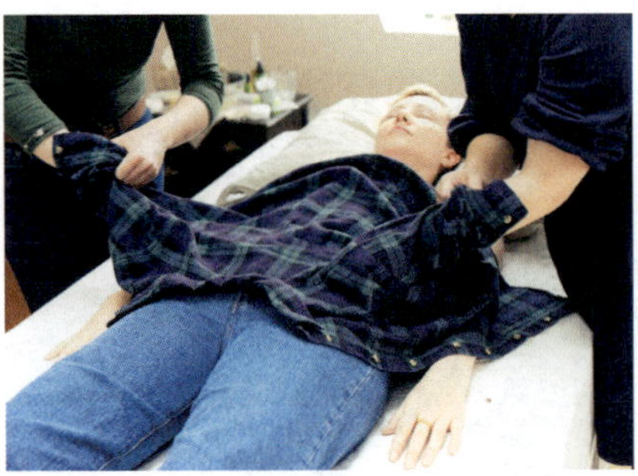

Oberteil mit dem Halsausschnitt auf Hüfthöhe ausbreiten

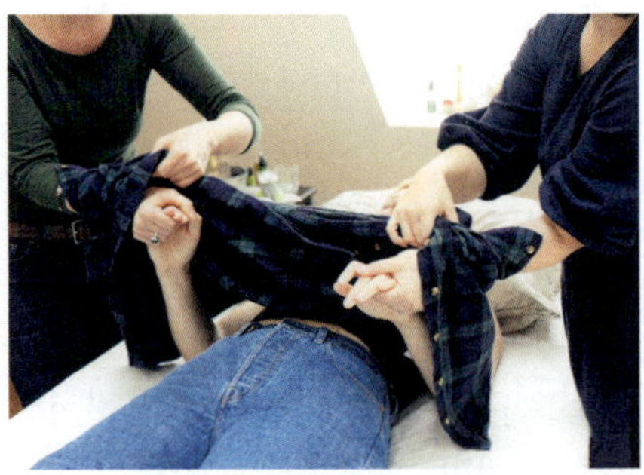

Die eigene Hand durch den Ärmel schieben und die Hand der verstorbenen Person greifen

Jetzt geht ihr mit der Hand, wie bei der Hose, von außen in den Ärmel hinein. Eure Hand wandert durch den gesamten Ärmel, wobei der Stoff am Handgelenk zusammengeschoben wird. Bei geschlossenen Oberteilen, wie bei einem T-Shirt oder Pullover, geht eure Hand weiter durch das ganze Kleidungsstück, bis sie unten am Saum wieder herauskommt. Ärmel und Oberteil sind so auf dem eigenen Arm zusammengerafft.

Jetzt greift ihr mit eurer Hand die Hand der verstorbenen Person und zieht den Stoff über ihre Hände und Arme bis hoch zur Schulter.

Das wird auf beiden Seiten am besten gleichzeitig gemacht, sodass danach das Oberteil gerafft auf der Brust liegt. Wichtig ist dabei, dass die Schultern des Oberteils sehr nah an die Schultern der verstorbenen Person gezogen werden.

Wenn die Ärmel fertig angezogen sind, hält eine Person beide Arme des verstorbenen Menschen hoch. Die zweite Person greift in den Halsausschnitt vom Oberteil und zieht ihn nun vorsichtig über den Kopf.

Das ist einfacher, wenn das Oberteil einen größeren Ausschnitt hat, es einen Verschluss gibt oder das Material elastisch ist.

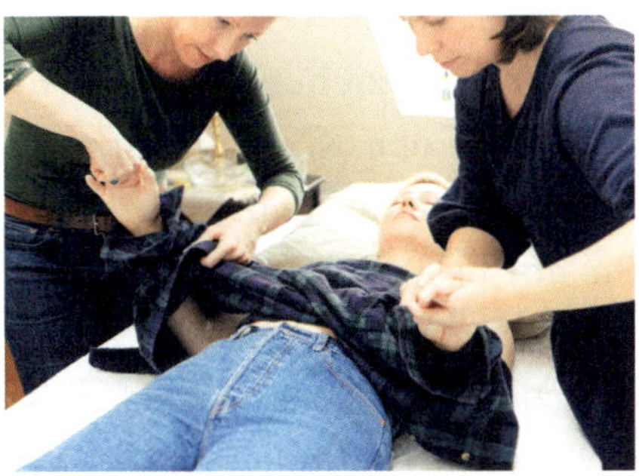

Die Ärmel des Oberteils über die Arme schieben und hochziehen

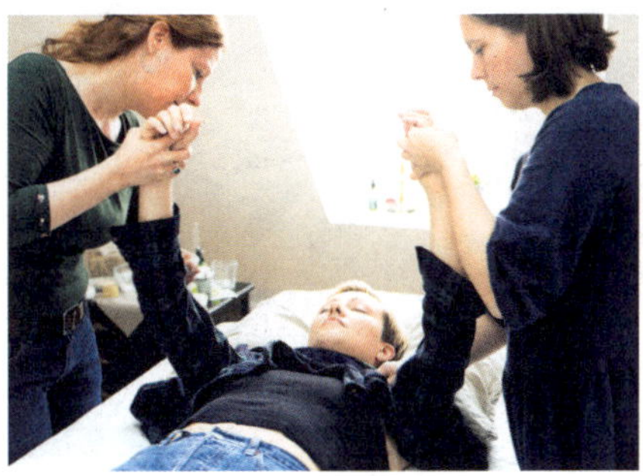

Das Oberteil liegt Schulter an Schulter zusammengerafft auf der Brust

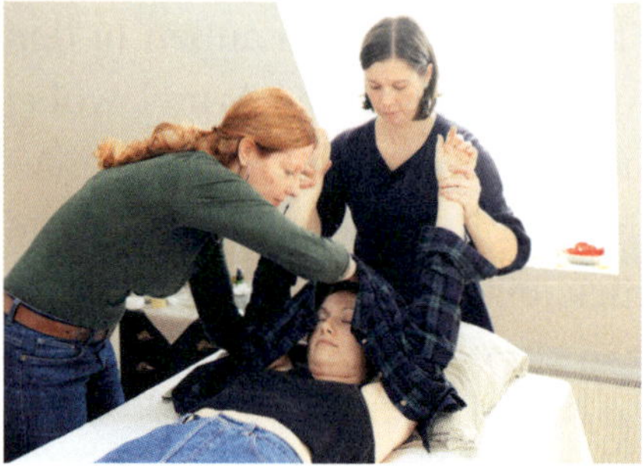

Die Arme hochhalten und den Halsausschnitt greifen

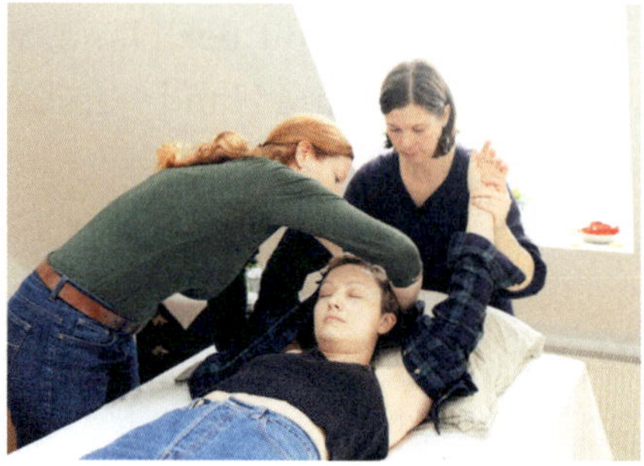

Den Halsausschnitt über den Kopf ziehen

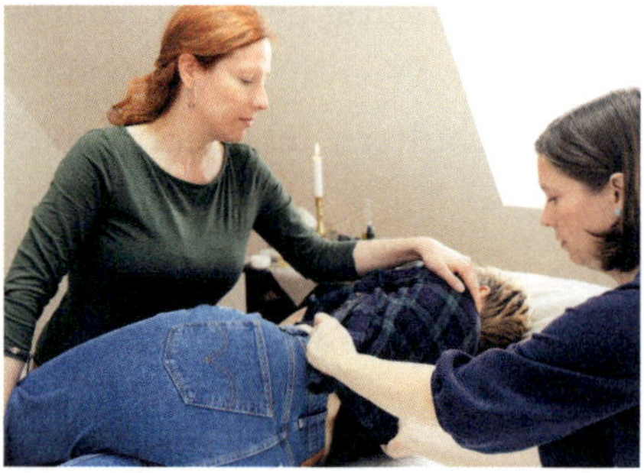

Arm und Fußgelenk greifen und den Körper zur Seite drehen

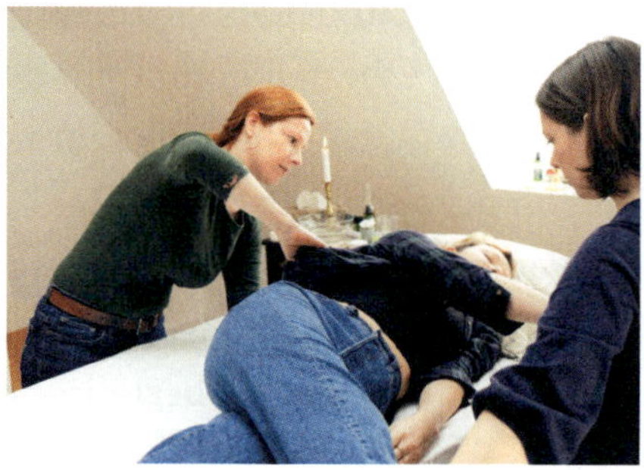

Das Oberteil Stück für Stück am Rücken glattziehen

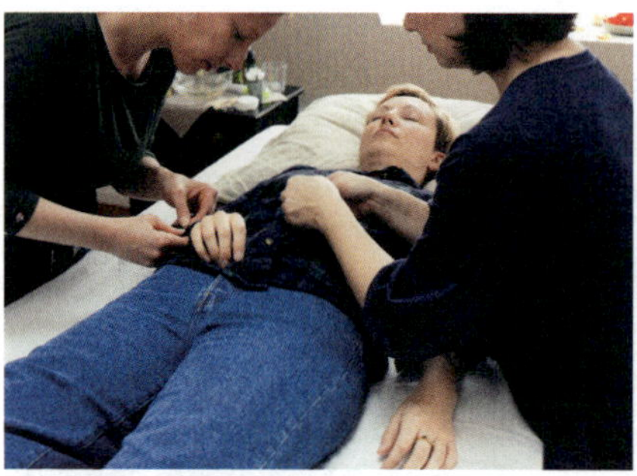

Den Kragen richten und Knöpfe schließen

Um das Oberteil am Rücken nach unten ziehen zu können, müsst ihr den Körper behutsam auf die Seite drehen. Dabei geht ihr am besten wie bei der Hose vor, greift Schulter und Fußgelenk und zieht den verstorbenen Körper ein Stück auf die Seite.

Jetzt kann das Oberteil auf der angehobenen Seite am Rücken

nach unten gezogen werden. Danach rollt ihr den Körper zurück. Nun zieht ihr auf der anderen Seite das Oberteil nach unten. Es kann sein, dass ihr das wiederholen müsst, bis das Oberteil glatt liegt.

### Kämmen, Schminken und Schmuck

Wenn ihr es möchtet, könnt ihr die Haare eurer Toten vorsichtig kämmen und je nach Wunsch legen oder frisieren.

Ihr könnt euren verstorbenen Menschen auch eincremen oder schminken, wenn es zu ihm passt. Einige Kosmetikprodukte wie Make-up lassen sich auf kalter Haut schwer auftragen. Es gibt spezielle Schminke für tote Menschen. Wenn es jedoch einen Lieblingslippenstift gibt, der wichtig war, dann ist das kein Problem. Wenn er nicht gut deckt, könnt ihr die Lippen mit einem Lappen etwas anwärmen und ihn dann mit einem Pinsel auftragen.

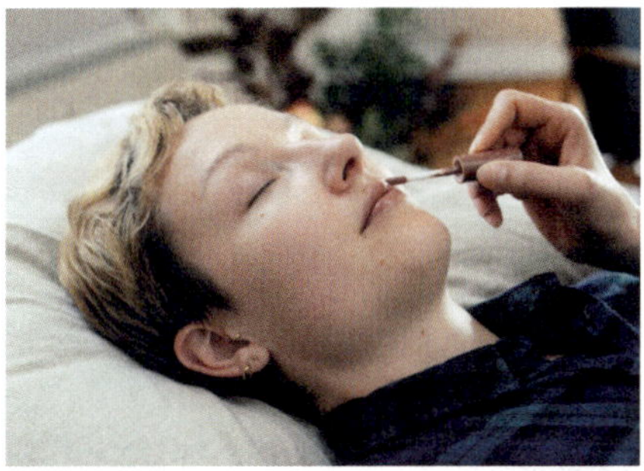

Bei Bedarf Lippenstift auftragen

Auch Mascara geht problemlos, es könnte nur wegen der geschlossenen Augen etwas schwieriger sein, ihn aufzutragen. Hier könnt ihr ein Tuch unter die Wimpern legen, damit die Farbe nicht verschmiert.

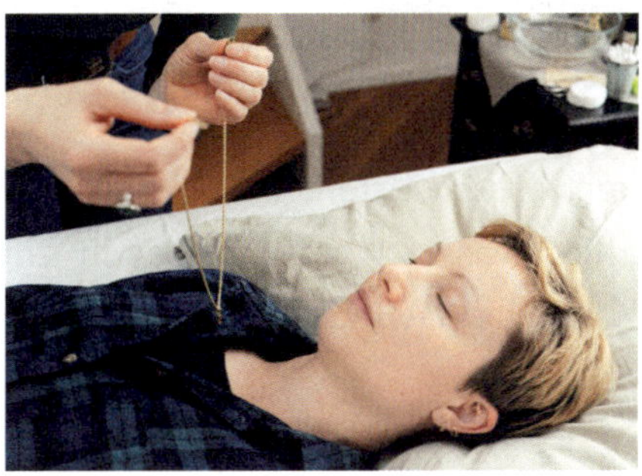

Schmuck anlegen

Wenn es ein besonderes Schmuckstück gibt, das euch oder der verstorbenen Person viel be-

Mit Blumen und Blütenblättern schmücken

deutet, könnt ihr es ihr natürlich anlegen.

Abschließend könnt ihr eurer verstorbenen Person einen Blumenstrauß in die Hand geben oder sie mit Blütenblättern bestreuen. Vielleicht passt das aber auch nicht. Sarah und ihr Kollege haben schon Verstorbene bestattet, die Schlagzeugstöcke, eine Zeitung, ein Kuscheltier oder eine Flasche Bier in der Hand hatten.

## Abschiednahme

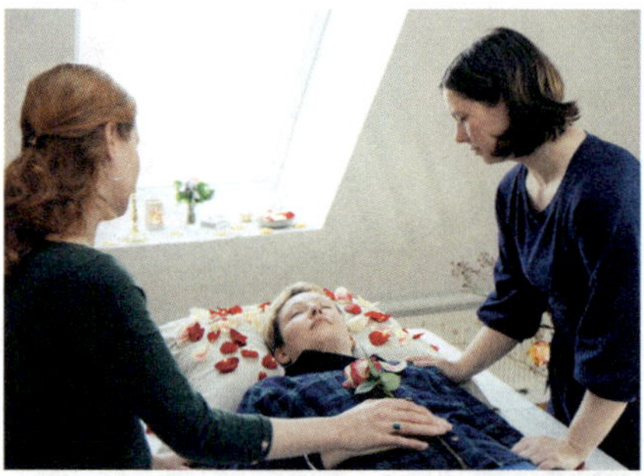

Abschiednahme mit allen Zugehörigen

Wenn ihr fertig seid mit der Totenfürsorge, könnt ihr noch in Ruhe Zeit mit eurem verstorbenen Menschen verbringen und euch verabschieden.

Alle, denen es wichtig ist, dabei zu sein, können kommen. Ihr könnt bei der verstorbenen Person sitzen, gemeinsam Tee trinken, essen, Briefe vorlesen, weinen, schweigen oder Musik machen, alles, was sich jetzt für euch gut anfühlt. Mehr dazu findet ihr im Kapitel »WAS IST EINE ABSCHIEDNAHME?«.

## Was tun bei Verletzungen?

Es kann vorkommen, dass ein verstorbener Mensch schwer verletzt ist oder schon Zeichen der Verwesung zeigt. Aber auch dann habt ihr das Recht, eure Verstorbenen zu versorgen, wenn ihr den Wunsch habt. Wir empfehlen euch, dann eine Person mit Erfahrung zur Unterstützung dazuzuholen. Mehr dazu findet ihr im Kapitel »WAS PASSIERT NACH EINEM PLÖTZLICHEN TOD?«.

Wenn eine Person nicht zu Hause stirbt, könnt ihr die Totenfürsorge auch im Krankenhaus oder Pflegeheim vornehmen. Wird eine verstorbene Person vom Sterbeort direkt zum Bestattungsinstitut gebracht, dann könnt ihr auch dort, mit den Bestattenden gemeinsam, euren verstorbenen Menschen versorgen.

## Was bedeutet Versorgung im Bestattungsinstitut?

Viele Menschen haben Berührungsängste oder wissen gar nicht, dass sie bei der Versorgung dabei sein und sie sogar selbst vornehmen dürfen. Deshalb werden Verstorbene oft von Mitarbeitenden der Bestattungsinstitute versorgt. Es gibt dabei sehr unterschiedliche Formen der Versorgung. Manche Bestattende vertreten die Philosophie, so wenig wie möglich am Verstorbenen zu verändern, um diesen nicht in seiner Totenruhe zu stören. Andere finden, dass der Verstorbene intensiv gereinigt und präpariert werden sollte. Das nennt man »hygienische Versorgung von Verstorbenen«.

Wir wollen euch einige Dinge erklären, die manche Bestattenden anwenden, damit ihr euch selbst eine Meinung bilden könnt, ob ihr das für eure Verstorbenen möchtet oder nicht.

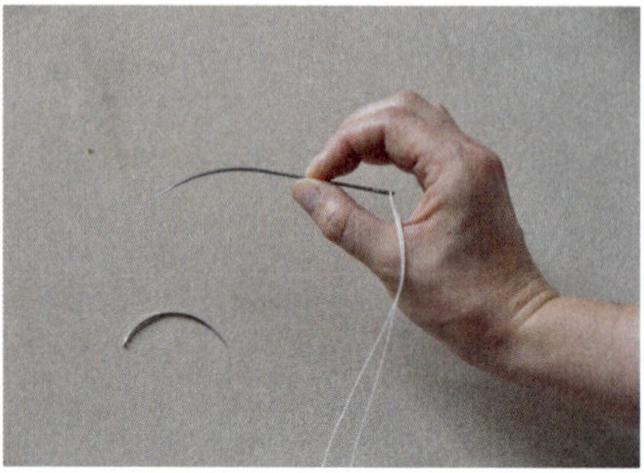

Kleine und große Ligaturnadel

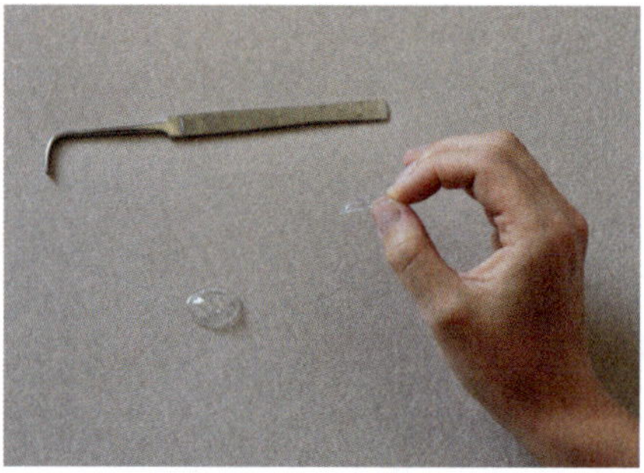

Lidheber mit Augenkappen

Zellstoff und Pinzette zum Tamponieren

Viele Bestattungsinstitute haben klare Richtlinien, was eine »hygienische Versorgung« beinhaltet. In der Regel gehört dazu, dass der Körper desinfiziert wird, die Haare gewaschen und die Fingernägel gereinigt werden. Es wird rasiert, und die Körperöffnungen werden verschlossen.

Einigen Bestattenden ist wichtig, dass sich der Mund des Verstorbenen auf keinen Fall öffnet. Dazu wird eine Ligatur gelegt. Das ist ein chirurgischer Eingriff, bei dem mit einer großen Nadel durch Kiefer, Gaumen und Nasenscheidewand gestochen wird, um dann die Garnenden, die im Mundraum verbleiben, zu verknoten.

Ebenso verwenden viele Bestattende Augenkappen, um sicherzustellen, dass das Auge geschlossen bleibt und seine Wölbung behält. Mit einem Lidheber wird das Augenlid angehoben und die Kappe auf den Augapfel aufgesetzt. Manchmal hat sie kleine Widerhaken, damit das Lid daran haftet.

Damit keine Flüssigkeit aus Mund oder Nase laufen kann, führen viele Bestattende mit einer Pinzette Zellstoff in den Rachen und die Nasennebenhöhlen ein. Das nennt man »Tamponieren«. Auf gleiche Weise werden Anus und Vagina verschlossen.

Diese Prozeduren werden oft vorsorglich gemacht. Das Tamponieren ist aber nur notwendig, wenn absehbar ist, dass Flüssigkeiten austreten, die durch Wegtupfen nicht ausreichend gestoppt werden können. Augen bleiben oft von selbst geschlossen, und ein leicht geöffneter Mund ist den meisten Zugehörigen vertraut.

Dass Verstorbene von Bestattenden versorgt werden, ist gesetzlich nicht vorgeschrieben. Es gibt auch Bestattungsunternehmen, die kaum oder gar nicht versorgen und die verstorbenen Menschen beispielsweise direkt vom Krankenhaus ins Krematorium fahren.

## Sarah

»Ich gehöre zu einer Gruppe von Bestattenden, die so wenig wie möglich in die Integrität eines verstorbenen Menschen eingreifen will. Auf der anderen Seite ist es wichtig, zu wissen, was man tun *kann,* wenn zum Beispiel Flüssigkeiten austreten oder wenn die Verstorbenen sehr verletzt sind.

Bei mir wünschen sich viele Zugehörige, bei der Versorgung dabei zu sein. Ich beschreibe dann den Zugehörigen vorab, wie der verstorbene Mensch aussieht, und wir nehmen uns Zeit, zu überlegen, wie versorgt werden soll und was ihnen wichtig dabei ist. Die Vorstellung, jemandem den Mund zuzunähen, finde ich unangenehm. Ich möchte die Verstorbenen liebevoll behandeln. Dazu gehört für mich, ihnen keine brachialen Prozeduren zuzumuten. Wenn die Zugehörigen den expliziten Wunsch äußern, dass der Mund geschlossen ist, gibt es sanftere Methoden, wie wir oben gezeigt haben. Nur wenn Zugehörige auf eine Ligatur bestehen, würde ich sie durchführen.

Eine Freundin erzählte mir, wie irritiert sie darüber war, dass ihre Mutter bei der Aufbahrung den Mund fest geschlossen hatte. Ihre Mutter war lange krank gewesen, hatte am Schluss viel geschlafen und dabei den Mund immer etwas offen gehabt. ›So wäre sie mir viel vertrauter vorgekommen‹, sagte meine Freundin.

Die Annahme, ein geschlossener Mund sei immer besser für die Zugehörigen, ist einfach nicht richtig. Vielmehr ist es wichtig, mit Zugehörigen über ihre Erwartungen zu sprechen, sie auf den Anblick ihrer Verstorbenen vorzubereiten und sie bei der Abschiednahme in Ruhe mit viel Zeit zu begleiten.

Wenn es für Zugehörige wichtig oder meiner Einschätzung nach sinnvoll ist, invasive Maßnahmen wie zum Beispiel Augenkappen anzuwenden, spreche ich das mit ihnen ab. Sie haben das letzte Wort.

Oft werden Zugehörige allerdings gar nicht darüber informiert, was genau mit ihren Verstorbenen während einer Versorgung gemacht wird. Dann können sie den Eingriffen weder zustimmen, noch können sie ablehnen.

Wenn Zugehörige nicht bei der Versorgung dabei sind, entscheide ich nach dem, was ich über die verstorbene Person weiß, oder fragen bei den Zugehörigen noch einmal nach. Ich rasiere niemanden ohne Erlaubnis, und ich möchte auch niemanden mit einem Duftöl einölen, das die Person im Leben vielleicht furchtbar gefunden hätte.

Ich versorgte eine verstorbene Frau, die ihren Garten sehr geliebt und viel freie Zeit mit Gartenarbeit verbracht hat. Sie hatte noch Erde unter ihren Fingernägeln. Ich fragte die Kinder, ob wir ihr die Nägel reinigen sollten. Sie überlegten kurz und entschieden sich dann dagegen, da sie ihre

Mutter mit ihren ›Gartenhänden‹ kannten, und so sollte sie auch im Sarg liegen.

Ein alter Herr brachte das Gebiss seiner Frau mit zur Versorgung, und wir setzten es ihr ein. Er schaute sie eine Weile an und sagte dann: ›Eigentlich mochte sie das gar nicht gern tragen. Es hat nicht mehr gut gesessen und ihr wehgetan.‹ Wir beschlossen, es wieder herauszunehmen. ›Ja‹, sagte er dann erleichtert, ›so sah sie in der letzten Zeit auch aus. Das ist viel gemütlicher.‹

Eine Totenfürsorge ist etwas sehr Individuelles, daher gilt es immer, im mutmaßlichen Willen der verstorbenen Person oder der Zugehörigen zu handeln und so viel oder auch so wenig zu machen, wie es angemessen scheint. Wenn jemand beispielsweise zu Lebzeiten nicht gern berührt wurde, muss man die Person nicht am ganzen Körper waschen, sondern kann das auch im Tod respektieren.«

## Was ist eine Einbalsamierung?

Die Einbalsamierung ist eine besondere Art der Versorgung. In US-amerikanischen Filmen und Serien werden häufig Szenen gezeigt, bei denen Verstorbene einbalsamiert werden.

Joerg Vieweg

Was das genau ist und warum es in Deutschland selten gemacht wird, erklärt Joerg Vieweg.

Joerg Vieweg ist Bestatter, Thanatopraktiker, Embalmer (B. I. E.) und leitet zwei Bestattungsunternehmen im Norden Deutschlands. Sarah hat mit ihm gesprochen.

**Sarah:** »Joerg, was ist das Ziel einer Einbalsamierung, und wie wird sie gemacht?«
**Joerg:** »Durch das Einbalsamieren bleibt das Gewebe in seiner Form erhalten. Der Körper vergeht also wesentlich langsamer.
Das heutige Einbalsamieren, auch ›Modern Embalming‹ genannt, funktioniert im Grunde wie ein Blutaustauschverfahren, ähnlich der Dialyse. Dabei wird meist im Halsbereich ein Schnitt gesetzt und eine Arterie frei präpariert. Anschließend werden mithilfe einer Pumpe desinfizierende und konservierende Flüssigkeiten, zum Beispiel verdünntes Formalin, in das Gefäßsystem hineingegeben. So verteilt sich die Flüssigkeit im gesamten Körper. Gleichzeitig kann man einen Zugang in das venöse System anlegen. Über diesen Weg wird dann kontrolliert venöses Blut abgeleitet. Außerdem macht man beim Modern Embalming noch eine sogenannte Cavity-Behandlung. Dabei wird Flüssigkeit aus dem Brust- und Bauchraum herausgesaugt und anschließend eine stark desinfizierende Lösung hineingegeben, um Bakterien abzutöten.
Ich bevorzuge das sogenannte *slightly* Embalming, nach dem Motto: so wenig Formalin wie möglich und so viel wie nötig.«

**Sarah:** »Wann macht man eine Einbalsamierung?«
**Joerg:** »Eine Einbalsamierung wird immer dann gemacht, wenn man einen verstorbenen Menschen länger ungekühlt aufbewahren möchte oder bei der Vorbereitung für eine größere Rekonstruktion.
Die Einbalsamierung wird auch angewandt, um öffentliche Abschiednahmen von berühmten Persönlichkeiten zu ermöglichen, ohne dabei Gefahr zu laufen, dass körperliche Veränderungsprozesse zu stark durchschlagen. So konnten sich zum Beispiel viele Menschen vom aufgebahrten Papst verabschieden, von der Queen oder vom Fußballprofi Pelé. Ich selbst durfte bereits drei berühmte Personen für eben diesen Zweck einbalsamieren.

Auch wenn ein Körper stark verletzt wurde, zum Beispiel durch einen Unfall oder durch Suizid, kann eine Einbalsamierung hilfreich sein. Diese Art der Rekonstruktion erfordert viel Erfahrung und Zeit. Allerdings ist die Einbalsamierung auch in diesen Fällen nicht grundsätzlich erforderlich. Es sind immer Einzelfallentscheidungen. Es gilt für mich hier der Grundsatz: Wenn es tatsächlich hilft, dann tu es. Wenn es auch ohne geht, dann tu es nicht!
Die Einbalsamierung wird auch durchgeführt, wenn dies aufgrund von gesetzlichen Regelungen erforderlich ist, zum Beispiel bei einer Auslandsüberführung.«

**Sarah:** »Seit wann gibt es Einbalsamierungen, und wie haben sie sich entwickelt?«
**Joerg:** »Die Konservierung von toten Körpern gibt es schon seit Tausenden von Jahren. Ein gutes Beispiel ist die mumifizierende Einbalsamierungstechnik der Ägypter vor über 3000 Jahren. Bei den Toraja in Indonesien werden bis heute die Verstorbenen vor ihrer Beisetzung über Wochen im Haus aufgebahrt. Sie werden desinfiziert, eingeölt und angekleidet. Bei einem Bergvolk in Papua-Neuguinea werden Verstorbene über einem Feuer über einen langen Zeitraum im Sitzen getrocknet, um auf Dauer im Dorf ›weiterzuleben‹.
Die heutige Form des Modern Embalming hat ihren Ursprung im Amerikanischen Bürgerkrieg. Damals wurden gefallene Offiziere in

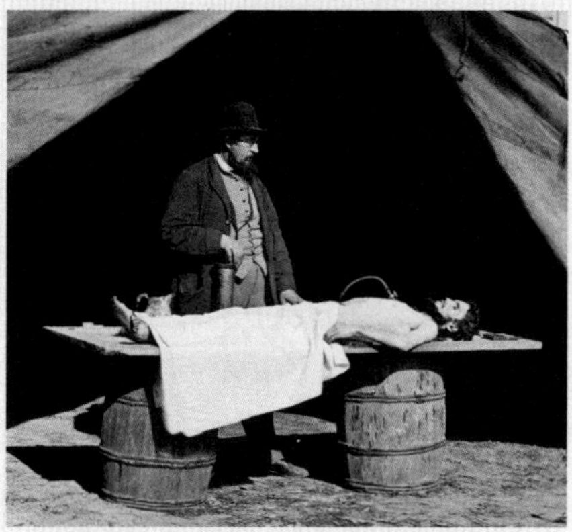

Einbalsamierung von Soldaten im Amerikanischen Bürgerkrieg

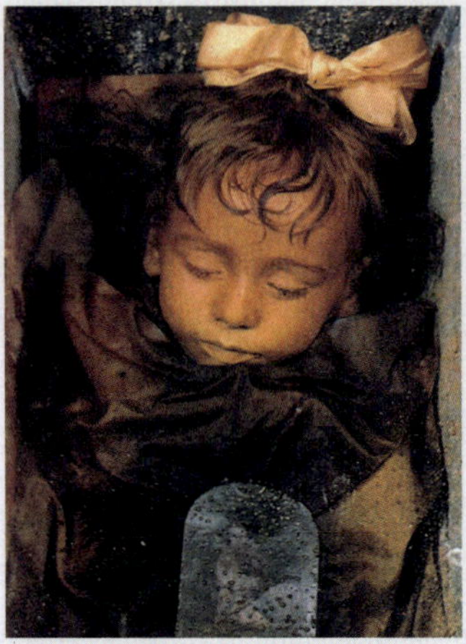

Mumie der zweijährigen Rosalia Lombardo

der Nähe des Schlachtfeldes zeitnah nach dem Tod einbalsamiert und konnten so konserviert nach Hause gebracht werden, dass ein Abschied vom toten Körper noch möglich war.

Der ermordete Präsident Abraham Lincoln war einer der ersten prominenten Verstorbenen, der einbalsamiert wurde. Daher konnte er in einem Zug durch die Vereinigten Staaten gefahren werden, und die Menschen strömten zu den Bahnhöfen, um ihm im offenen Sarg die letzte Ehre zu erweisen.

Bis heute wird die Einbalsamierung in den USA sehr häufig angewendet. Eine der am besten erhaltenen einbalsamierten Toten ist die Mumie der zweijährigen Rosalia Lombardo, die in Italien bereits 1920 verstorben ist, einbalsamiert wurde und noch heute in der Kapuzinergruft in Palermo zu sehen ist. Auch die Leiche Lenins im Lenin-Mausoleum in Moskau zeigt die Möglichkeiten, aber auch die Grenzen der Einbalsamierung auf.

**Sarah:** »Muss man für eine normale Abschiednahme einbalsamieren?«

**Joerg:** »Nein, ein Embalming ist in aller Regel überhaupt nicht notwendig, wenn der Körper sich nicht aufgrund von schnell einsetzender Fäulnis massiv verändert, er aber noch gesehen werden soll. Dies passiert in unserem Bestattungsumfeld vielleicht nur in ein bis zwei Prozent aller Abschiednahmen. Die häufigste Indikation ist nach wie vor eine Auslandsüberführung. Die meisten Länder und Fluggesellschaften fordern die konservierende Versorgung durch eine Einbalsamierung. Eine Einbalsamierung begünstigt zudem, dass ein Abschied nach längerem

Transport im Zielland noch möglich ist. In anderen Ländern und Kulturen ist es eben sehr wichtig, seine Toten noch einmal sehen und berühren zu können.
Leider sagen manche Bestattende auch in Deutschland den Zugehörigen, dass für eine Aufbahrung einbalsamiert werden muss. Das stimmt definitiv nicht!«

**Sarah:** »Was kostet eine Einbalsamierung?«
**Joerg:** »Wir nehmen für ein reguläres Embalming 450 Euro. Wenn die Person obduziert wurde, dann kostet es mehr, da der Aufwand ungleich höher ist. In solchen Fällen berechnen wir 650 Euro. Sind rekonstruktive Maßnahmen erforderlich oder liegt eine Infektionserkrankung vor, berechnen wir den Mehraufwand nach Stundensatz.«

**Sarah:** »Ist die Erdbestattung eines einbalsamierten Körpers nicht umweltschädlich?«
**Joerg:** »Im Grunde schon, da wir ja chemische Stoffe in den Körper einbringen, die dann mit dem Körper im Sarg und später in der Erde vergehen. Allerdings kenne ich keine wissenschaftliche Untersuchung, die die Belastung des Erdreichs post-embalming über einen längeren Zeitraum, also 15 bis 25 Jahre, untersucht hat. Es ist also eine interessante Frage, inwieweit die eingebrachten Flüssigkeiten durch den Zersetzungsprozess neutralisiert werden oder doch teilweise ins Erdreich gelangen.«

**Sarah:** »Warum rekonstruierst du verletzte Verstorbene? Was ist dir dabei wichtig?«
**Joerg:** »Ich möchte, dass Zugehörige die Möglichkeit haben, auch bei sehr starken Verletzungen am offenen Sarg Abschied zu nehmen. Dabei versorge ich, wenn erforderlich, die Verstorbenen vor allem, damit sie

durch den natürlichen Zersetzungsprozess keinen Schrecken bei den Zugehörigen auslösen. Ein zweiter Aspekt ist für mich die Wiederherstellung der körperlichen Integrität (zum Beispiel, wenn der Körper durch einen Unfall zerteilt wurde). Ein dritter Aspekt ist die Frage: ›Wie würde die verstorbene Person selbst gesehen werden wollen?‹
Es gibt bei mir niemals ein ›Das machen wir aber immer so‹ oder ›Jeder wird einbalsamiert‹. Es sind immer Einzelfallentscheidungen, die von mir mit der Familie vorab sehr genau besprochen werden.«

**Sarah:** »Du hast lange die sogenannte hygienische Versorgung angewandt. Wie stehst du heute dazu?«
**Joerg:** »Ich arbeite schon seit fast zwanzig Jahren als Bestatter, und die hygienische Versorgung hat sich seitdem sehr verändert. Mit den Jahren ist mir bewusst geworden, dass nicht immer alles gemacht werden muss, was geht. Damals gab es noch keine alternativen Bestattungsinstitute, die mit Raum und Zeit darauf schauen, was die Menschen wünschen und brauchen, die zuhören, Fragen stellen, gemeinsam Ideen und Rituale entwickeln.
Für mich sind Eingriffe an Verstorbenen auch eine Frage der Wertebalance. Ist es das jetzt wert? Braucht es das? Oft beantworten wir uns die Frage mit ›Nein, das ist nicht erforderlich‹. So machen wir es mit allen Handlungen am verstorbenen Menschen.
Der Begriff ›hygienische Versorgung‹ ist für mich schon seit Jahren irreführend, weil er impliziert, dass eine verstorbene Person – wenn sie nicht versorgt wird – unhygienisch ist. Das ist aus meiner Sicht falsch. Ein Begriff, der es für mich besser trifft, wäre ›ganzheitliche körperliche Umsorgung der Verstorbenen‹.«

## Wusstet ihr schon?

Manche Menschen wünschen sich, dass ihnen nach ihrem Tod ihre besten Kleider angezogen werden. Andere möchten lieber in ihre bequemsten Sachen gekleidet oder nur in ein Tuch gehüllt werden. Einige möchten sogar nackt in den Sarg gelegt werden. Sofern es den Wünschen des verstorbenen Menschen entspricht, ist fast alles möglich.

## Warum ist das wichtig?

Vielen Menschen tut es gut, sich noch einmal der verstorbenen Person zuzuwenden. Das ist die letzte Zeit, die man körperlich mit dem verstorbenen Menschen verbringen kann. Der Tod ist dann kein abstraktes Nicht-mehr-da-Sein, sondern man kann ihn begreifen, indem man den Verstorbenen noch einmal anfasst und versorgt.

Katrin

# MIT WINZIGEN SCHRITTEN

Meine Mutter starb im Krankenhaus. Ich wusste, dass sie sterben würde, aber als es so weit war und der Tod eintrat, war ich nicht bei ihr. Als sich das Krankenhaus meldete, fuhr ich sofort hin.

Als ich in ihr Zimmer ging, lief ich wie auf rohen Eiern. Ganz langsam drückte ich die Klinke herunter und öffnete die Tür nur einen winzigen Spalt. Ich hatte Angst vor dem Anblick, der mich erwarten würde. Mit winzigen Schritten näherte ich mich ihrem Bett. Sie lag ganz still. Vorsichtig kam ich näher, bemüht, ihre Ruhe nicht zu stören, und betrachtete ihr fahles Gesicht. Ich stand einfach nur da.

Es dauerte lange, bis ich mich traute, sie zu berühren. Dann legte ich behutsam meine Hand auf ihre. Sie war noch warm. Ihre Haut war blass und ihr Körper bewegungslos. Die Berührung ihrer Hand erschien mir eigenartig intim. Weniger für mich, mehr für meine Mutter. Könnte ich ihr damit zu nahe treten?

Ich erinnerte mich daran, wie sie früher manchmal meinen Berührungen ausgewichen war, und spürte für einen kurzen Moment die Scham meiner Mutter in mir aufsteigen. Gleichzeitig wurde der Wunsch immer stärker, mich um sie zu kümmern, für sie da zu sein. Nach einer Weile legte sich meine Angst, und ich konnte es genießen, ihre Hand zu halten und ihre Haut noch einmal zu spüren.

In ihrem Gesicht sah ich ihren Schmerz. Ihr Mund war geöffnet, und ihre Züge wirkten verkrampft. Es tat mir so leid. Ich hatte ihr nicht helfen, sie nicht retten können, und ich konnte sie auch nicht vor den Schmerzen schützen.

Ich sehnte mich danach, diese Hilflosigkeit und Ohnmacht abzuschütteln. Sarah trat zu mir ins Zimmer. Zusammen wollten wir meine Mama versorgen, wollten sie hübsch machen und anziehen. Sogar ihr Lieblingskleid hatte ich dabei. Aber ich hatte Hemmungen, ihren leblosen Körper zu bewegen. Hätte meine Mama es gewollt, dass ich ihren toten Körper betrachte, sie wasche und ankleide? Es war so still in ihrem Zimmer. Es fiel mir schwer, diese Stille zu durchbrechen.

Leider habe ich meine Mama nie gefragt, was sie sich für ihren Körper nach ihrem Tod wünscht. Über diese Dinge wollte sie nicht reden. Als ich sie einmal fragte, welche Blumen sie sich für ihre Trauerfeier wünscht, winkte sie nur ab. Das wäre ihr alles egal und meine Entscheidung. Es quälte sie regelrecht, darüber nachzudenken, also ließ ich es sein, sie weiter zu fragen.

Als ich nach ihrem Tod nun an ihrem Bett stand, dachte ich daran, dass ich meine Mama sehr gerne umsorgt und gepflegt hätte, wenn sie eine alte Frau geworden wäre. Der Drang, etwas zu tun, wurde immer stärker, und meine Hemmungen ließen nach. Ich wollte mich meiner Mama zuwenden und mich nicht mehr hilflos fühlen. Aber wie sollte ich nur anfangen?

Sarah half mir. Ganz langsam zog sie die Bettdecke zurück und erzählte meiner Mama, was wir machen wollten. Behutsam richtete sie ihr das Kissen. Unter der Bettdecke kamen nackte Beine zum Vorschein. Es war November und das OP-Hemdchen dünn. Zaghaft berührte ich ihre Füße, sie waren kalt. Plötzlich hatte ich das dringende Bedürfnis, ihr warme Strümpfe anzuziehen. So sollte sie auf keinen Fall liegen bleiben. Es war das letzte Mal, dass ich mich um sie kümmern konnte. Ich wollte sie in Liebe und Wärme hüllen, wollte sie halten.

Wir säuberten und versorgten ihre Wunden. Sie bekam frische Unterwäsche und eine warme Strumpfhose für die nackten Beine. Behutsam zogen wir ihr ihr Lieblingskleid an, darüber einen Blazer. Wir bewegten sie vorsichtig. Sarah zeigte mir in Ruhe jeden Handgriff. Wir kämmten ihre Haare und streuten Blütenblätter um sie herum.

Als wir fertig waren, hatte sich ihr Gesichtsausdruck verändert. Ihr Mund hatte sich geschlossen, und sie wirkte entspannt, friedlich. Sie sah so schön aus, geradezu erlöst. Wir blieben noch lange bei ihr. Die Nähe, die durch ihre Versorgung entstand, half mir, ihren Tod zu begreifen.

# WAS IST EINE ABSCHIEDNAHME?

Wenn ihr einen verstorbenen Menschen noch einmal sehen wollt und mit ihm Zeit verbringen möchtet, wird das »Abschiednahme« genannt. Eine Abschiednahme ist an verschiedenen Orten möglich. Ihr könnt zum Beispiel euren verstorbenen Menschen nach seinem Tod noch eine Weile zu Hause in seinem Bett behalten oder ihn dort in einem Sarg aufbahren. Das wird als »Hausaufbahrung« bezeichnet.

Auch wenn ein Mensch im Krankenhaus, Pflegeheim oder Hospiz verstirbt, könnt ihr ihn von den Bestattenden im Rahmen einer zeitlichen Frist für eine Hausaufbahrung nach Hause bringen lassen. Wenn ihr das nicht möchtet, gibt es oft auch direkt im Krankenhaus, Pflegeheim oder Hospiz die Möglichkeit, in Ruhe Abschied zu nehmen. Sprecht mit dem Pflegepersonal, welche Räume dafür zur Verfügung stehen. Auch Bestattungsunternehmen bieten Räume an, die für eine Aufbahrung gemietet werden können.

## Was könnt ihr bei einer Abschiednahme machen?

Ihr könnt euch zu eurem verstorbenen Menschen setzen, ihn anschauen, streicheln, seine Hand halten. Ihr könnt eine Kerze anzünden, beten, schweigen, singen, wichtige Sachen sagen, die noch ausgesprochen werden müssen – alles, was sich jetzt richtig anfühlt.

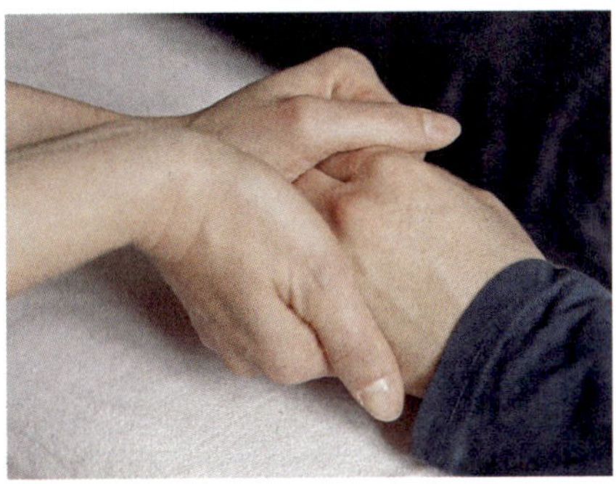

Nähe zur verstorbenen Person (Filmstill)

Musik spielen oder singen (Filmstill)

Abschiednahme und Versorgung miteinander verbinden

Wenn der verstorbene Mensch noch nicht versorgt ist und ihr das gern machen möchtet, könnt ihr ihn waschen und ihm seine Lieblingskleider anziehen.

Vielleicht möchten sich viele Menschen von der verstorbenen Person verabschieden. Es kann schön sein, eine Abschiednahme in Gemein-

Gemeinsam Abschied nehmen (Filmstill)

schaft zu erleben, etwas zu trinken, zu essen, von gemeinsamen Erlebnissen zu erzählen oder auf euren verstorbenen Menschen mit seinem Lieblingsgetränk anzustoßen.

## Abschiedsrituale

Wenn ihr möchtet, könnt ihr dem verstorbenen Menschen etwas Persönliches in die Hand geben, Bänder, Schmuckstücke, Tücher oder ein Kleidungsstück und vieles mehr. Ihr könnt diese Dinge zerteilen und eine Hälfte als Erinnerung an diesen Moment behalten.

### Katrin

»Nachdem ich zusammen mit Sarah meine Mama im Krankenhaus versorgt und angezogen hatte, kamen mein Mann und meine Kinder zu uns ins Krankenzimmer. Mein älterer Sohn war damals vier Jahre alt. Er hatte keine Vorstellung davon, was es hieß, dass Oma jetzt tot war. Ihren leblosen Körper zu sehen und zu beobachten, dass sich ihre Brust nicht mehr hob und senkte und ihre Haut sich kühl anfühlte, half ihm, den Tod wahrzunehmen und zu begreifen. Er war erst ängstlich und vorsichtig, dann neugierig und interessiert. Er betrachtete sie zunächst aus sicherer Entfernung. Langsam traute er sich, Stück für Stück, ihrem Körper näher zu kommen. Er bewegte sich im Raum allmählich immer natürlicher und entspannter. Am Ende verstand er, dass seine Oma nicht schlief, sondern tot war und dass sie nie mehr lebendig werden würde.

Wir nahmen langsam Abschied. Meinem Sohn ließen wir so viel Zeit, wie er brauchte. Er gab ihr ein selbst gebasteltes Herz mit ins Bett und behielt ein zweites Herz für sich. Dann legten wir meiner Mama zwei bunte Bän-

Herz und Bänder als Sargbeigabe

Ein zweites Herz und die Enden der Bänder als Erinnerung für zu Hause

der in die Hand. Wir hielten die anderen Enden der Bänder fest, und als wir bereit waren, schnitten wir sie in der Mitte durch. Eine Hälfte der Bänder blieb bei meiner Mama in der Hand. Die andere Hälfte der Bänder behielten wir und nahmen sie mit nach Hause. Die Bänder und das Herz sind bis heute für meinen Sohn und mich eine wichtige Erinnerung an diesen Tag und unseren Abschied.«

Viele Menschen bemalen bei einer Abschiednahme den Sarg von außen oder kleben Bilder oder Botschaften darauf. Es ist auch möglich, etwas in den Sargdeckel zu malen oder hineinzuschreiben.

## Sarah

»Eine Frau bat mich, ihren Mann zu bestatten, der an Krebs erkrankt war und bald sterben würde. Gemeinsam hatten sie fünf Kinder zwischen elf und dreiundzwanzig. Als wir uns das erste Mal trafen, hatte er viele Fragen zu seinem Tod und was danach alles mit seinem Körper geschehen würde. Als sich sein Zustand weiter verschlechterte, baten mich die beiden zu einem Gespräch mit den Kindern darüber, was sie bei seinem Abschied alles gestalten könnten.

Die Möglichkeit, den Sarg zu bemalen, gefiel ihnen, und sie berieten sich mit ihrem Vater, was ihm denn gefallen würde. Über die nächsten Tage und Wochen reiften genaue Vorstellungen. Als er dann gestorben war, gab es eine Abschiednahme mit ihm im offenen Sarg. Der Sargdeckel wurde von innen hellblau gestrichen, denn die Familie hatte lange in Kalifornien gelebt, und das erinnerte sie an den Himmel dort.

Viele Freunde aus aller Welt hatten Briefe und E-Mails geschrieben, die in den Sargdeckel hineingeklebt wurden. Als der Deckel innen fertig war,

Den Sargdeckel innen und außen gestalten

hoben wir ihn auf ein Podest, und die Familie bemalte den Sargdeckel von außen. Es entstand ein blauer Mustang, das Lieblingsauto ihres Vaters, ein Sonnenuntergang, seine geliebte Tageszeitung und Mohnkuchen, sein Lieblingskuchen.

Es herrschte gelöste Stimmung, alle genossen das Malen sichtlich. Zwischendurch gingen die Kinder zu ihrem Papa, der wenige Meter weiter im Sargunterteil lag. Sie sahen ihn an, wurden ruhiger, streichelten ihn und nahmen dann die Malarbeit wieder auf. Als der Sargdeckel fertig bemalt war, breitete sich sogar Stolz über das Werk aus. Am Ende trugen alle gemeinsam den bunten Deckel und schlossen damit den Sarg.«

Wenn ihr Unterstützung bei der Planung und Umsetzung einer Abschiednahme braucht, sprecht mit den Bestattenden, dem Pflegepersonal oder einem geistlichen Beistand.

Oft brennen bei einer Abschiednahme Kerzen oder Teelichter. Es kann schön sein, sie am Schluss mitzunehmen, wenn sie noch nicht ganz niedergebrannt sind, und zu Gedenktagen noch einmal anzuzünden.

Wenn die verstorbene Person im Bett verabschiedet wurde, wird sie am Ende einer Abschiednahme meist in den Sarg gelegt, damit die Bestat-

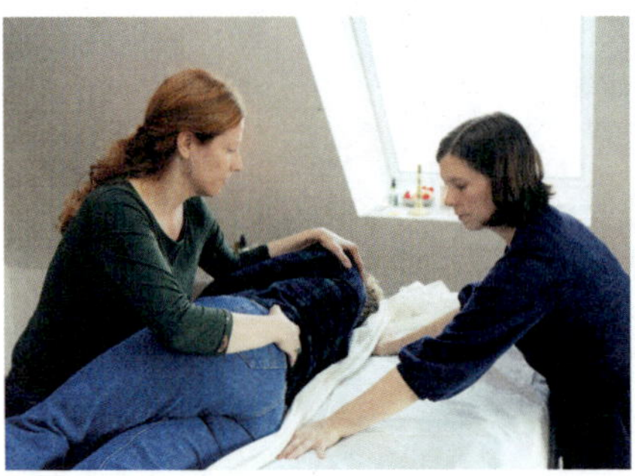

Das Laken zusammengerafft unter die Verstorbene legen

Die Enden verknoten und das Laken mit der Person hochheben

tenden sie abholen können. Das Anheben der verstorbenen Person geht leichter, wenn ihr sie dafür in ein Laken hüllt. Ihr könnt das gemeinsam machen und auch den Deckel selbst schließen, wenn ihr so weit seid. Es kann guttun, diesen Moment zu erspüren und sich dafür Zeit zu lassen.

Abschiednahmen können eine Stunde, einen Nachmittag oder mehrere Tage dauern. Manche Menschen brauchen länger Zeit. Ihr dürft spüren, wie lange ihr bei eurem verstorbenen Menschen sein wollt. Ihr könnt jederzeit eine Abschiednahme früher beenden, wenn ihr das Gefühl habt, dass es genug ist.

### Sarah

»Eine Freundin von mir hatte ihre Mutter lange zu Hause gepflegt. Der Krebs war weit fortgeschritten, als sie plötzlich zusammenbrach, Blut spuckte und starb. Die eintreffende Feuerwehr zog sie für Wiederbelebungsmaßnahmen auf den Teppich, und dort blieb sie liegen. Meine Freundin rief mich an und bat mich um Unterstützung. Als ich ankam, lag die Mutter immer noch auf dem Boden. Gemeinsam wuschen wir ihr zuerst das Blut vom Gesicht und zogen ihr eine schöne saubere Bluse an. Dann traf die Bestatterin ein. Wir hoben die Mutter auf ihr Bett zurück und schmückten sie mit einer Blume. Nach einer Zeit des Beisammenseins bat meine Freundin darum, noch allein mit ihrer Mutter sein zu können, und die Bestatterin und ich gingen.

Es war inzwischen Abend geworden, und sie zündete eine Kerze neben dem Totenbett an. Die ganze Nacht wachte sie bei ihrer Mutter, las ihr vor, erzählte Dinge, die noch gesagt werden wollten, erneuerte die Kerze, wenn sie heruntergebrannt war, und schaute Fotoalben an. Zwischendurch nickte sie ein, wachte wieder auf und hielt immer wieder die kühle Hand ihrer Mama. Sie lauschte der Stille, die nur von einem toten Menschen ausgeht.

Als es hell wurde, duschte sie und zog sich frische Sachen an. Dann frühstückte sie am Bett ihrer Mutter, und erst dann, so entschied sie, durfte die Bestatterin wiederkommen und ihre Mutter abholen.«

Warum gab es früher oft Abschiednahmen und Hausaufbahrungen und heute nur selten? Dazu wollen wir ein wenig ausholen und in die Geschichte schauen.

## Abschiednahmen und Rituale in der Vergangenheit und heute

Im Viktorianischen Zeitalter, benannt nach der Regierungszeit der britischen Königin Victoria von 1837 bis 1901, bildete sich eine sehr sinnliche, wenngleich auch sehr genau festgelegte Trauerkultur heraus, die sich über ganz Europa ausbreitete. Es gab viele Rituale, aber wenig Freiheit darin.

Die Hausaufbahrung war normal und gehörte dazu, denn gestorben wurde damals meistens in den eigenen vier Wänden im Beisein der Familie. In einen Sarg gebettet, verblieben die Toten bis zur Beisetzung bei ihren Familien.

Es gehörte dazu, dass Verwandte und Bekannte das Haus besuchten, um den Toten die Ehre zu erweisen und sie zu betrauern. An der Haustür wurde ein Kranz mit schwarzer Schleife befestigt, um anzuzeigen, dass es hier einen Todesfall gegeben hatte und Rücksicht zu nehmen war.

Es konnten Briefe geschrieben und Sargbeigaben mitgegeben werden.

Aus dem Haar des verstorbenen Menschen wurde Trauerschmuck gefertigt, der als kostbares Erinnerungsstück bei den Zugehörigen verblieb. Eine Haarlocke der verstorbenen Person bei sich zu tragen, war ein Zeichen von tiefer Verbindung mit ihr.

Es gab strenge Verhaltensregeln, besonders, wie sich trauernde Frauen zu verhalten hatten. Beispielsweise mussten Witwen mindestens zwei Jahre lang Schwarz tragen und durften nicht an Feiern teilnehmen oder sich neu verheiraten. Ihre Trauer war etwas, das stetig sichtbar war.

### Totenmasken und Erinnerungsschmuck

Es ist ein sehr altes Ritual, Totenmasken und Handabdrücke von Verstorbenen anzufertigen. Das sind aus Wachs oder Gips gefertigte Abgüsse vom Gesicht oder der Hand der verstorbenen Person. Totenmasken gab es schon in der Antike. Sie wurden anfangs aus religiösen Motiven oder als Vorlage für Denkmäler gefertigt. Die erste Totenmaske, die der Erinnerung an eine verstorbene Person diente, soll die des Schriftstellers Gotthold Ephraim Lessing gewesen sein, der 1781 verstarb. Danach wurde das Abnehmen von Totenmasken bei berühmten Menschen immer beliebter. So gibt es das verewigte Gesicht von Friedrich Schiller, Johann Wolfgang Goethe, Ludwig van Beethoven und vielen anderen.

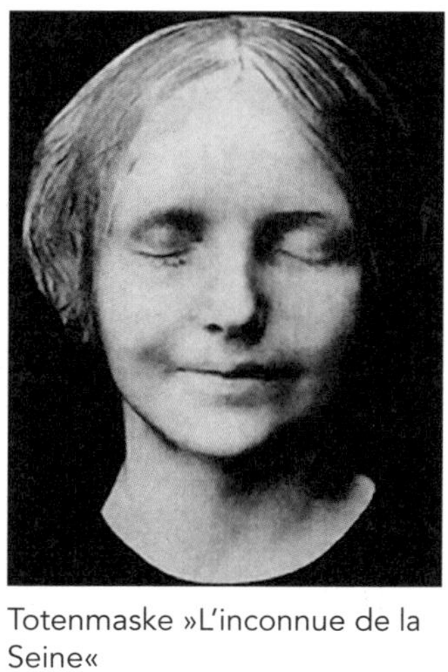
Totenmaske »L'inconnue de la Seine«

Eine besondere Totenmaske, die ihr bestimmt schon einmal gesehen habt, entstand der Legende nach um 1900 in Paris. Eine junge Frau hatte sich selbst ertränkt und wurde tot aus der Seine geborgen. Sie wurde in die Leichenhalle gebracht. Ein

Mitarbeiter war so fasziniert von ihrem schönen Gesicht und ihrem zarten Lächeln, dass er ihre Totenmaske abnahm. Diese wurde zahlreich abgeformt und verkauft. Viele Menschen waren fasziniert von ihrer mysteriösen Schönheit, und sie wurde unter dem Namen »L'inconnue de la Seine« – die »Unbekannte aus der Seine« – berühmt.

Viele Jahre später wurden für Erste-Hilfe-Kurse Puppen entwickelt, mit denen man Herzdruckmassage und Beatmung üben konnte. Das Gesicht dieser Puppe (im englischen *»Rescue-Annie«* genannt) wurde dem der »Unbekannten aus der Seine« nachempfunden.

Heute werden Totenmasken wieder angeboten als besondere Erinnerungsstücke an verstorbene Menschen. Mittlerweile arbeitet man mit Silikon, welches sehr feine Abdrücke der Gesichtszüge ermöglicht. Es entsteht dabei nach wie vor ein Negativ, welches dann ausgegossen wird. Es gibt Menschen, die darauf spezialisiert sind und die ihr beauftragen könnt, eine Totenmaske für euch abzuformen.

Ebenso kann ein Handabguss angefertigt werden. Den könnt ihr

Amulett mit Haarsträhne

Anhänger mit Fingerabdruck

auch selbst machen, wenn ihr euch das zutraut. Mittlerweile gibt es fertige Abformungssets mit Silikonmasse, in die ihr die Hand nur eintauchen müsst. Das Negativ wird dann mit Gips ausgegossen.

Es ist auch möglich, eine Haarsträhne in einem Amulett oder einem Gläschen aufzubewahren. Ihr könnt auch Schmuckstücke anfertigen lassen, in denen Haarsträhnen oder Fingerabdrücke eingearbeitet sind.

## Post-mortem-Fotografie

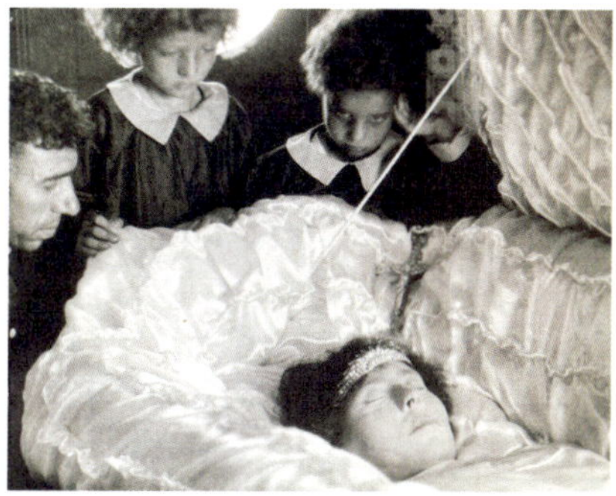

Historische Hausaufbahrung und Abschiednahme mit der ganzen Familie

Mit der Entwicklung der Fotografie wurde es in den 1860er-Jahren populär, Fotos von aufgebahrten Verstorbenen zu machen. Einen Fotografen zu bestellen, um Aufnahmen von sich machen zu lassen, war damals sehr teuer, und daher hatten die wenigsten Menschen Fotos von sich und noch weniger von ihren Kindern. Deshalb wurden viele verstorbene Babys und Kinder nach ihrem Tod fotografiert, damit wenigstens eine bildhafte Erinnerung an sie blieb.

Es kam häufiger vor, dass Lebende und Tote in einem Bild zusammen abgelichtet wurden. Diese Bilder wurden in Ehren gehalten und in der Familie oft an die nächsten Generationen weitergegeben.

### Sarah

»Als ich begann, mich intensiv mit Post-mortem-Fotografie auseinanderzusetzen, erzählte mir meine Mutter, dass sie ein Foto von ihrer verstorbenen Großmutter, also meiner Urgroßmutter, besaß. Ich war aufgeregt und wollte das Bild gerne sehen. Sie suchte es für mich heraus – und ich war ganz überrascht: Ich kannte das Bild, denn als ich klein war, stand es auf ihrem Schreibtisch. Es war mir ganz vertraut. Es zeigte meine Urgroßmutter friedlich und geschmückt mit Blumen im Sarg liegen. Diese Geschichte fällt mir immer ein, wenn Leute das Phänomen der Post-mortem-Fotografie als gruselig und merkwürdig abtun.«

Heute werden Verstorbene weniger professionell abgelichtet, aber viele Zugehörige trauen sich, bei der Abschiednahme selbst zu fotografieren. Auch die Tradition, von verstorbenen Babys Fotos zu machen, hat sich heute wieder durchgesetzt. Für Babys, die im Bauch oder kurz nach der Geburt versterben, gibt es die Initiative »Mein Sternenkind«. Das sind professionell Fotografierende, die ehrenamtlich ins Krankenhaus kommen und das Baby und seine Eltern ablichten.

Post-mortem-Fotografie, Totenmasken, Abschiednahmen – all diese Rituale haben gemeinsam, dass sie die Wirklichkeit des Todes begreifbar und die Verbindung zur verstorbenen Person fühlbar machen. Sie verloren sich ab dem Ersten Weltkrieg, als zunehmend weniger Zeit und Möglichkeit dafür vorhanden war.

In Deutschland wurden die Toten noch bis Anfang des 20. Jahrhunderts vorwiegend zu Hause aufgebahrt. Mit der Industrialisierung begann sich jedoch eine Idee von Effektivität und Produktivität herauszubilden, die auch die Bestattungskultur prägte. Durch Arbeitsteilung konnte im entstehenden Bestattungsgewerbe effizienter gearbeitet werden, und genormte Arbeitsschritte rückten an die Stelle von persönlichen Abschieden.

Durch den medizinischen Fortschritt starben Menschen außerdem zunehmend im Krankenhaus und nicht mehr zu Hause. Nach ihrem Tod wurden sie bis zur Bestattung in Leichenhallen verwahrt. Die Verstorbenen wurden so immer weiter von den Lebenden entfernt, bis es unüblich wurde, Aufbahrungen zu machen, und so die Möglichkeit für sinnliche Rituale nicht mehr gegeben war.

Durch die Hospizbewegung und Bestattende, die selbstbestimmte Abschiede fördern, leben diese alten Bräuche wieder auf und werden neu gestaltet. Seit einigen Jahren gibt es deshalb in Deutschland wieder mehr Menschen, die sich eine Hausaufbahrung oder eine Abschiednahme am offenen Sarg wünschen.

### Wusstet ihr schon?

Ihr dürft für eine Hausaufbahrung den verstorbenen Menschen zwischen 24 und 48 Stunden (je nach Bundesland) zu Hause behalten, um euch in Ruhe zu verabschieden. In Bayern gibt es keine Frist. Nur wenn der Verstorbene an einer meldepflichtigen Krankheit gelitten hat, ist das nicht möglich. Möchtet ihr den Verstorbenen länger zu Hause behalten, muss das von eurem Bestattungsinstitut beim örtlichen Ordnungsamt beantragt werden.

Abschiednahmen sind aber auch noch zu einem späteren Zeitpunkt in dafür vorgesehenen Räumen möglich. Wenn ihr euch wünscht, euren verstorbenen Menschen mehrfach oder zusammen mit anderen

Abschiedsraum beim Fuhrunternehmen Gustav Schöne in Berlin-Neukölln

Zugehörigen zu besuchen, dann sprecht mit den Bestattenden darüber, wo und wann das möglich ist.

Dazu könnt ihr die verstorbene Person im offenen oder geschlossenen Sarg aufbahren lassen. Der Sarg steht dabei meist auf einem Podest oder Gestell, dem sogenannten Katafalk, der mit Stoffen, Kerzen oder Blumen geschmückt werden kann.

In den USA und auch in einigen europäischen Ländern wie in Irland sind Abschiednahmen und Trauerfeiern am offenen Sarg ein fester Bestandteil der Bestattungs- und Trauerkultur. Gemeinsam mit Verwandten, dem Freundeskreis, der Nachbarschaft, Bekannten und dem Kollegium werden Verstorbene gemeinsam verabschiedet. Dafür werden die verstorbenen Personen zum Teil aufwendig zurechtgemacht, geschminkt und in ihre beste Garderobe gekleidet.

In Georgien ist es für die Familie Brauch, drei Tage am offenen Sarg zu sitzen, während Menschen aus der Nachbarschaft und dem Freundeskreis vorbeikommen und von der Familie verköstigt werden.

Es gibt sogar Drive-Thru-Aufbahrungen. In einigen US-amerikanischen Städten wie Michigan oder Los Angeles können sich Zugehörige vom Auto aus von ihren Verstorbenen verabschieden. Dabei werden die Verstorbenen im offenen Sarg im Fenster des Bestatters aufgebahrt. Sobald ein Auto am Fenster vorbeifährt, öffnet sich der Vorhang, und die Insassen können für einige Minuten ihren verstorbenen Menschen betrachten, wie auf dem Bild rechts ersichtlich. Im Hintergrund läuft besinnliche Musik, bis sich der Vorhang wieder schließt. Dieses Angebot wird besonders genutzt von gebrechlichen Menschen, die nicht mehr gut zu Fuß sind oder die aus anderen Gründen nicht zur Beerdigung kommen können. In Zeiten der Pandemie ermöglicht diese Art der Aufbahrung sogar einen bedenkenlosen Abschied, auch wenn eine Infektion vorliegt, da zwischen den Toten und den Trauernden zwei Glasscheiben sind.

Drive-Thru-Aufbahrung in den USA

Auch im Tierreich gibt es Rituale um verstorbene Artgenossen und Abschiednahmen. Elefanten verweilen lange bei ihren Toten, betasten und beschnüffeln sie mit dem Rüssel. Sie tun es möglicherweise, um die Verstorbenen als tot in ihrem Gedächtnis abzuspeichern. Dass sie dabei Traurigkeit empfinden, wird mittlerweile stark vermutet.

In einer Pflegestation für verletzte Fledermäuse beobachtete man die Abschiednahme einer Fledermaus von einer verstorbenen Artgenossin. Sie flog zu ihr und legte ihren Kopf auf den toten Körper. Ein leises Wimmern war zu hören. Etwas später flog sie zu ihrem Schlafplatz und blieb eine Weile allein. Erst dann schloss sie sich wieder der Gruppe an.

Im Zoo von Boston starb ein Gorillaweibchen vor einigen Jahren an Krebs. Sie wurde aufgebahrt, und ihr langjähriger Begleiter konnte sie noch einmal besuchen. Er heulte und schlug sich auf die Brust und versuchte, sie aufzuwecken. Dann legte er seiner Gefährtin ein Stück Sellerie in die Hand – ihr Lieblingsessen.

### Warum ist das wichtig?

Fast alle Kulturen glauben, dass die Persönlichkeit oder die Seele eines verstorbenen Menschen noch ein paar Stunden oder Tage in der Nähe des toten Körpers bleibt.

Wenn Verstorbene zu Hause oder in einem Abschiedsraum aufgebahrt sind, dann haben alle, die möchten, die Möglichkeit, sich auf ihre Weise zu verabschieden. Ihr könnt alles machen, was euch guttut – weinen, schimpfen, singen, musizieren, reden oder einfach nur zusammensitzen.

Es ist nicht so leicht, zu verstehen, dass jemand gestorben ist, und Begreifen geht oft einfacher, wenn man wirklich mit allen Sinnen spüren kann, das dieser wichtige Mensch nun tot ist.

Wenn ihr die Gestaltung des Abschieds im Sinne der verstorbenen Person planen könnt, ist das hilfreich. Manche Menschen können sich zu Lebzeiten gut darauf einlassen, dass das nach ihrem Tod ihre Zugehörigen entscheiden werden. Andere haben konkrete Vorstellungen, wie ihr Abschied aussehen oder was auf keinen Fall geschehen soll. Wenn euch etwas wichtig ist, dann klärt es! Es kann auch schön und tröstlich sein, zu wissen, was nach dem eigenen Tod geschehen wird.

Sarah

# SEIN ORANGEFARBENES LIEBLINGSHEMD

Als Thomas gestorben war, versorgte ich ihn zusammen mit der Bestatterin. Ich wusste nicht genau, was mich erwartete, ich wusste nur, dass ich alles tun wollte, was noch möglich war. Vielleicht war es auch meine Unsicherheit, ob ich zuvor genug getan hatte.

Als er so vor mir lag, nach Tagen in der Kühlung, schien er mir erst sehr fremd. Durch die Ruhe und geborgene Atmosphäre, in der ich ihn lange ansehen konnte und immer wieder berührte, gewöhnte ich mich an die Kälte des Körpers, und die Fremdheit wurde weniger. Jedoch wirkte sein Selbst weiter weg von seinem Körper als noch im Krankenhaus.

Eins seiner Augen ließ sich trotz einiger Versuche nicht vollständig schließen. Dadurch zerbrach das Bild eines friedlich Schlafenden, mit dem wir uns den Tod oft scheinbar vertraut zu machen versuchen. Aber die Bestatterin sagte zu mir, er wolle möglicherweise noch etwas sehen und blinzele deshalb. Dieser Gedanke schien mir passend, denn Thomas war ein neugieriger Mensch gewesen und hätte sicher wissen wollen, was wir da mit ihm tun.

Es schien mir, als bekäme er durch seinen Tod eine andere Identität, die zeitlich begrenzt und auf einer Zwischenebene stattzufinden schien. Ich näherte mich einem neuen Menschen an, dem verstorbenen Menschen, den ich zuvor nur als lebenden Menschen wahrnehmen konnte. Aber auch zu dem verstorbenen Menschen war es mir möglich, eine Beziehung aufzubauen, allein durch meine Annahme, der Tote sei kein Ding, sondern, wenn auch nicht identisch, so doch wenigstens ähnlich der Person, die er als Lebender gewesen war.

Ich sprach mit ihm, streichelte ihn und bewegte seinen Körper beim Anziehen mit Vorsicht und Würde. Es war eine einseitige Unterhaltung. Meine Erinnerungen an ihn und meine Verbundenheit waren aber stark genug, um für uns beide zu sprechen.

Wir wuschen ihn und zogen ihn an. Ich war körperlich so erschöpft in diesen Tagen, aber mir hat es geholfen, dass es etwas zu tun gab. Und wenn Thomas schon angezogen und in den Sarg gelegt werden musste, dann wollte ich es selbst tun.

Als er noch lebte, erzählte ich ihm einmal, wie wir meine Omi angezogen hatten nach ihrem Tod, und fragte halb im Scherz, ob wir das mit ihm dann auch machen sollten, falls er sterben sollte. Da lächelte er mich gütig an und sagte: »Wenn du das brauchst, dann kannst du das alles gerne machen.« Ich habe diesen Satz noch oft in meinem Ohr gehört, wenn ich mich fragte, ob Thomas einverstanden gewesen wäre mit der Art, wie wir ihn verabschiedeten.

Und so stand ich damals in dem kleinen, gelben Abschiedsraum auf dem Hof des Fuhrunternehmens Gustav Schöne in Berlin-Rixdorf, zog meinem besten Freund sein orangenes Lieblingshemd an und legte ihn in seinen Sarg.

Thomas wirkte erschöpft und klein, er hatte fast die Hälfte seines Gewichts verloren. Die Verfärbungen im Gesicht hatten zugenommen, der Mund stand leicht offen, und durch die Wärme im Raum kondensierte der gekühlte Körper, und winzige Wassertröpfchen entstanden auf Thomas' Gesicht und den Händen. Ich tupfte sie behutsam ab. Ihn oft zu berühren, half mir sehr, den veränderten Zustand zu begreifen, Kontakt aufzubauen, Nähe herzustellen und auch spüren zu können: Es gibt hier eine Grenze.

Eine Grenze, die uns trennte, denn er war auf der anderen Seite, und ich war hier. Es war für mich dadurch nach drei Stunden in Ordnung, den Sarg zu schließen und nach Hause zu gehen.

Mittlerweile habe ich selbst schon so viele Abschiednahmen in diesem Raum als Bestatterin begleitet. Das hätte ich mir damals nie träumen lassen. Obwohl wir im gleichen Jahr, in dem Thomas starb, die »Sarggeschichten« gegründet hatten, war ich noch weit weg davon, selbst Menschen zu bestatten. Aber irgendwie war er der Anfang.

Oft überlegen die Zugehörigen zusammen mit mir, was zu der verstorbenen Person gepasst hätte, und danach gestalten wir dann die Abschiednahme. Manchmal breitet sich Ratlosigkeit darüber aus, was die verstorbene Person gewollt hätte, und dann biete ich verschiedene Ideen an. Manchmal haben die Verstorbenen aber auch sehr konkrete Vorstellungen hinterlassen, was sie sich für ihren Abschied wünschen.

Als Silke wusste, dass sie sterben würde, nahm sie Kontakt mit mir auf. Wir trafen uns bei ihr und ihrem Mann zu Hause, um zu besprechen, wie sie sich ihren Abschied vorstellte.

Als ihr Mann mir die Tür öffnete und ich in die Wohnung kam, stand eine wunderschöne, strahlende Frau mit langen, offenen Haaren in einem blauen Kleid vor mir, die mich lächelnd ins Wohnzimmer bat. Erst dachte ich, dort würde die Sterbende auf mich warten, und es dauerte eine Weile, bis ich begriff, dass diese lebensfrohe Frau mich herbestellt hatte, um ihren eigenen Tod zu besprechen. Die Schmerzen sah ich ihr nicht an.

Silke hatte sehr genaue Vorstellungen, wie der Abschied von ihr sein sollte. Sie war vor allem besorgt um ihren Mann und ihre Tochter und wollte, dass die beiden gut begleitet würden im Abschiedsprozess. Aber sie wünschte sich auch, dass sich alle, die wollten, noch von ihr verabschieden konnten. Sie sollten Kuchen essen, Kaffee trinken, Musik hören und um ihren Sarg sitzen.

Es sollte schön für alle werden, das war ihr Wunsch.

Eine Sache bereitete ihr jedoch Sorge. »Was ist, wenn ich mit geschlossenen Augen sterbe?« fragte sie. »Ich weiß, es ist albern, aber ich habe Angst, dass meine Seele dann nicht gut aus meinem Körper findet.« Ich versprach ihr, dass ich, sollte sie mit geschlossenen Augen sterben, diese einmal noch öffnen würde, damit ihre Seele sich befreien könnte, falls sie feststeckte. Das beruhigte sie sehr.

Das nächste halbe Jahr blieben wir in Kontakt, während sich ihr Gesundheitszustand verschlechterte. Sie zog in ein Hospiz, in dem sie schließlich verstarb. Bei unserem letzten Telefongespräch versuchte sie mich darauf vorzubereiten, dass sich ihr Aussehen stark verändert hatte. Ich traf am Morgen nach ihrem Tod im Hospiz ein, und auf dem Bett sah ich die gleiche schöne Frau liegen, die ich in Erinnerung hatte. Müde sah sie aus, aber zufrieden – war sie doch so selbstbestimmt gestorben, wie sie es sich gewünscht hatte. Wie besprochen, öffnete ich vorsichtig ihre Augen einen Spalt, für den Fall, dass nicht alle Seele herausgefunden haben sollte. Ihr Mann bekräftigte noch einmal, wie wichtig mein Versprechen für Silke gewesen war.

Ihr Mann und ihre Tochter legten sie gemeinsam mit mir in den Sarg und brachten sie mit zum Bestattungsauto.

Am nächsten Tag konnten Familienangehörige, Kolleginnen und Freunde zur Abschiednahme auf dem Hof Schöne kommen.

Wir hatten im Abschiedsraum viele Kerzen angezündet, Kaffee, Tassen, Teller und verschiedene Kuchen standen auf einem Holztisch bereit. Aus einem Lautsprecher erklang Musik, die Silke gerne gemocht hatte. Sie lag in ihrem Sarg, und es standen Stühle um sie herum, sodass man sich zu ihr setzen konnte.

Da sie Ginkgos sehr geliebt hatte, hatte ihr Mann das Laub von Ginkgobäumen gesammelt und die Blätter liebevoll über sie gestreut. Ihre Tochter hatte Kraniche aus buntem Origamipapier gefaltet, auf die Wünsche und Gedanken geschrieben werden konnten. Die farbenfrohen Vögel durften dann zu Silke in den Sarg gelegt werden. Eine Haarsträhne ihrer Tochter hielt Silke in der Hand. Als Tausch dafür, dass das Kind sich auch eine Haarlocke der Mutter abgeschnitten hatte.

Die ersten Trauernden, die eintrafen, waren erst mal zurückhaltend. Sie schauten Silke an, hatten keinen Appetit auf Kuchen und standen anfangs eher vor dem Abschiedsraum als darin. Aber mit der Zeit lösten sich die Hemmungen. Eine Person nach der anderen trat zu Silke heran, streichelte sie, schrieb letzte Botschaften auf die Kraniche, und langsam pirschten sich die Gäste auch an das Kuchenbüfett und die Getränke heran. Allmählich kehrte eine leichte, fast fröhliche Stimmung ein. Es wurde viel von Silke erzählt, und sie wurde, auch noch im Tod, für ihre Schönheit bewundert.

Durch den Tumor hatte sie lange schreckliche Schmerzen ertragen müssen. Nun lag sie dort und sah wunderschön und friedlich aus. Die Lachfältchen um ihre Augen ließen sie lächeln, und alle hatten das Gefühl, dass dies ein Abschied von ihr war, den sie gutgeheißen hätte. Ihr Mann streichelte sie immer wieder und küsste sie. Die beiden hatten sich sehr geliebt, waren den ganzen Weg gemeinsam gegangen.

Es war ein Schwingen zwischen Lachen und Weinen, Dankbarkeit und Traurigkeit, Innehalten und Weiterleben.

Solche Abschiednahmen sind in meiner Arbeit häufig, aber in Deutschland insgesamt leider immer noch selten. Ich wünsche mir, dass sich das ändert.

## WAS KANN ICH SAGEN, WENN JEMAND GESTORBEN IST?

Wenn Bekannte, Verwandte oder Freunde trauern, ist es wichtig, für sie da zu sein. Aber wie genau geht das, und was könntet ihr sagen?

»Mein herzliches Beileid!« Diese Worte kommen vielen Menschen gar nicht gut über die Lippen. Andere fühlen sich damit sicher, weil es eben die gängige Phrase für Beileidsbekundungen ist.

Manche Menschen sind so unsicher, dass sie lieber gar nichts sagen oder der trauernden Person sogar aus dem Weg gehen, damit sie ihr und damit der Trauer nicht begegnen müssen. Das geschieht nicht aus Bosheit, sondern oft aus Hilflosigkeit und der Angst, etwas Falsches zu sagen. Für Trauernde ist das aber zusätzlich belastend und tut oft weh. Sie haben dann nicht nur mit ihrer Trauer zu tun, sondern werden auch noch gemieden oder ausgeschlossen.

### Welche Worte trösten denn nun?

Echter Trost entsteht durch Verhalten, durch Dasein mit dem Herzen. Die Absicht ist viel wichtiger als die Worte selbst. Das emotionale Verstehen einer Botschaft geschieht vielmehr über den Stimmklang und die Körpersprache als über das gewählte Wort. Spricht jemand ruhig, sucht den Blickkontakt und wendet den eigenen Körper der anderen Person zu, so kommt nonverbal schon so viel Aufmerksamkeit und Empathie rüber, dass das Mitgefühl meist bei der trauernden Person ankommt, auch wenn die Worte nicht perfekt sind. Andersherum kann eine Person die mitfühlendsten Worte sagen, wenn die Stimme dabei abwesend klingt, kein Blickkontakt zustande kommt und der Körper abgewandt ist, dann ist das Mitgefühl nicht zu spüren.

Wichtig ist tatsächlich die innere Haltung und auch die Bereitschaft, den Schmerz der Trauer – zumindest für den Zeitraum eines kurzen Gespräches – wirklich mitzufühlen und auszuhalten.

### Sarah

»Wenn ich als Notfallseelsorgerin in eine akute Situation komme, dann gibt es oft erst mal keine Worte. Dann geht es darum, da zu sein und die Situation mit den Menschen gemeinsam auszuhalten – und ebenso die Sprachlosigkeit, das Schluchzen oder andere Reaktionen.

Ich erinnere mich an eine Mutter, deren Tochter tödlich verunfallt war. Wir saßen eine Stunde schweigend im Aufenthaltsraum des Krankenhauses. Ich sagte ihr, dass ihr Kind im Nebenraum liege und sie es noch mal anschauen könne. Die Frau reagierte nicht. Sie hatte meine Stimme gehört, aber offenbar drangen die Worte nicht zu ihr durch. Sie schaute suchend im Raum umher und schwieg. Irgendwann trafen sich unsere Blicke. Ein Moment der Nähe. Dann wieder Stille. Es fiel mir nicht leicht, mit der Situation umzugehen. Ich wollte etwas tun und hilfreich sein. Aber alles, was gerade möglich war, war dazusitzen und ihr Schweigen auszuhalten. Dann blickte sie mich wieder an. ›Wir können nach drüben gehen, da liegt Ihre Tochter, Sie können Sie noch mal ansehen‹, sagte ich noch einmal. Lange Stille. Draußen auf dem Gang war die Geschäftigkeit des Krankenhauses zu hören. Bei uns schien die Zeit stehen geblieben zu sein. Endlich sagte sie: ›Ich habe ihr heute Morgen noch gesagt, dass ich sie lieb habe.‹ Ich wiederholte ihre Worte, während wir uns anschauten, und hielt meine geöffnete Hand vor sie. Sie nahm sie und begann zu weinen. Ich sagte erneut: ›Wir können nach drüben gehen, da liegt Ihre Tochter, Sie können sie noch mal sehen.‹ Sie blickte mich jetzt sehr klar an und antwortete: ›Ja, ich will sie sehen.‹«

## Überbringung einer Todesnachricht

Bei einem plötzlichen Tod wird die Nachricht meistens persönlich von der Polizei überbracht, oft mithilfe der Notfallseelsorge. Wenn jemand im Krankenhaus oder im Heim verstirbt, erfolgt ein Anruf. Die Zugehörigen müssen diese Nachricht danach im nahen Familien- und Freundeskreis weitergeben.

In einer Krise ist unsere Fähigkeit, Informationen zu verarbeiten, eingeschränkt. Auch wenn Leute bejahen oder nicken, ist das kein sicheres Zeichen, dass sie verstanden haben. Auch die Sprachfähigkeit ist in einer Krise eingeschränkt. Das heißt, wir brauchen Zeit, müssen nachfragen können, manchmal auch immer wieder das Gleiche, und wir brauchen Menschen, die bei uns sind und das aushalten.

Grundsätzlich ist es besser, eine Todesnachricht in Person statt am Telefon zu überbringen, aber manchmal lässt es sich leider nicht vermeiden. Wenn ihr in die Situation kommt, dass ihr eine Todesnachricht am Telefon überbringen müsst, solltet ihr Folgendes beachten:

1. Vergewissert euch, ob wirklich die Person am Telefon ist, die ihr sprechen wollt. Auch wenn ihr die Nummer eingespeichert habt, kann es sein, dass eine Freundin oder das Kind das Gespräch entgegennimmt.
2. Sagt, wer ihr seid.
3. Fragt, wo die Person gerade ist. Wenn sie in einer ungünstigen Situation ist, bittet sie, an einen ruhigen Ort zu gehen. Wenn sie zum Beispiel mit dem Auto fährt, bittet sie, rechts ranzufahren.
4. Sagt die Nachricht klar und deutlich. »Ich muss dir etwas Schlimmes sagen. XY hatte einen Unfall. XY ist tot.«
5. Bleibt dran, auch wenn die andere Person nichts sagen kann.

6. Klärt, was jetzt möglich ist: Kann Abschied genommen werden? Soll jemand vor Ort angesprochen werden zur Unterstützung? Was könnten die nächsten Schritte sein?
7. Bevor ihr das Gespräch beendet, fragt, ob die Person allein klarkommt.
8. Vereinbart gegebenenfalls einen Rückruf zu einer bestimmten Zeit.

### Sarah

»Als ich den Anruf von Thomas' Freundin bekam, dass er gestorben war, sprang ich sofort ins nächste Taxi und fuhr zum Krankenhaus. Auf dem Weg dorthin informierte ich Thomas' Bruder. Dabei machte ich einen Fehler. Ich fragte nicht, wo er gerade war. Daher berichtete ich ihm von Thomas' Tod, während er in der Schlange im Drogeriemarkt stand, mit Dingen im Korb, die er für ihn kaufen wollte. Ich sagte ihm, er solle die Mutter der beiden holen und dann mit ihr ins Krankenhaus kommen. Er bestätigte, dass er sich auf den Weg machen würde, und wir legten auf. Zehn Minuten später rief er mich wieder an: ›Entschuldige, ich muss noch mal fragen‹, sagte er, ›hast du mir gerade erzählt, dass mein Bruder tot ist, stimmt das wirklich?‹

Er hatte mich gehört, aber trotzdem nicht verstanden. Ich bestätigte, was ich zuvor gesagt hatte. Erst bei diesem zweiten Telefonat konnte die Nachricht zu ihm durchdringen.«

## Wenn man Trauer messen könnte

Menschen scheinen oft Punkte zu suchen, um die Schwere eines Verlustes zu messen. Deshalb fragen wir reflexhaft Dinge wie: »Wie alt war sie denn?«, »War er krank?«, »Hattet ihr noch viel Kontakt?«

### Sarah

»In meinem Trauercafé gab es einmal eine Vorstellungsrunde, als gerade viele Teilnehmende da waren, die eine Partnerperson verloren hatten. Eine Frau stellte sich vor und erwähnte, dass sie 32 Jahre mit ihrem Mann verheiratet gewesen war und dass der Verlust für sie deshalb besonders schwer wiege. Die Nächste erklärte, dass ihre Ehe 38 Jahre gehalten hatte und die Nächste warf gleich darauf 42 Jahre Beziehung in die Waagschale. Die Witwen übertrumpften sich, als würde die Dauer ihrer Partnerschaften etwas über das Gewicht ihrer Trauer aussagen.«

Tatsächlich ist Trauer um einen Verlust nicht messbar. Aber wir versuchen es immer wieder. Denn wenn wir etwas messen können, dann können wir es kontrollieren und sind der Situation nicht so ohnmächtig ausgeliefert. Wie beruhigend wäre es, wenn wir sagen könnten, »Ja, das ist schlimm, das sind 17,5 Punkte auf der Trauerskala. Um damit umzugehen, machen wir Folgendes …« Dann hätten wir die Dinge ein bisschen besser im Griff, dann könnten wir sie ein bisschen besser einschätzen. Aber so ist es nicht.

Den Verlust und den Tod kleinzureden, hilft nicht, und es funktioniert auch gar nicht, im Gegenteil. Manche Leute sagen: »Sie war schon alt und hatte ein erfülltes Leben«, »Sei froh, dass er nicht mehr leiden muss«, »In den letzten Jahren hattet ihr doch eh keinen Kontakt mehr«.

Natürlich trösten solche Sätze nicht. Kein Mensch war jemals weniger traurig, weil jemand gesagt hat: »Du musst nicht traurig sein.« Man kann Trauer nicht wegreden. Sie braucht ihren Platz. Denn da ist nicht nur der Schmerz des Verlustes, da ist auch die Erinnerung an den Menschen, der jetzt so fehlt, da sind alle Gefühle, die wir spüren.

Über die verstorbenen Menschen zu sprechen, Erinnerungen zu teilen, kann hilfreich und wohltuend sein. Das tut oft schon im Zusammensein direkt nach der Trauerfeier gut und auch noch nach vielen Jahren.

Um es ganz klar zu sagen: Wenn *ihr* trauert, dürft *ihr* alle möglichen Sätze sagen, die euch helfen. Wenn ihr euch damit tröstet, dass eure Omi zweiundneunzig Jahre alt war, als sie starb, dann ist das okay. Ihr solltet es aber nicht von jemand anderem hören müssen, der damit euren Schmerz bewertet. Ihr habt die Hoheit darüber, das Erlebte in eure Biografie einzuordnen. Ihr dürft euch Dinge schönreden. Ihr dürft sagen: »Wie gut, dass ich mich noch von Max verabschieden konnte«, auch wenn andere vielleicht denken, wie schlimm es ist, dass er lange leiden musste. Susannes Bruder darf glauben, dass es besser war, dass sie schnell gestorben ist und nicht lange krank sein musste. Es ist aber problematisch, wenn andere Leute euch ihre Gefühle dazu als eine Tatsache verkaufen.

## Wenn Betroffenheit belastet

### Sarah

»Der Sohn einer Freundin starb kurz vor der Geburt in ihrem Bauch. Es war für sie sehr schlimm. Natürlich, ein Kind zu verlieren, tut weh.

Heute hat sie ein gutes, ausgefülltes Leben, in dem ihre kleine Tochter, die später geboren wurde, viel Platz einnimmt, aber auch Raum bleibt für die Erinnerung an ihr erstes Kind. Bei einer Feier kam das Thema Kindstod auf. Eine Frau sagte: ›Nein, das ist ja furchtbar, so etwas kann man nicht überleben! Einen Partner kann man vielleicht verlieren, aber nicht ein Kind.‹

Meine Freundin kam später ganz wütend zu mir: ›Ich habe also etwas überlebt, was man nicht überleben kann. Bin ich jetzt ein Arsch, weil ich nicht mitgestorben bin?‹«

## Katrin

»Wenn ich in einem Gespräch gefragt werde, wie viele Kinder ich habe, muss ich kurz über meine Antwort nachdenken. Manchmal sage ich: ›Zwei‹, aber das ist nicht ganz richtig, denn ich habe zwei Söhne und eine Tochter. Meine Tochter starb im Alter von sechs Monaten. Ich spreche gern von ihr, aber ich weiß auch, dass dieses Thema viele Menschen sehr betroffen macht. Je nach Situation und Gesprächspartner versuche ich, im Bruchteil einer Sekunde zu entscheiden, ob die Geschichte vom Tod meiner Tochter mein Gegenüber oder mich in Verlegenheit bringen könnte oder ob sie ihren Platz haben darf.

Ich kann mit großer Betroffenheit nicht gut umgehen. Manche Menschen sind so hilflos, wenn ich vom Tod meiner Tochter erzähle, dass ich das Gefühl habe, *sie* trösten und beruhigen zu müssen. Ich sehe Entsetzen in ihren Gesichtern, manchmal folgt ein abrupter Themenwechsel oder ein verunsichertes Schweigen. Es fällt mir dann schwer, darauf zu reagieren. Ich spüre eine Verantwortung, andere Leute nicht zu schockieren, und überlege mir deshalb meine Antwort ganz genau.

Der Tod meiner Tochter gehört zu meinem Leben, und ich würde mir mehr Normalität im Gespräch darüber wünschen. Ich verstehe, dass Menschen betroffen reagieren, weil sie nicht wissen, was sie sagen sollen. Oft macht meine Geschichte Angst, weil sie sich vorstellen, dass ihnen Ähnliches passieren könnte. Aber wenn ein offenes Gespräch entsteht, könnte das die Angst mildern, weil die Menschen dann sehen, dass ich mit dem Verlust meiner Tochter leben kann.«

Wenn wir trauern, brauchen wir andere Menschen, die uns aushalten können, so wie wir gerade sind. Wir brauchen Menschen, die da sind, ohne uns reparieren oder zurechtrücken zu wollen.

Es ist paradox, dass die Trauer oft kleiner oder größer gemacht wird im Versuch zu trösten, nur selten darf sie einfach so sein, wie sie ist: wund, schmerzvoll, wütend, dankbar, liebevoll, verwirrend, taub, erleichternd und vieles mehr.

Ein Polizist informierte Sarah vor einem Einsatz als Notfallseelsorgerin über den Zustand von Mutter und Schwester eines Mannes, der bei einem Unfall ums Leben gekommen war. Er sagte, die Mutter würde es ganz gut verkraften, aber die Schwester habe es sehr mitgenommen, weil sie die ganze Zeit geweint hatte. Was heißt das? Wer weint, hat verloren? Was bedeutet, »ganz gut verkraften«? Wie soll man den Tod des eigenen Kindes in den zehn Minuten nach der Überbringung der Todesnachricht »gut verkraftet« haben?

Dennoch werden Menschen oft gelobt und als stark beschrieben, wenn sie ihre Emotionen gut regulieren können und nicht in den Kontrollverlust geraten. Aber warum sollte man nicht die Kontrolle verlieren in einer Situation, in der unsere gesamte Welt, so wie wir sie kannten, in sich zusammenfällt?

Angeblich stark oder eben beherrscht zu sein, wird oft von anderen gelobt, weil es den Umgang für die Begleitenden sehr viel einfacher macht. Dann kann man sich mit Inhaltlichem beschäftigen und muss sich nicht mit den Gefühlsausbrüchen auseinandersetzen. Viele Trauernde haben verinnerlicht, dass sie nicht anstrengend für ihr Gegenüber sein wollen. Dazu müssen sie aber ihre Gefühle stets unter Kontrolle haben, was ihnen oft gar nicht guttut. Andere wollen ihre Gefühle nicht mitteilen und machen sie lieber mit sich allein aus. Auch das ruft in unserer Gesellschaft oft Misstrauen hervor. »Die trauert gar nicht«, sagen die Leute, wenn die junge Witwe lachend mit den Kindern durch den Garten tobt. Dabei sieht niemand, dass sie sich jeden Abend in den Schlaf weint. Wohldosierte Trauer zu zeigen, wird erwartet nach einem Verlust. Es darf nur nicht zu viel sein, aber auch nicht zu wenig.

In einer Gesellschaft, in der wir oft die schlechteste Version von uns selbst mit der besten Version der anderen vergleichen, wie die Psychotherapeutin Nesibe Özdemir sagt, ist es schwer geworden, sich einander zuzumuten.

Und liegt doch da auch die Kraft und Schönheit menschlicher Beziehung: einander auszuhalten, auch wenn wir schreien und toben, weinen oder erstarren – auszuhalten und da zu sein. Nicht reparieren wollen oder gute Ratschläge geben, sondern anerkennen, dass dieser Verlust uns gerade an die Grenzen bringt und wir verzweifelt sein dürfen. Erst wenn Gefühle einen Platz haben und die Erlaubnis, sich auszubreiten, können sie angesehen werden und sich dadurch verändern.

Ja, es ist anstrengend, einen Menschen zu verlieren, der uns wichtig war. Aber was wäre, wenn es nicht so wäre? Wenn wir einfach weitermachen könnten, ohne Tränen, Schmerz und Verlustgefühl? So verlockend, wie es sich im ersten Augenblick vielleicht anhören mag – wir haben noch nie mit Trauernden gesprochen, die sagten: »Ach ja, das wäre toll.« Die meisten Menschen spüren, dass Trauer etwas Wichtiges ist, etwas, das zur menschlichen Erfahrung dazugehört.

## Wusstet ihr schon?

Natürlich sind alle Menschen unterschiedlich in ihrer Trauer und ihren Reaktionen. Wenn ihr unsicher seid, ob ihr das Richtige sagt oder tut, könnt ihr sie einfach fragen. Trauernde können euch sagen, was sie brauchen.

Bei einigen Bestattungen wird ein Kondolenzbuch bereitgelegt, in dem Trauergäste unterschreiben können, um ihre Anteilnahme auszudrücken. Das Wort »Kondolenz« besteht aus den beiden lateinischen Wörtern *con* und *dolore* und bedeutet, »den Schmerz mitempfinden«.

Ihr könnt eure Anteilnahme auch mit einer Beileidskarte ausdrücken. Wenn ihr möchtet, bastelt sie selbst oder schreibt einen Brief. Ihr könnt auch Blumen schicken, Suppe kochen, den Rasen mähen oder bei der Kinderbetreuung helfen.

## Warum ist das wichtig?

Dasein mit dem Herzen, Zuhören, auch wenn ihr nicht alles versteht, darauf vertrauen, dass eure Beziehung trägt, aushalten, dass es keinen schnellen Trost gibt – all das ist wichtiger, als etwas zu sagen. Und wenn ihr die Worte nicht findet, die euch passend erscheinen, könnt ihr der trauernden Person auch genau das sagen. Das Mitgefühl wird ankommen, auch wenn die Worte nicht perfekt sind.

Katrin

# WIE EINE LÄSTIGE MÜCKE

Ich ging noch zur Schule, als mein Papa starb. Es war das erste Mal, dass ich mit dem Tod in Berührung kam. Ich hatte keine Ahnung, was es bedeutete und wie ich mit meinem Schmerz und der Trauer umgehen sollte.

Auch meine Mama wusste es nicht. Sie wuchs in einem Umfeld auf, wo über Gefühle wie Trauer, Schmerz und Angst wenig gesprochen wurde. Als ihr Mann, mein Papa, starb, war sie mit dieser Situation überfordert. Sie konnte ihre eigene Trauer kaum ertragen und wollte für uns Kinder, für meinen Bruder und mich, stark sein.

Wenn ihr die Tränen in die Augen stiegen, versuchte sie, sie herunterzuschlucken. Meistens drehte sie sich schnell weg und winkte mit der Hand ab. Es sah fast so aus, als wollte sie ihre Trauer verscheuchen wie eine lästige Mücke. Sie sagte dann Sätze wie: »So, ist gut jetzt! Schluss damit! Uns geht es doch gut.« Danach lächelte sie gezwungen und begann mit hektischen Bewegungen, irgendetwas abzuwischen oder wegzuräumen.

Als Jugendliche irritierte und verunsicherte mich das. Ich wusste nicht, wie ich darauf reagieren sollte. Sie war offensichtlich traurig, aber ich traute mich nicht, sie in den Arm zu nehmen. Meiner Mutter war es furchtbar peinlich, vor anderen zu weinen. Sie schämte sich dafür. Ich konnte sehen, dass sie mit sich kämpfte, um es zu verstecken. Also ließ ich sie in Ruhe und zog mich zurück.

Wenn mein Bruder oder ich traurig wurden, spürte ich, wie sehr das meiner Mama leidtat, aber auch, wie unangenehm es ihr war. Dann versuchte sie, uns schnell aufzumuntern mit Sätzen wie: »Das ist nur eine Phase, das geht vorbei«, »Da müssen wir jetzt durch«, »Ich weiß, ihr schafft das!« Diese Sätze machten mich damals wütend. Ich wusste nicht genau, warum, aber in mir sträubte sich alles dagegen. Ich wollte es nicht *schaffen*! Mein Papa war tot, und ich wollte lieber schreien und weinen.

Heute verstehe ich, dass meine Mama uns beschützen wollte. Sie wollte uns Schmerz und Trauer ersparen. Sie dachte, dass Durchhalteparolen und Ablenkung uns Trost spenden könnten und dass es helfen würde, unsere Gefühle wegzuschieben. Also wiederholte sie diese Sätze auch für sich selbst immer und immer wieder.

Es war unangenehm, über Papas Tod und über unseren Verlust zu sprechen, also sprach ich nicht mehr darüber. Und weil ich niemanden mit meiner Traurigkeit belasten wollte, weinte ich auch nicht mehr. Meine Mama sollte auf mich stolz sein. Um ihr zu zeigen, wie stark ich war und wie gut ich das alles »wegstecken« konnte, glänzte ich mit schulischen Leistungen.

Damals habe ich noch nicht verstanden, was diese Haltung mit mir machte. Heute weiß ich, dass ich mich immer mehr von meinen Gefühlen entfernt habe, obwohl der Schmerz weiter in mir rumorte. Ich sah nur nicht mehr hin. Mit jedem neuen Verlust veränderte sich etwas in mir. Ich sah Freundinnen, wie sie offen weinen konnten, und ermutigte mich loszulassen. Das erlernte Verhalten, meine Tränen anzuhalten und wegzudrücken, baute ich nach und nach ab. Es brauchte sehr lange und dauert noch an. Ich hatte solche Angst, dass jemand meine Tränen sieht. Ich war aufgewachsen damit, dass sie ein Zeichen der Schwäche sind, von Nichtfunktionieren, und andere belasten. Wie befreiend es sein kann, ausgiebig zu weinen, weiß ich erst jetzt. Ich wünschte, meine Mama hätte diese Erfahrung auch machen können. Wie gerne hätte ich sie dabei in den Arm genommen, hätte mit ihr gemeinsam geweint und die Trauer geteilt. Leider hatte meine Mama keine Freundinnen oder andere Vorbilder, die ihr vorleben konnten, wie natürlich und entlastend das sein kann.

Es ist eine große Hilfe und ein Glück, wenn wir Menschen an unserer Seite haben, die unser Weinen unkommentiert aushalten und einfach da sind. Menschen, die es uns erlauben, schwach zu sein, und uns das Gefühl geben, nicht funktionieren zu müssen. Mir tut es sehr leid, dass meine Mama, ohne diese Erfahrung machen zu können, gestorben ist.

## WAS PASSIERT NACH EINEM PLÖTZLICHEN TOD?

Es kann passieren, dass ein Mensch ganz unerwartet und plötzlich stirbt, zum Beispiel, weil er einen Herzinfarkt oder einen Unfall hatte oder weil er sich das Leben genommen hat.

Wenn ein Mensch verunfallt ist, getötet wurde oder sich selbst getötet hat, fängt die Polizei an zu ermitteln. Auch wenn ein Mensch ganz überraschend zu Hause gestorben ist und medizinisches Fachpersonal die Todesursache nicht feststellen kann, muss die Polizei gerufen werden. Die verstorbene Person gilt dann als »Beweisstück« und wird von der Polizei mitgenommen. Das heißt, »der Körper wird beschlagnahmt«, man kann auch sagen, »in Obhut genommen«. Der verstorbene Mensch wird in die Gerichtsmedizin gebracht und ist für ein paar Tage nicht erreichbar.

In der Gerichtsmedizin erfolgt eine weitere Leichenschau, und die Staatsanwaltschaft kann eine Obduktion anordnen, wenn es Zweifel an der Todesursache gibt. Bei einer Obduktion werden alle Körperhöhlen geöffnet, der Brust- und Bauchraum und auch der Schädel. Alle Organe werden untersucht und anschließend wieder in den Körper gelegt. Die Öffnungen werden sorgfältig wieder durch Nähte verschlossen.

Es ist möglich, Verstorbene danach noch einmal zu sehen und zu versorgen. Eine Obduktion ist kein Hinderungsgrund für eine Abschiednahme. Ihr solltet nur wissen, dass Nähte auf dem Körper und dem Kopf zu sehen sein werden.

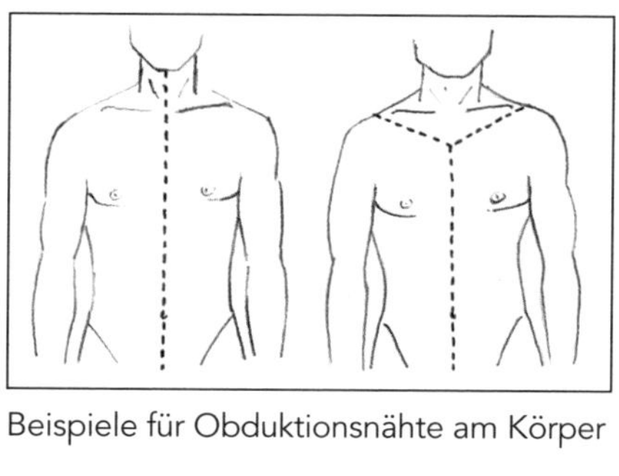

Beispiele für Obduktionsnähte am Körper

Es wird später einen Obduktionsbericht geben, in dem alle Ergebnisse der Untersuchungen, toxikologische Befunde oder Ähnliches aufgelistet sind. Diesen könnt ihr bei der Staatsanwaltschaft beantragen, wenn ihr in verwandtschaftlichem Verhältnis zur verstorbenen Person steht oder eine Vorsorgevollmacht habt, die über den Tod hinaus gilt. Es kann bis zu 16 Wochen dauern, bis ihr den Bericht bekommt. Nicht immer enthält er klärende Informationen, manchmal bleiben Dinge auch ungewiss.

Die Zeit, in der der verstorbene Mensch plötzlich nicht mehr erreichbar ist, ist für die Zugehörigen oft eine schmerzhafte Erfahrung. Sie fühlen sich oft doppelt ausgeliefert, denn schon der Tod eines nahen Menschen macht ohnmächtig. Wenn dann auch noch Behörden über den Körper des Menschen verfügen und ihn wegnehmen, kann das sehr belastend sein.

Sich der verstorbenen Person weiterhin nah zu fühlen, ist den Zugehörigen oft ein großes Bedürfnis. Verbindende Rituale können dabei helfen, diese Zeit auszuhalten.

Ihr könnt zum Beispiel jeden Abend eine Kerze ins Fenster stellen oder ein Kleidungsstück eures verstorbenen Menschen anziehen, das euch mit ihm verbindet. Wenn ihr mögt, könnt ihr euch schon einmal überlegen, welche Kleidung dem Verstorbenen im Sarg angezogen werden soll. Ihr könnt euch Gedanken über die Trauerfeier machen, Musik hören und auswählen, die euch selbst oder der verstorbenen Person viel bedeu-

Kerzen ins Fenster stellen (Filmstill)

tet. Das alles kann helfen, den Tod zu begreifen, auch wenn der verstorbene Mensch nicht greifbar ist.

Wenn die Untersuchung der verstorbenen Person in der Gerichtsmedizin abgeschlossen ist, wird sie freigegeben. Das heißt, das Bestattungsunternehmen darf sie abholen. Danach könnt ihr in Absprache mit den Bestattenden eine Abschiednahme oder auch eine Versorgung planen.

Wenn jemand plötzlich stirbt, ist es oft schwerer zu begreifen, dass dieser Mensch tot ist. Deshalb kann es gerade nach einem Unfall oder wenn sich jemand selbst getötet hat für die Zugehörigen sehr wichtig sein, ihre Toten noch einmal zu sehen und sich in Ruhe von ihnen zu verabschieden.

## Was tun bei Verletzungen?

Begreifen hat etwas mit Anfassen zu tun. Wenn jemand im Hospiz gestorben ist, wird den Zugehörigen immer eine Abschiednahme angeboten, das gehört zum palliativen Gedanken dazu. Aber wenn jemand durch einen Unfall oder durch Suizid gestorben ist, raten viele Leute sehr schnell und vehement von einer Abschiednahme ab. Groß ist die Angst, dass sich schlimme Bilder im Kopf festsetzen könnten. Oft wird dann gar nicht mehr weitergedacht, wie eine Abschiednahme dennoch möglich sein könnte. Bestattende sind hier teilweise nicht hilfreich, weil manche eine Abschiednahme schlicht ablehnen und dazu raten, den verstorbenen Menschen so in Erinnerung zu behalten, wie man ihn gekannt hat. Andere ängstigen die Zugehörigen mit vagen Beschreibungen oder gruseligen Geschichten, sodass diese von sich aus darauf verzichten, ihren Menschen noch einmal nahe zu kommen.

»Der Bestatter hat verboten, dass ich meinen Vater noch mal sehen kann. Ich bin heute noch traurig, dass ich mich nicht gewehrt habe, aber ich konnte es damals einfach nicht«, erzählte ein Mann.

»Zu uns hat der Bestatter gesagt, sie würde nicht mehr so gut aussehen und das würde sicher traumatisierend werden«, erzählt eine Frau. »Er hat tatsächlich gesagt: ›Das wollen Sie nicht sehen.‹ Da dachten wir, dass es besser sei, nicht noch mal zu ihr zu gehen.«

Dieses Abraten geschieht nicht aus Bosheit, sondern oft aus eigener Überforderung und dem fehlenden Vertrauen, dass Zugehörige mit ausreichend Informationen und guter Begleitung sehr wohl selbst entscheiden können, ob sie die verstorbene Person noch einmal ansehen wollen.

Wie aber können Abschiednahmen möglich sein, wenn Menschen sehr verletzt sind? Was ist wichtig, um Zugehörigen bei der Entscheidung für oder gegen eine Abschiednahme zu helfen, wenn sie unsicher sind?

## Abschiednahme bei verletzten Verstorbenen

Jan Möllers, Bestatter

Jan ist seit zwanzig Jahren Bestatter. Ein Schwerpunkt seiner Arbeit ist es, Menschen bei Abschiednahmen zu begleiten, deren nahe Menschen durch einen Suizid oder Unfall verstorben sind. Wir haben über dieses Thema mit ihm gesprochen.

**Sarah:** »Was denkst du über die Angst vor schlimmen Bildern?«
**Jan:** »Wenn ein Mensch schwer verletzt gestorben ist, dann rufen die Informationen, die die Zugehörigen über die Art des Sterbens erfahren haben, schwere und belastende Bilder im Kopf hervor. Eine Abschiednahme, Zeit mit der verstorbenen Person, ist eine Chance, weitere Bilder zu bekommen, die neben dem Schmerz über den Tod und die Verletzungen auch Raum für Erinnerungen an diesen einzigartigen Menschen bieten.
Die Schreckensbilder in der Fantasie oder die Erfahrung, einen Menschen tot aufgefunden zu haben, sind oft schlimmer als die Realität eines liebevoll versorgten und gebetteten toten Körpers mit verbundenen Verletzungen. Selbst wenn große Wunden das Aussehen des Toten verändert haben, können diese verbunden oder abgedeckt werden. Oft reicht es, eine Hand oder sogar eine Haarlocke zu sehen, um sich zu vergewissern: ›Ja, das ist mein verstorbener Mensch‹, um dann in Ruhe Abschied zu nehmen.

Ich glaube, Trauernde brauchen zum Weiterleben auch innere Bilder des Sterbens ihrer Toten. Es ist nicht hilfreich, wenn da einfach nur ein schwarzes Loch in der eigenen Geschichte klafft oder alles im Nebel von Schock und Schmerz verborgen bleibt. Bei einem gewaltsamen Tod sind das auch schwere und traurige Bilder. Es müssen aber nicht ausschließlich überwältigende Bilder des Schreckens sein oder bleiben. Durch eine Abschiednahme und eine innere Beschäftigung mit dem Sterben können Trauernden andere Bilder zur Seite gestellt werden, die auch Ansatzpunkte

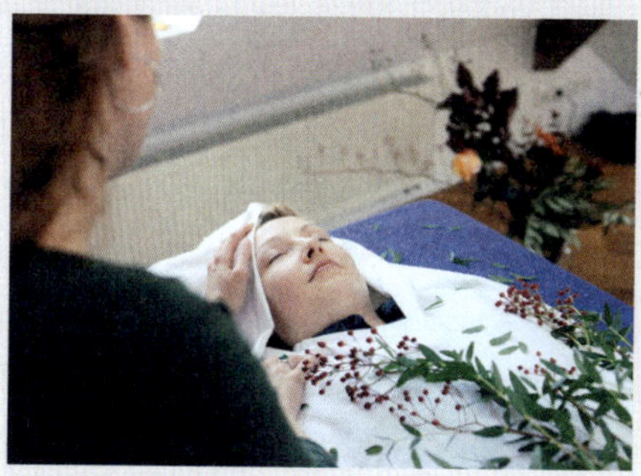

Nur ein Teil des Körpers ist zu sehen

für Verbundenheit und so etwas wie Liebe haben. Das ist oft ein jahrelanger Prozess, in dem Erfahrungen rund um den Tod dieses Menschen bearbeitet, gedeutet und in die Art, wie ich mich, die Welt und meinen Verstorbenen sehe, einsortiert werden. Deshalb ist es wichtig, dass es auch Erfahrungen mit dem Sterben und dem toten Körper gibt, die nicht nur überwältigend schrecklich sind.«

**Sarah:** »Was ist wichtig für eine hilfreiche Abschiednahme?«
**Jan:** »Ich fange mal bei den äußeren Bedingungen an: Eine sichere und unterstützende Situation bei der Abschiednahme ist sehr wichtig. Damit meine ich auch so Grundsätzliches wie einen hellen, freundlichen, warmen und ungestörten Raum. Zugehörige brauchen genug Zeit. Sie müssen die Möglichkeit haben, sich in ihrem Tempo ihren Verstorbenen zu nähern, sodass sie auch erst mal in der Tür stehen bleiben können und dann Schritt für Schritt auf ihre Weise in Kontakt kommen. Gerade auch Kinder. Anders als man vermuten könnte, ist das kein Moment, um Menschen, egal welchen Alters, an die Hand zu nehmen und ihnen den Weg zu zeigen. Sich gegenseitig an der Hand zu halten, kann total hilfreich sein, aber jede muss selbst entscheiden, wie und wann sie sich den Verstorbenen nähern will.
Es ist wichtig, dass jemand da ist, der ermutigen kann, falls Zugehörige unsicher sind, ob sie zum Beispiel ihre Verstorbenen anfassen dürfen oder wenn sie Fragen haben. Dazu gehört auch, vor der Abschiednahme zu überlegen, welche Informationen die Zugehörigen vorab brauchen, wie man den Raum vertrauter gestalten kann, zum Beispiel durch Bilder oder Musik – also alles, was unterstützen und stabilisieren kann.
Am besten ist es, wenn die Begleitenden auch die Totenfürsorge gemacht haben und Fragen zu Verletzungen beantworten können. Denn eine gute Totenfürsorge ist wichtig. Also Schmutz und Blut abzuwaschen

und Wunden zu versorgen und zu verbinden. Die meisten Zugehörigen entscheiden sich dazu, die erste Grundversorgung den Bestattenden zu überlassen und kommen dann selbst dazu, wenn die Verstorbenen gewaschen und die Wunden verbunden sind. Da gibt es aber auch Ausnahmen. Menschen spüren eigentlich sehr genau, was ihnen guttut und an welchem Punkt sie dazukommen möchten.«

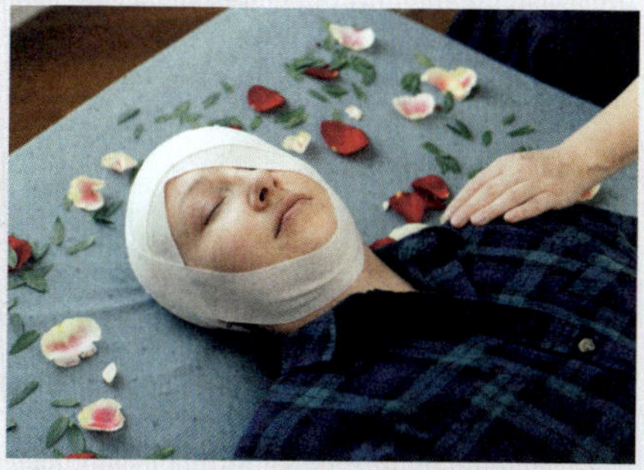

Verbundene Wunden bei Verletzungen

**Sarah:** »Wie gehen denn Zugehörige mit den Spuren der Verletzungen um?«

**Jan:** »Es ist natürlich schwer, einen großen Verband am Kopf zu sehen oder zu wissen, dass Knochen gebrochen sind und dies womöglich auch zu spüren, zum Beispiel, wenn man die Hand seines Toten in die eigenen Hände nimmt. Aber es ist eben auch die Chance, dass der Körper meines Verstorbenen nicht zuletzt von einem Lkw berührt wurde, der ihn beim Abbiegen übersehen hat, sondern dass es liebevolle Berührungen durch Zugehörige sind, die der Gewalt etwas entgegen- oder zumindest zur Seite stellen können.

Ich habe noch nie erlebt, dass Zugehörige, die gut begleitet, eingestimmt und vorbereitet sind, geschockt von Verletzungen waren. Statt der befürchteten Schreckensbilder finden Zugehörige oft Verstorbene vor, die überraschend friedlich und heil aussehen. So ganz anders als erwartet. Dann kann es sogar wichtig sein, noch einmal explizit nach den Verletzungen zu schauen, die zum Beispiel unter dem T-Shirt verdeckt sind.«

So kann es aussehen, wenn man eine verstorbene Person in ein Laken hüllt. Berühren und Streicheln ist möglich, auch wenn ihr euch gegen ein Anschauen entscheidet.

**Sarah:** »Was findest du noch wichtig?«

**Jan:** »Die Trauerbegleiterin Chris Paul sagt, dass Suizid eine Art ist zu sterben. Diesen Satz finde ich wichtig und auch bei allen anderen gewaltsamen Todesarten zutreffend. Ein Mensch ist gestorben, und andere trauern um ihn. Die Todesumstände sind nur ein Teil der Lebensgeschichte, und alles andere ist auch wichtig. Ein Mensch ist viel mehr als die Art, wie er gestorben ist. Das fühlt sich gerade in den ersten Tagen oft anders an. Da überlagert der Schrecken alles. Umso wichtiger sind Dinge, die auch sonst Trauernden guttun: von der verstorbenen Person – und eben nicht nur von ihrem Sterben – zu erzählen, Sargbeigaben auszusuchen, Lieblingsmusik zu hören. Alles, was hilft, um zu begreifen: Dieses Leben ist zu Ende, aber das, was dieser Mensch für mich bedeutet, lebt mit mir weiter. Trauern eben.«

### Wusstet ihr schon?

Auch wenn die verstorbene Person beschlagnahmt wird, könnt ihr die Polizei fragen, ob ihr noch einen kurzen Moment in Ruhe bei eurem toten Menschen bleiben dürft, bevor er abgeholt wird. Oft ist das möglich, und es kann sehr guttun.

Ihr könnt auch die Polizei oder die Feuerwehr bitten, die Notfallseelsorge zu rufen. Das sind geschulte Personen, die nur für die Zugehörigen da sind. Wenn ihr wollt, können sie den Verstorbenen auch mit euch gemeinsam verabschieden. Sie können euch zuhören und so lange bleiben, bis ihr ein wenig zur Ruhe gekommen seid.

### Warum ist das wichtig?

Wenn ein Mensch plötzlich gestorben ist, dann ist das immer erst mal ein Schock. Gerade dann ist es besonders wichtig, dass ihr euch so verabschieden könnt, wie es euch guttut. Der Mensch, der gestorben ist, sollte immer wichtiger sein als die Art seines Todes.

Sarah

# EIN STÖRRISCHER KLEINER WIRBEL

Heide war plötzlich in ihrer Wohnung gestorben und lag dort tot einige Tage in ihrem Bett. Ihre Kinder wurden unruhig, als sie sie nicht erreichen konnten. Die Polizei wurde gerufen, Heides Körper wurde beschlagnahmt, und ihre Tochter rief mich an. Wir verabredeten uns bei ihr zu Hause. Die Geschwister und deren Partnerpersonen waren auch da. »Wir wollen sie noch mal sehen. Aber geht das denn?«, war so ziemlich das Erste, was die Kinder fragten.

»Ich werde sie erst mal für euch anschauen, und dann besprechen wir uns«, sagte ich ihnen, denn ich hätte nur Vermutungen anstellen können, aber sicher konnte niemand sagen, was Zeit, Temperatur und Umstände mit Heides Körper gemacht hatten.

Als ich Heide gesehen hatte, führte ich ein Gespräch mit ihrer Tochter. Ich erzählte ihr, dass sich Heides vormals helle Haut stark dunkel verfärbt hatte und dass ihr Körper teilweise ausgetrocknet war. Sie stellte mir Fragen, und ich ließ ihr Zeit, ihre Bedürfnisse zu spüren. Sie besprach sich mit den Geschwistern, und sie entschieden sich dann dazu, Heide nicht noch einmal zu sehen, aber sie wollte ihr unbedingt noch einmal nahe kommen. Ich schlug vor, dass ich sie in ein Tuch einwickeln würde, dann könnten die Kinder noch einmal bei ihr sein und sie berühren. Sollten sie das Bedürfnis haben, das Tuch zurückzuschlagen, würden wir das auch tun.

Es ist meines Erachtens wichtig, dass die Zugehörigen immer entscheiden können, was getan wird. Ich als Bestatterin muss sie aber in die Lage versetzen, dass sie diese Entscheidung treffen können, ohne überfordert zu sein. Dazu gehört, die Verletzungen oder Veränderungen des Körpers klar, aber nicht gruselig und ohne Bewertung zu kommunizieren. Stimmklang und Gesichtsausdruck spielen hier eine große Rolle. Es ist ein Unterschied, ob ich mit banger Stimme und unsicherem Blick sage: »Na ja, es sieht schon ziemlich schlimm aus, der Kopf ist ganz anders, also, ich glaube, das wollt ihr so nicht sehen.« Oder ob ich ruhig und sicher sage: »Der Kopf ist an einer Stelle verletzt, daher gibt es eine Einbuchtung nach innen, aber die Stelle können wir einfach abdecken, und ihr könnt die unverletzte Seite des Gesichts sehen.« Dann können Zugehörige überlegen, was sich für sie gut anfühlt, und das kann dann geschehen.

Die Kinder von Heide wären unter anderen Umständen gerne bei der Versorgung dabei gewesen, aber in diesem Falle entschieden sie sich dafür, dass ich sie mit meiner Kollegin und meinem Kollegen in ihrem Namen noch einmal waschen würde.

Danach hüllten wir sie in eine Decke und ein Laken ein, sodass gut erkennbar war, wo ihr Kopf und wo ihre Hände waren. Ihre Haare konnten wir waschen, und so ließ ich oben am Laken eine Lücke, aus der das vertraute graue Haar der Mutter herausschaute.

Verstorbene, die obduziert wurden, liegen meist einige Tage in der Kühlung der Gerichtsmedizin in einer Plastikhülle. Dort sammeln sich sowohl Flüssigkeiten als auch Gerüche, und es ist uns immer ein großes Bedürfnis, die Verstorbenen schnell aus der Hülle zu befreien. Oft lassen sich dann Gerüche mit einer Dusche oder einer Waschung beseitigen. Natürlich funktioniert das nicht, wenn der Körper schon sehr verändert ist und die Verwesungsprozesse fortgeschritten sind. Aber es gibt verschiedene Möglichkeiten, auch diese Gerüche einzudämmen, von Kräutern über ätherische Öle bis hin zu chemischem Pulver aus dem Bestattungsfachhandel. Bei Heide nutzten wir eine Kombination aus mehreren Mitteln, und als ihre Kinder zur Abschiednahme kamen, war der Geruch nicht mehr störend.

Heides Tochter erinnert sich:

»Viele Tage tot zu Hause, dazu die Obduktion und eine lange Woche in Gewahrsam. Natürlich hatte ich Angst, meine Mutter zu sehen. Angst vor schrecklichen Bildern, die verhindern würden, sie in Erinnerung zu behalten, wie sie als lebendiger Mensch war.

Sarah bot uns an, Heide anzuschauen, und machte uns Vorschläge, wie der Abschied gestaltet werden könnte.

Der Vorschlag, Heide vorsichtig in ein weiches, schönes Tuch zu wickeln, damit wir ihr in einem großen Raum mit vielen Kerzen näher kommen können – oder auch nicht –, war gut für uns. Wir verabredeten einen Termin für die Abschiednahme. In jedem Moment hatten wir jedoch Zeit, Raum und die Möglichkeit, in uns hineinzuhören, um zu entscheiden, ob und wie wir uns verabschieden wollten. Das war eine große Erleichterung, denn ich hatte keinen Mut, keine Kraft, Entscheidungen im Voraus zu treffen. Schritt für Schritt zu gehen, das war möglich.

Es war November, kalt, Nieselregen, schon dunkel, als die Türe zu dem Raum sich öffnete. Viele, viele Kerzen brannten, es war warm, ich stürmte förmlich zu dem Sarg, noch mit all meinen Tüten in der Hand. Ich wollte Heide ganz nah sein, sofort.

Sarah hatte Heide so schön eingehüllt, so liebevoll, ein kleines Büschel Haare schaute aus dem feinen, weichen Stoff. Das passte so gut zu meiner Mutter, ein störrischer kleiner Wirbel. Wir konnten sie berühren, streicheln, küssen, spüren, durch das weiche Tuch, ohne Angst.

Es war der vielleicht wichtigste Moment von vielen des Abschieds. Von Heide ging eine so große Ruhe aus, sie war in Frieden. Ohne diesen Moment wäre meine Trauer heute unsagbar viel schwerer. Er hat mir das sehr wertvolle Gefühl gegeben, voneinander Abschied genommen zu haben.

Im Anschluss daran haben wir die Kraft und das Vertrauen gefunden, viele Dinge zu tun, von denen wir vorher dachten, sie niemals tun zu können. Jeden einzelnen angebotenen Schritt haben wir wahrgenommen und versucht, ihn für uns und Heide zu gestalten. Es war auch eine wichtige und schöne gemeinsame Zeit für uns als Geschwister.«

# 4. ABSCHIED GESTALTEN

## WAS KÖNNT IHR BEI EINER FEUERBESTATTUNG MACHEN?

Bei einer Feuerbestattung wird der Körper des verstorbenen Menschen in einem Krematorium bei hohen Temperaturen eingeäschert und die Asche anschließend beigesetzt. In Deutschland wurden 2021 siebenundsiebzig Prozent aller verstorbenen Menschen feuerbestattet, und der Trend steigt weiter an.

Es ist möglich, am Anfang einer Feuerbestattung, wenn der Sarg ins Feuer gefahren wird, dabei zu sein. Für einige mag diese Vorstellung merkwürdig sein. Für andere ist es wichtig, den Körper der verstorbenen Person zu begleiten, wenn er zu Wärme, Licht und Asche wird.

In den meisten Krematorien gibt es einen Raum oder eine Feierhalle, wo der Sarg zuvor aufgebahrt werden kann. Hier könnt ihr mit anderen Zugehörigen zusammenkommen. Jemand kann etwas vorlesen, eine Rede halten, Musik spielen, oder ihr könnt gemeinsam schweigen, ähnlich wie bei einer Trauerfeier zur Beisetzung.

In manchen Krematorien ist der Raum etwas kleiner und schlichter als in einer Kapelle oder Kirche, aber er kann auch freier und privater genutzt werden. Ihr könnt dicht am Sarg stehen oder Stühle im Kreis aufstellen. Wenn ihr nur eine kleine Gruppe mit den engsten Zugehörigen seid, könnt ihr näher zusammenrücken und den Abschied etwas intimer gestalten als bei einer großen Trauerfeier mit vielen Gästen.

Bevor der Sarg zum Ofen getragen wird, habt ihr die Gelegenheit, ihn zu gestalten. Ihr könnt Grüße, Wünsche oder Zitate darauf schreiben, etwas malen oder eure Handabdrücke hinterlassen.

Wenn ihr den Sarg selbst zum Ofen tragen möchtet, solltet ihr mindestens zu viert, besser zu sechst sein, oder ihr lasst euch von den Mitarbeitenden helfen.

Der Sarg wird auf eine Schiene gestellt, die zum Ofen führt. Ihr könnt den Mitarbeitenden im Krematorium Bescheid geben, wenn ihr bereit seid und euch alle verabschiedet habt.

Auf euer Zeichen hin wird die Ofenklappe geöffnet und der Sarg in das orange leuchtende Innere des Ofens geschoben. Damit möglichst wenig Hitze entweichen kann, schließt sich die Klappe sofort wieder.

Abschiedsraum im Krematorium (Filmstill)

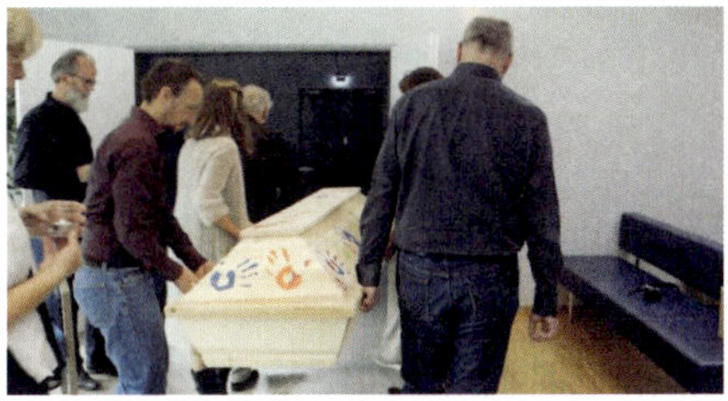

Den Sarg zum Ofen tragen (Filmstill)

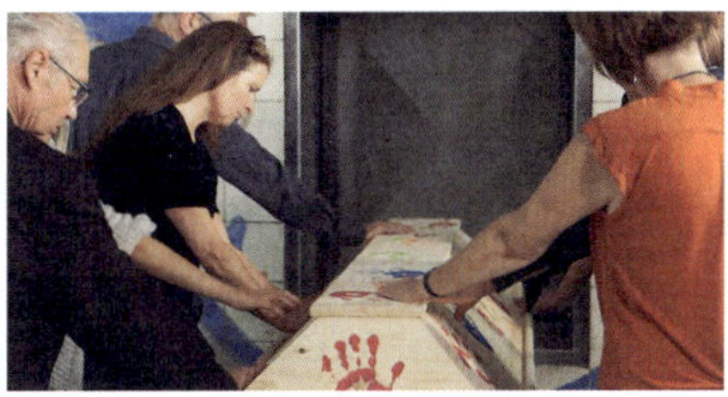

Letzter Abschied am Sarg (Filmstill)

Einfahrt in den Ofen (Filmstill)

## Sarah

Sarg mit Blättern geschmückt

»Manchmal passieren auch überraschende Dinge bei der Einäscherung. Eine Familie, die ich begleitet habe, hatte um den Sarg der Mutter Zweige und Herbstblätter gewunden. Mit Seifenblasen fuhr der Sarg in den Ofen, und plötzlich poppte es mehrmals. Die Feuchtigkeit in den Blättern war schlagartig entwichen unter der großen Hitze und hatte diese knatternden Geräusche verursacht. Erst war es ein Schreck, aber dann mussten alle kurz lachen, und die Tochter sagte: ›Das hat zu meiner Mutter gepasst.‹«

In unserer »Sarggeschichte« erzählt Anika von der Feuerbestattung von Thomas:

»Bei der Feuerbestattung von Thomas war es uns wichtig, dass wir den Raum selbst gestalten und es uns so schön machen konnten, wie wir es wollten. Die Zeremonie war sehr privat, weil wir wenige Leute waren, nur die engsten. Meine kleine Tochter war ein Jahr alt und ist zwischen den Stühlen herumgerannt. Das hatte etwas ganz Persönliches, etwas Lockeres und Schönes. Jeder konnte weinen und seinen Gefühlen freien Lauf lassen. Das war eine sehr intime Atmosphäre.

Als wir den Sarg von der Feierhalle zum Ofen getragen haben, hatte das etwas Tragendes, fast schon Theatralisches. Es war der letzte gemeinsame Weg, der letzte Weg, den ich mit Thomas gegangen bin, denn sein Körper war da noch da.

Als der Sarg vor dem Ofen stand, haben wir gesungen und uns gegenseitig festgehalten. Dann ging die Klappe auf, und wir sahen das warme, orangefarbene Licht. Orange war Thomas' Lieblingsfarbe. Das war sehr berührend.

Danach haben wir alle viel geweint. Wir haben uns im Anschluss bei Sarahs Mama zu Hause getroffen und gemeinsam den Tag ausklingen lassen.«

## Fragen an die Leiterin eines Krematoriums

Sarah hat mit Ute Walkusch gesprochen, sie ist Leiterin des Krematoriums Brandenburg.

Ute Walkusch

**Sarah:** »Was ist dir an der Arbeit im Krematorium wichtig?«

**Ute:** »Mir ist besonders wichtig, dass wir hier einen wertschätzenden Umgang mit allen Beteiligten haben, also mit den Verstorbenen, den Zugehörigen und auch mit den Bestattenden. Ich möchte für die Menschen eine Dienstleisterin sein.

Die Menschen sollen ihre Verstorbenen hier gut aufgehoben wissen, denn sie vertrauen uns ja das Liebste an, was sie haben. Das empfinde ich als große Ehre und möchte dem gerecht werden. Dazu gehört, dass wir respektvoll über die Toten reden, egal, wie sie sich verändert haben, denn sie sind immer noch die Hüllen geliebter Menschen, und als solche möchte ich sie behandelt wissen.«

**Sarah:** »Welche Erfahrungen hast du gemacht, wenn Zugehörige ins Krematorium kommen, um sich zu verabschieden?«
**Ute:** »Die Menschen, die hierherkommen, haben sich das sehr bewusst überlegt und möchten den Weg ihrer Zugehörigen bis zum Schluss mitgehen. Wenn man auf dem Friedhof den Sarg in die Erde senkt, ist das ja so ähnlich, wie den Sarg zu begleiten, wenn er ins Feuer fährt. Früher war gar nicht daran zu denken, dass Leute da mitgehen, aber der Wunsch kommt eben immer mehr auf.
Wir machen einen Termin mit den Zugehörigen, dann können sie erst mal ankommen, im Büro einen Kaffee trinken, und wir erklären genau, was passiert. Danach gehen wir gemeinsam zum Ofen. Dort steht der Sarg, und Kerzen sind angezündet. Auf Wunsch kann der Sarg auch noch einmal geöffnet werden. Manchmal möchten Menschen Briefe mit hineinlegen oder ihre Verstorbenen noch einmal angucken oder berühren. Für viele ist es auch wichtig zu sehen, dass es wirklich ihr Toter ist, der da ins Feuer fährt. Dann wird der Deckel geschlossen, und wenn alle bereit sind, starten wir den Einäscherungsvorgang.
Manchmal sind Menschen unsicher. Sie möchten dabei sein, wissen aber nicht, ob sie sich das zutrauen. Zu denen sage ich: ›Sie werden es wissen, wenn Sie dort stehen. Entweder bleiben Sie da, oder Sie verabschieden sich, gehen vor die Tür und sind von der anderen Seite aus dabei. Das wird Ihnen Ihr Herz sagen.‹ Die Tür steht immer offen, damit jemand auch hinausgehen kann.
Nachdem ich das selbst erlebt habe beim Tod meines Mannes, der hier auch eingeäschert wurde, bedeutet mir diese Arbeit noch einmal mehr, weil ich mich mit den Zugehörigen verbunden fühle.
Manchmal kommen Leute, die im Streit mit dem Toten waren und die am Ofen noch mal wichtige Worte sagen können. Es kommen auch Menschen, die das Sterben im Krankenhaus verpasst haben, zum Beispiel

durch Corona, oder Zugehörige, bei denen einfach noch Dinge offen sind. Hier können sie noch etwas rundmachen und abschließen.
Generell kann ich sagen, dass es für Menschen, die ihre Zugehörigen hier begleiten, eine große Sache ist, die sie lange in ihrem Herzen behalten werden.«
**Sarah:** »Nach dem Tod deines Mannes hast du die Leitung des Krematoriums übernommen. Was hat dich dazu bewogen, das zu machen?«
**Ute:** »Ich war ursprünglich Pflegedienstleiterin und bin 2011 gefragt worden, ob ich hier im Krematorium mitarbeiten möchte, neben meinem Mann, der das Haus geleitet hat. Dann habe ich die Ausbildung zur Kremationstechnikerin gemacht und bin hier mit eingestiegen.
Der erste Gedanke nach dem Tod von Gregor war: *Ich will hier weg.* Ohne ihn war es für mich erst mal nicht vorstellbar. Bewogen hat mich dann der Gedanke, seine Lebensaufgabe weiterzuführen und seinen Geist hier zu erhalten. Das Gute und Schöne, was er geschaffen hat, will ich fortsetzen, um es dann in die nächsten Hände zu legen.«
**Sarah:** »Das Krematorium Brandenburg ist 1925 erbaut worden und bis heute ein beeindruckendes historisches Gebäude. Deine private Wohnung liegt über den Kühlräumen. Die Verstorbenen sind dir also räumlich sehr nahe. Wie geht es dir damit?«
**Ute:** »Ich fühle mich gut hier, das Haus hat eine gute Energie. Ich fühle mich wie eine Wächterin über diese Verstorbenen, sodass sie hier geschützt sind, ein bisschen wie eine Hausmutter.«

## Wusstet ihr schon?

Aschekapsel mit Asche

Der gesamte Verbrennungsvorgang dauert ungefähr drei Stunden. Dabei wird eine Temperatur von über tausend Grad erreicht.

Die abgekühlte Asche wird gemahlen und dann in die Aschekapsel eingefüllt.

Wenn ihr das möchtet, könnt ihr die Aschekapsel einfach so beisetzen. Oder ihr stellt sie in eine Urne, die ihr euch aussucht oder selbst bastelt. Eine Urne ist nicht notwendig, sie dient lediglich als schmückende Hülle.

Medizinische Implantate, zum Beispiel künstliche Gelenke, verbrennen nicht. Sie werden aus der Asche herausgenommen, eingeschmolzen, und das Metall wird wiederverwendet. Viele Krematorien spenden das Geld, das sie dafür bekommen.

In vielen anderen Ländern kann man die Asche seiner Verstor-

Urne aus Baumrinde

Urne mit Heimaterde des Verstorbenen

Blumenurne von der Floristin Frieda Schwarz

Aschekapsel in Stoff gehüllt

benen mit nach Hause nehmen oder sie an einem Lieblingsort verstreuen. In Deutschland ist das bisher nicht erlaubt. Oft wünschen sich Zugehörige einen kleinen Teil der Asche zur Erinnerung. Im Bestattungsgesetz gibt es jedoch das klare Verbot der Ascheteilung. Wir wünschen uns hier Lockerungen. Denn obwohl Menschen auch in Deutschland unter Umständen Asche ihrer verstorbenen Person bekommen, begehen sie damit immer eine Ordnungswidrigkeit. Es wäre schön, wenn es einfach legal möglich wäre, etwas Asche zur Erinnerung zu besitzen.

Asche in einem Glaskörper

In anderen Ländern ist das kein Problem. Es gibt verschiedene Möglichkeiten, was man mit einem kleinen Teil der Asche verstorbener Menschen tun kann. Man kann die Asche beispielsweise in Glas einfassen oder in ein Schmuckstück einarbeiten lassen.

Asche in einer Schallplatte

Es ist möglich, sie in eine Schallplatte zu pressen mit der Lieblingsmusik des Verstorbenen darauf.

Es gibt Diamanten aus Asche, man kann einen Baum pflanzen und in die Erde ein bisschen Asche legen. Es gibt sogar die Möglichkeit, Asche gereinigt und mit Farbe vermischt unter die Haut zu tätowieren.

Viele dieser Variationen sind sehr teuer und mögen sich für einige merkwürdig anfühlen. Aber die Freiheit, mit einem Teil der Asche eines wichtigen Menschen das zu tun, was ihm gefallen hätte oder was man sich selbst vorstellt, diese Freiheit wünschen sich viele Menschen in Deutschland.

## Warum ist das wichtig?

Bei einer Feuerbestattung habt ihr im Krematorium das letzte Mal die Gelegenheit, den Körper der verstobenen Person zu verabschieden. Es kann sehr hilfreich sein, wenn man den Abschiedsprozess mit allen Sinnen erleben kann und ihn auch über alle Stationen begleiten darf. Für das Begreifen kann es guttun, wenn ihr das Feuer seht und die Hitze spürt. Einigen fällt es dadurch leichter, den Verbrennungsprozess nachzuvollziehen und später die Asche in der Aschekapsel oder Urne mit der verstorbenen Person in Verbindung zu bringen.

Sarah

# DIE BRILLE AUF

Thomas' Bestatterin fragte mich nach seiner Kremation, ob es uns etwas bedeuten würde, seine Asche bis zur Beisetzung bei uns zu haben. Ich wollte das sehr gern, und einen Tag, nachdem wir im Krematorium der Einfahrt seines Sarges beigewohnt hatten, brachte sie mir die Aschekapsel in einem kleinen Körbchen, umhüllt von violettem Tüll mit lila Schleife. Ich wusste nicht, wie schwer so eine Kapsel sein konnte, und saß erst mal lange mit ihr auf dem Schoß in meiner Küche. Dann bewegte ich sie vorsichtig und hörte, wie dabei drinnen die Asche leise raschelte. Das war jetzt übrig von meinem besten Freund. Ein paar raschelnde Krümel in einer Dose. Nicht wirklich begreifbar. Trotzdem tat es gut zu spüren, dass da noch etwas Greifbares war. Ich stellte die Aschekapsel auf den Tisch und schickte ein Bild an Familie und Freunde mit den Worten: »Er ist gut bei mir angekommen.« Offensichtlich tat es auch den anderen gut, Thomas' stoffliche Reste verorten zu können, das merkte ich an den Antworten.

In den nächsten Tagen fühlte ich ihn sehr nah bei mir. Ich hatte der Aschekapsel Thomas' Brille aufgesetzt und begrüßte sie morgens, wenn ich in die Küche trat. Ich berührte immer wieder das glatte, kühle Metall. Ihn konnte ich nun nicht mehr berühren. Aber es war schön, so zu tun, als ob er es noch irgendwie wäre.

Ich brachte ihn im Körbchen zu seinen Freunden, und wir saßen gemütlich mit ihm zusammen. Wer wollte, durfte die Aschekapsel auf den Schoß oder in die Arme nehmen, und es war, als wäre Thomas noch mal mit uns.

Wir bemalten die Kapsel mit bunten Ringen in unseren Lieblingsfarben, während wir Kuchen aßen und uns Geschichten über Thomas erzählten. Zwischendurch fühlten wir diese unwirkliche Situation und tauschten uns darüber aus, wie komisch es war, dass wir Thomas' Asche hier bei uns hatten, keine alltägliche Situation. Gleichzeitig war es ein weiteres Stück in unserem Abschied.

Am Tag der Beerdigung trug ich Thomas' Asche in der bunt bemalten Aschekapsel im Körbchen zum Friedhof. Nach der Trauerfeier trug ich sie in meinen Händen zu seinem Grab. Eine letzte Umarmung. Als wir sie dann endgültig in die Erde legen sollten, war es schwer, sie herzugeben. Das letzte Fassbare, was es noch von ihm gab. Wir haben die Kapsel in ein Tuch gelegt und sie zusammen ins Grab eingesenkt. Das gemeinsam getan zu haben, war sehr schön.

# WIE MACHE ICH EINE TOLLE TRAUERFEIER?

Viele Kulturen haben sehr genaue Vorstellungen davon, wie tote Menschen betrauert und beerdigt werden. In unserer Kultur ist das nicht mehr so klar festgelegt. Es gibt immer mehr Spielräume, und ihr könnt euch dabei viele Dinge selbst ausdenken. Das ist einerseits gut, andererseits aber auch schwer. Was ist erlaubt, was wünsche ich mir, und was ist wichtig?

Wir wollen euch einige Beispiele geben, wie ihr eine Trauerfeier gestalten könnt, sodass sie zu dem verstorbenen Menschen passt und auch zu denen, die sich verabschieden wollen.

## Rituale individuell gestalten

Zu Beginn ist es wichtig, dass alle aus ihrem Alltag herauskommen und am Ort der Trauerfeier richtig ankommen können. Dazu kann ein Ritual hilfreich sein, bei dem ihr gleich am Anfang etwas gemeinsam tut. Zum Beispiel können sich alle Gäste am Eingang eine Kerze nehmen und an den Sarg stellen.

Oder ihr legt Stifte bereit, und wer möchte, schreibt einen Wunsch auf den Sarg.

Es können ganz unterschiedliche Dinge sein, die die Gäste sich am Eingang nehmen und zum Sarg oder zur Urne legen dürfen, wie eben Kerzen, Blumen, Blütenblätter oder kleine Zettel mit Gedanken von euch. Wählt etwas, das zu eurem verstorbenen Menschen passt.

Bei vielen Trauerfeiern bleibt der Sarg geschlossen. Es ist aber auch möglich, die Trauerfeier am offenen Sarg zu machen. Sprecht dazu mit dem Friedhof, denn nicht in allen Kapellen ist das erlaubt.

Ritual zu Beginn einer Trauerfeier (Filmstill)

Jeder Gast trägt eine Kerze zum Sarg (Filmstill)

Ihr könnt während der Feier Musik spielen, zum Beispiel etwas, das die verstorbene Person gemocht hat, egal ob Rock, Pop, Elektro oder Klassik. Vielleicht möchtet ihr etwas singen. Möglich ist aber auch eine Feier in Stille.

Wenn ihr von der verstorbenen Person erzählt, eine Rede haltet oder ein Gedicht vorlest, ist es so, als sei dieser Mensch noch einmal in eurer Mitte. Sachen, die der Person wichtig waren, könntet ihr dabei zum Sarg oder zur Urne legen. Vielleicht war es ein Musikinstrument, das Fahrrad, der Werkzeugkoffer, das Strickzeug oder eine Staffelei?

Wenn es zu euch und eurem verstorbenen Menschen passt, könnt ihr eine Kleinigkeit essen oder etwas zum Trinken ausschenken.

Einen Gruß auf den Sarg schreiben (Filmstill)

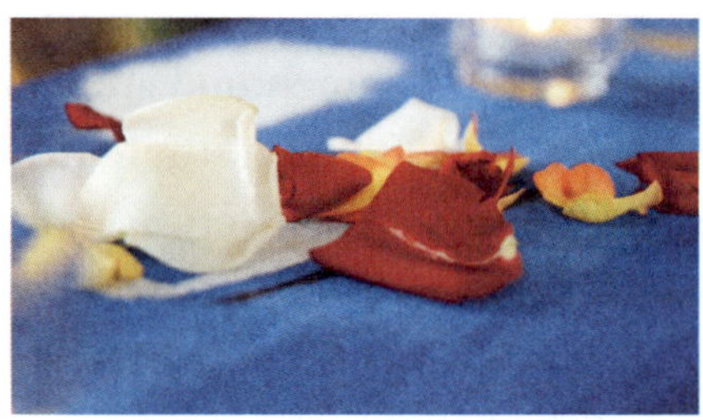

Blütenblätter auf dem Sarg verteilen (Filmstill)

Persönliche Dinge mitbringen (Filmstill)

Eine Freundin erzählte uns, dass ihre Oma den weltbesten Kirschlikör mit Sauerkirschen aus ihrem Garten gemacht hatte. Der Likör war im gesamten Freundes- und Familienkreis beliebt, worauf ihre Oma sehr stolz gewesen war. Dass auf ihrer Trauerfeier mit ihrem Likör angestoßen wurde, hätte ihr sehr gefallen. Alle Gäste mussten dabei an ihr zufriedenes Lächeln denken.

Es soll spürbar werden, dass die verstorbene Person wichtig war und wichtig bleibt, auch wenn sie jetzt tot ist. Die Erinnerung lebt weiter, der Körper tut es nicht. Deshalb ist es wichtig, den toten Körper oder seine Asche zu verabschieden.

Den Sarg oder die Urne könnt ihr feierlich zum Grab tragen. Manche Friedhöfe erlauben es, dass ihr die Urne oder den Sarg selbst absenkt, andere verbieten sogar das Tragen von Sarg und Urne. Wenn es euch wichtig ist, das selbst zu tun, besprecht euch mit den Bestattenden und schaut, was möglich ist.

Es gibt keinen Grund, Zugehörigen das Tragen oder Einsenken der

Den Sarg oder die Urne zum Grab tragen (Filmstill)

Das Grab zuschaufeln (Filmstill)

Urne zu untersagen, wenn sie das gern tun möchten. Einige Friedhöfe verstecken sich hinter Bestimmungen und versicherungstechnischen Gründen, aber es sollte immer möglich sein, Haftungsentbindungen zu erstellen. In der Praxis spielt es leider eine Rolle, ob offene, kulante Mitarbeitende am Telefon und vor Ort sind, die den Menschen ihren Wunsch erlauben und ihnen lieber unterstützend als behindernd zur Seite stehen. Nach dem Einsenken wird traditionell von allen, die möchten, eine Handvoll Erde ins Grab geworfen. Statt Erde könnt ihr auch Blütenblätter, Konfetti, Kaffeebohnen oder Kräuter nehmen, alles, was ihr passend findet, solange es sich im Boden auflöst.

**Sarah**

»Bei einer Urnenbeisetzung wurden zusätzlich zur Erde Gummibärchen ins Grab geworfen, weil der Verstorbene sie so gerne gegessen hat. Man hat es immer besonders laut gehört, wenn sie auf seine Urne fielen, und es hat die Zugehörigen, trotz aller Traurigkeit, zum Lächeln gebracht.«

Urnengräber lassen sich gut selbst zuschaufeln. Für ein Sarggrab braucht man schon ein paar Leute und ein paar Schaufeln mehr. Sprecht es vorher mit eurem Bestattungsunternehmen beziehungsweise dem Friedhof ab, wenn ihr das gern tun möchtet. Manchmal gibt es da Schwierigkeiten, die im Vorfeld lösbar sind.

Manche Menschen möchten bei der Trauerfeier etwas fliegen lassen. Seifenblasen können als Zeichen für Schönheit und Zerbrechlichkeit des Lebens stehen und sind dabei für die Natur unbedenklich. Auch Wunderkerzen können Beisetzungen erhellen. Besonders an dunklen Herbst- und Wintertagen kann das sehr tröstlich sein.

Ginkgoblätter und Kraniche als Erdwurf

Erdwurf mit buntem Sand

Bei einer Trauerfeier habt ihr die Möglichkeit, Traurigkeit, Schmerz, Dankbarkeit, aber auch viele andere Gefühle mit anderen zu teilen und gemeinsam zu trauern. Laut schluchzen, still gedenken, lachend erinnern oder auch ärgern – alles ist erlaubt. Ihr könnt für euch bleiben, oder vielleicht fühlt es sich auch gut an, die Nähe zu den anderen zu spüren, zum Beispiel in Umarmungen.

Vielen Menschen tut es gut zu spüren, dass sie in ihrem Schmerz nicht allein sind. Am Ende einer Trauerfeier kann es deshalb schön sein, wenn ihr noch zusammensitzt, etwas esst oder trinkt und dann gemeinsam wieder in den Alltag geht. Essen und Trinken ist etwas zutiefst Lebendiges, weil es das Leben erhält. Es kann guttun, wenn ihr mit allen Sinnen erleben könnt, dass *ihr* weiterlebt. Ein leckeres Essen und ein lebhaftes Gespräch mit Menschen, die um dieselbe Person trauern, Erinnerungen auszutauschen und dabei vielleicht auch mal herzhaft zu lachen, das kann dazu beitragen.

Der Brauch des gemeinsamen Essens oder Trinkens am Ende einer Trauerfeier ist schon sehr alt und auch als Leichenschmaus, Leidmahl, Flannerts, Totenmahl, Beerdigungsessen, Raue, Trauerbrot, Tränenbrot, Tröster oder Leichentrunk bekannt. In unterschiedlichster Art und Weise findet man diesen Brauch auf der ganzen Welt wieder. Bereits in der römischen Antike gehörte das Totenmahl zum Abschluss einer

Beisetzung. Es diente, neben den sozialen Aspekten für die Trauernden, auch ganz praktisch der Versorgung der weit angereisten Gäste und der Sargträger.

Nicht alle Menschen haben das Bedürfnis, nach der Trauerfeier mit der Trauergesellschaft gemeinsam zu essen. Es ist vollkommen in Ordnung, nicht allen Traditionen gerecht zu werden, die es in eurem Umfeld gibt. Wenn ihr nach der Trauerfeier lieber allein sein wollt, ist es sinnvoll, das vorher anzusprechen, damit alle Bescheid wissen.

### Wusstet ihr schon?

Eine Trauerfeier muss nicht unbedingt auf dem Friedhof stattfinden. Man kann sie auch an einem anderen Ort machen und nur zur Beisetzung auf den Friedhof gehen. Wenn ihr dabei den Sarg oder die Urne aufstellen wollt, fragt am besten bei eurem Bestattungsunternehmen nach, an welchen Orten in eurer Umgebung das erlaubt ist, beispielsweise in einem Krematorium, in einer Kirche oder in einem Bestattungsinstitut.

Bei einer Seebestattung könnt ihr die Feier direkt auf dem Schiff und bei einer Beisetzung im Bestattungswald in der freien Natur machen.

In vielen Religionsgemeinschaften gibt es feste Rituale oder Traditionen für Beerdigungen. Wenn ihr zu einer Religionsgemeinschaft gehört, gestaltet vielleicht eine geistliche Person die Feier. Ihr könnt für die Organisation aber auch das Bestattungsunternehmen fragen, es selbst machen, oder alle Beteiligten gestalten die Feier gemeinsam: Geistliche, Bestattende und Zugehörige.

Weltweit gibt es ganz unterschiedliche Traditionen und Rituale bei Bestattungen und Trauerfeiern. Mal wird ein Trauerzug von lauten Klageliedern begleitet, woanders steht die Versenkung in tiefem Gebet im Vordergrund, bei anderen wird der Abschied mit Tanz und Gesang zelebriert. Ob laut oder leise, bunt gekleidet oder in Schwarz, in jeder Kultur gibt es andere Ausdrucksweisen.

Für die Gestaltung einer Trauerfeier gibt es in Deutschland einige gesetzliche Vorgaben. Jeder Friedhof hat seine eigene Friedhofsordnung, die kirchliche ist anders als die städtische, und dann kommt es noch auf die Freundlichkeit und Kompromissbereitschaft der Mitarbeitenden an. Sprecht über eure Vorstellungen und Wünsche, und lasst euch dazu beraten von der Person, die mit euch die Feier plant.

## Warum ist das wichtig?

Eine Trauerfeier plant ihr am besten gemeinsam. Wenn mehrere Menschen in die Planung und Durchführung involviert sind, werden vielfältige Facetten der verstorbenen Person sichtbar. Es kann sehr schön sein, die verstorbene Person noch einmal von verschiedenen Seiten zu sehen. Außerdem wird bei einer gemeinsamen Gestaltung die Gemeinschaft der Trauernden fühlbar.

Rituale und Symbole helfen dabei, sich zu verabschieden. Sie ermöglichen den Trauernden, ihre Gefühle auszudrücken und sich in ihrem Trauerprozess weiterzuentwickeln. Rituale müssen aber für die, die dabei sind, auch eine Bedeutung haben, sonst sind sie nur leeres

Gerede oder Getue und wirken nicht. Ein christliches Gebet kann beispielsweise unpassend sein für nichtgläubige Personen.

Für Menschen, die nicht zur engsten Familie oder zu den besten Freunden gehören, ist eine Trauerfeier oft die einzige Möglichkeit, sich bewusst vom Nachbarn, der Arbeitskollegin oder der Trainingspartnerin zu verabschieden.

Sarah

# EINE FRAU, FÜNF KINDER UND ZWEI HUNDE

Die Urnenbeisetzung sollte eine große Veranstaltung werden. Viele Freunde und Verwandte sollten kommen, und es sollte ein Abschiedsfest werden für den Ehemann und Vater.

Dann kamen die Kontaktbeschränkungen durch die Corona-Pandemie, und die Familie entschied sich notgedrungen für eine ganz kleine Feier. »Eigentlich ist es mir sogar lieber so«, vertraute mir die Frau an, »ich bin so erschöpft von allem, ich schaffe gerade nicht mehr.«

An einem sonnigen Tag im Juli wartete ich auf dem Friedhof mit der Aschekapsel des Verstorbenen auf die Familie. Sie kamen mit Schaufeln, einer Gießkanne, Kuchen, Tee und zwei Hunden. Wir gingen zusammen zum Grab. Ein Bild des Vaters und Ehemannes wurde aufgestellt. Ein buntes Tuch wurde um die Aschekapsel gewunden, und die Kinder lasen Texte vor, die ihnen oder dem Vater wichtig waren.

Dann bettete seine Frau das Grab mit ausgekämmten Hundehaaren der zwei geliebten Hunde, damit er weich liegen würde. Die Hunde waren zugegen und gaben der Familie das Gefühl, vollständig bei der Trauerfeier anwesend zu sein. Gemeinsam fassten alle eine Ecke vom Tuch und senkten die Aschekapsel sacht in das vorbereitete Loch. Die Familie hatte seine Lieblingsschokolade und sein Lieblingsbier mitgebracht. Wir stießen auf ihn an, und er bekam einen Schluck ins Grab gegossen. Ebenso warfen sie ihm ein Stückchen Schokolade hinterher. Dann spielten sie sein Lieblingslied von Frank Zappa und begannen, während der Musik gemeinsam das Grab zuzuschaufeln.

Der Mitarbeiter des Friedhofs hatte uns eine Schubkarre mit der Aushuberde hingestellt und einen Spaten, mit dem Angebot, dass wir uns jederzeit melden könnten, sollten wir Hilfe benötigen. Die Stimmung war feierlich und trotzdem gelöst. Diese Familie hatte die lange Krebserkrankung und das Sterben des Mannes und Vaters gemeinsam getragen, und jetzt wollte sie auch die Beerdigung so gestalten, wie es ihr guttat.

Seine Frau hatte aus dem Garten eine Blumenstaude mitgebracht und pflanzte sie auf den frischen Grabhügel. Dann standen und saßen alle um das Grab, tranken den mitgebrachten Tee und aßen seinen Lieblingskuchen. Es gab Gespräche, Lachen, dann wieder Schweigen und auch ein paar Tränen. Irgendwann verabschiedete ich mich und schlich mich davon. Sie würden noch so lange am Grab bleiben, wie es für sie richtig war.

## WIE GEHT EIN ABSCHIED AUS DER FERNE?

Im Frühjahr 2020 begann sich das Virus Covid-19 rapide in Europa, auch in Deutschland, auszubreiten. Es wurden massive Kontaktbeschränkungen verhängt. In Krankenhäusern und Altenpflegeeinrichtungen wurde der Besuch eingeschränkt und bald ganz untersagt. An Covid verstorbene Menschen mussten noch am Sterbeort in Leichensäcke verpackt werden, die dann nicht mehr zu öffnen waren. Auch in Bestattungsinstituten konnte dann keine Abschiednahme mehr erfolgen.

Durch die Kontaktbeschränkungen und Quarantänemaßnahmen war es auch für nicht erkrankte Menschen oft nicht möglich, von ihren Verstorbenen Abschied zu nehmen, auch wenn diese nicht an Covid gestorben waren. Was diese Zeit mit uns als Gesellschaft gemacht hat, werden wir wahrscheinlich erst in den kommenden Jahren vollständig einschätzen können. Fest steht, keinen Abschied zu haben, tut weh.

### Sarah

»Ich habe eine Freundin, die Weihnachten mit Covid auf einer Isolierstation verbringen musste. Sie ist 81 Jahre alt und hat diverse Vorerkrankungen. Besuche waren verboten, und wir konnten nur miteinander telefonieren. Sie fürchtete sich und war von der ganzen Situation überfordert. Unter dem Sauerstoffgerät habe ich sie nur sehr schwer verstanden. Ich dachte: ›Wenn sie jetzt stirbt, stirbt sie ganz allein und voller Angst.‹ Ich habe mich so hilflos gefühlt. Es gab nichts, was ich tun konnte, außer mit ihr am Telefon zu reden und ihr zuzuhören. Zum Glück hat sie es überlebt, doch viele andere sind so gestorben.

Als Bestatterin musste ich einer Frau sagen, dass sie ihre an Covid verstorbene Mutter nicht mehr waschen und ankleiden kann. Sie durfte sie schon im Krankenhaus nicht sehen, hatte sich aber die ganze Zeit daran festgehalten, dass sie die Mutter nach dem Tod liebevoll anziehen und in den Sarg legen können würde. Nach diesem Gespräch kamen mir die Tränen, weil ich nichts tun konnte, um ihr zu helfen.«

## Abschied mit Kontaktbeschränkung

Durch die Corona-Pandemie haben sehr viele Menschen die schmerzhafte Erfahrung machen müssen, sich nicht von wichtigen Menschen verabschieden zu können.

### Sarah

»Zu Beginn der Pandemie bestattete mein Kollege einen Mann, der an Covid verstorben war und deshalb umgehend vom Krankenhaus ins Krematorium gefahren werden musste. Dort waren Abschiednahmen in dieser Zeit untersagt. Sein Sohn hätte sich so gern von ihm verabschiedet und litt darunter, seinen Vater nicht mehr sehen zu können. Wir riefen beim Krematorium an und baten den Kollegen inständig, doch wenigstens ein Foto vom Vater in der Leichenhülle zu machen. Es war ein großes Glück, dass der Mitarbeiter den Leichensack öffnete und ein Bild mit dem Handy machte. Es zeigte den Vater friedlich, fast lächelnd im Sarg. Der Sohn war sehr froh, wenigstens dieses Foto zu haben, um den Tod seines Vaters etwas besser begreifen zu können.«

Auch ohne Pandemie ist eine persönliche Abschiednahme nicht immer möglich. Vielleicht, weil man selbst krank ist oder wegen anderer Ursachen nicht reisen kann. Abschiede aus der Ferne gibt es aus vielerlei Gründen.

Wie ist es möglich, sich trotzdem dem verstorbenen Menschen nahe zu fühlen?

Im Kapitel »WAS IST EINE ABSCHIEDNAHME?« haben wir viele Dinge beschrieben, die auch jemand stellvertretend für die hinterbliebene Person machen kann. Ihr könnt jemanden, der bei der verstorbenen Person ist, um ein Foto bitten. Oder ihr könnt anrufen oder einen Videochat mit dem Handy herstellen. Es kann guttun zu wissen, dass die eigene Stimme noch mal im selben Raum erklingt, in dem der verstorbene Mensch liegt. Letzte Worte können so noch gesagt werden.

Vielleicht schreibt ihr aber auch lieber einen Brief oder malt ein Bild und bittet darum, dass es zum Verstorbenen gelegt wird. Falls das nicht möglich ist, könnt ihr diesen Brief auch später zum Grab bringen oder verbrennen, damit er jenseits von Zeit und Raum ankommt.

Möglicherweise kann auch jemand einen Finger- oder Handabdruck der verstorbenen Person mit einem Stempelkissen auf Papier für euch machen.

Sprach- und Videoanrufe (Filmstill)

Einen Fingerabdruck machen lassen (Filmstill)

Ihr könnt auch darum bitten, dem verstorbenen Menschen eine Haarsträhne abzuschneiden und euch zukommen zu lassen. So habt ihr etwas zum Anfassen, um den Tod besser begreifen zu können.

Es mag etwas Mut erfordern, so etwas anzusprechen, besonders, wenn man weiß, dass die Menschen, die vor Ort sind, viel zu tun haben oder selbst trauern. Aber die meisten Leute reagieren positiv, wenn sie merken, dass es euch wichtig ist und dass sie euch damit helfen können.

Gemeinschaft mit anderen Trauernden zu spüren, ist hilfreich. Auch für die Trauerfeier gibt es Möglichkeiten, Trauernde, die nicht vor Ort teilnehmen können, miteinzubinden. Ihr könnt die Feier streamen, sodass Menschen per Video teilnehmen können. Oder ihr gebt vorher bekannt, welche Lieder wann gespielt werden. Dann können alle Trauernden zur gleichen Zeit die gleiche Musik hören. Abschiedsgeschenke oder Dinge, die mit ins Grab geworfen werden sollen, können im Vorfeld geschickt werden, zum Beispiel Erde aus der Heimat.

Auch nach der Trauerfeier helfen verbindende Rituale, um sich mit anderen Trauernden verbunden zu fühlen.

**Sarah**

»Eine Frau, die ich kannte, liebte Birken. Ihre Familie und ihr Freundeskreis lebten weit verstreut. An ihrem ersten Todestag konnten alle, die wollten, zu ihrer Sterbezeit unter einer Birke eine Kerze für sie entzünden. Die Fotos davon konnten auf eine Gedenkseite geladen werden. So konnten alle sehen, dass sie mit ihrer Trauer nicht allein waren.«

## Was, wenn es keinen Körper gibt?

Es gibt auch Szenarien, in denen die Verstorbenen nicht mehr zugänglich sind oder es vielleicht nicht einmal den toten Körper gibt.

Der Bergsteiger Markus Kronthaler starb bei der Besteigung des Broad Peak in Pakistan und blieb dort in achttausend Metern Höhe im ewigen Eis liegen. Für seine Familie, besonders seinen Bruder Georg, war die Situation nicht aushaltbar. Er beschloss, den Körper des Bruders heimzuholen. In einer gewagten Expedition brach er auf, barg den Verstorbenen und brachte ihn heim nach Österreich, um ihn dort zu begraben.

Diese Möglichkeit zu haben, ist sicher etwas Besonderes. Denken wir an den Tsunami in Thailand im Dezember 2004, bei dem mehr als 230 000 Menschen starben, oder das Erdbeben in der Türkei und Syrien 2023, in dem über 50 000 Menschen ums Leben kamen. Vielen von ihnen wurden nie identifiziert. Ihre Zugehörigen müssen glauben, dass sie tot sind, weil sie nicht mehr gefunden werden, aber auch nicht zurückkommen.

Als die Germanwings-Maschine im März 2015 von ihrem Co-Piloten gegen einen Berg geflogen wurde, starben alle 150 Passagiere an Bord. Es gibt ein Gemeinschaftsgrab in Le Vernet mit den Überresten der Körper, die keinem der Passagiere zugeordnet werden konnten.

Da muss man *glauben,* dass der eigene geliebte Mensch tot ist, obwohl sich alles dagegen sträubt. Eine schwierige Aufgabe, wenn kein Begreifen durch Ansehen und Berühren mehr möglich ist.

Menschen halten dann Zwiesprache mit ihren Verstorbenen oder schreiben ihnen Briefe. Es kann auch hilfreich sein, zu wichtigen Orten zu gehen, entweder Orte, welche die verstorbene Person gemocht hat, oder auch die Stelle, wo eine Person gestorben ist.

Viele Zugehörige reisen beispielsweise zur Unfallstelle, verbringen dort eine Zeit, legen Blumen nieder, berühren die Erde oder die Umgebung und versuchen so, eine Verbindung zu ihrem verstorbenen Menschen zu finden.

Wenn es in irgendeiner Form körperliche Überreste gibt – egal wie verletzt, klein oder abstrakt sie auch sein mögen –, so ist es immer möglich, ihnen noch einmal nah zu kommen. Sie können in Decken gehüllt werden. Das geht auch luftdicht. Man kann beispielsweise auch ein Kleidungsstück der verstorbenen Person darüberlegen. Wenn die Zugehörigen es wollen, ist so ein letzter physischer Kontakt möglich, ein greifbarer Moment des Abschieds.

Manchmal gibt es nicht mal einen genauen Sterbeort, wenn beispielsweise Menschen verschwinden und später für tot erklärt werden. Oder es gibt einen Ort, aber keinen Körper, wie zum Beispiel die Verstorbenen, die im herabstürzenden World Trade Center zu Asche verbrannten.

Wenn es kein offizielles Grab gibt oder es zu weit weg ist, könnt ihr ein symbolisches Grab auf dem Friedhof erwerben. Es ist auch möglich, einen Sarg oder eine Urne zu bestatten, die mit Erinnerungsstücken an die verstorbene Person gefüllt sind. Man kann auch ohne Beerdigung eine Gedenkfeier abhalten und sich auf diese Weise verabschieden. Es ist ebenso möglich, selbst einen Gedenkort anzulegen, beispielsweise im Garten. Manchmal kann es dabei helfen, den Verlust sichtbar zu machen, wenn man einen Ort schafft, der dieser Person gewidmet ist.

## Wusstet ihr schon?

Seit einigen Jahren wird an der Umsetzung von virtuellen Abschiedsräumen geforscht. In Zusammenarbeit mit der Universität der Künste Berlin und der Filmuniversität Babelsberg gab es erste erfolgreiche Projekte. Dabei wurden dreidimensionale Erinnerungsräume erschaffen, in denen beispielsweise Bilder der verstorbenen Person hängen oder eine Trauerrede abgespielt werden kann. Diesen Raum kann man virtuell mit einem Avatar von sich selbst betreten, sich darin bewegen und auch weiteren Avataren, wie dem der Trauerrednerin oder von anderen Zugehörigen, begegnen. Bei eingeschaltetem Mikrofon können sich die Besuchenden im virtuellen Raum auch unterhalten.

Als Ergänzung zur Trauerfeier können sich so Menschen treffen und austauschen, die vor Ort nicht dabei sein konnten. Abschiedsworte für die verstorbene Person können per Tastatur und Mausklick gesendet werden, die als Lichtkugel Richtung Himmel fliegen. Je nach vorhandenen Daten kann man Audio- oder Videobotschaften der Verstorbenen aufrufen. Auch nach einer Beisetzung oder Trauerfeier kann dieser Raum immer wieder besucht werden.

Wird diese Idee weitergedacht, kann mithilfe von Audio-, Bild- und Textdaten auch ein Avatar der verstorbenen Person programmiert werden. Ein Algorithmus kann berechnen, wie der verstorbene Mensch auf eine Frage antworten würde. So ist ein virtuelles Gespräch mit einer künstlichen Intelligenz möglich, die die verstorbene Person imitiert.

Schriftlichen Austausch dieser Art gibt es bereits. Sogenannte Trauerbots können mit sämtlichem digitalem Schriftverkehr, den die verstorbene Person vor ihrem Tod niedergeschrieben hat, »gefüttert« werden. Dadurch ist es möglich, einer virtuellen Version des verstorbenen Menschen zu schreiben und sich mit dieser auszutauschen. Wer die Black-Mirror-Folge »Be Right Back« gesehen hat, kann sich vorstellen, welche schönen, aber auch gefährlichen Seiten so ein Kontakt haben kann.

Es gibt keine belastbaren Daten, da die Technologie noch zu neu ist. Verschiedene Forschungsprojekte beschäftigen sich aber mit möglichen Folgen dieser Art der Kommunikation. Was es für Trauernde bedeutet, sich mit diesen Trauerbots oder *Thanabots* auszutauschen, wird sich zeigen.

Viele Fragen sind noch offen. Helfen uns Gespräche mit einem Avatar in unserer Trauer, oder fällt es uns dadurch vielleicht sogar schwerer, einen Verlust zu begreifen und anzunehmen? Sollten die Besuche von Erinnerungsräumen, die Begegnungen mit dem Avatar einer verstorbenen Person oder der Schriftverkehr zeitlich begrenzt sein? Wie wird es unsere Trauer verändern, wenn die verstorbene Person auf ewig ansprechbar bleibt?

Diese Technologien existieren und werden sich in naher Zukunft noch stark weiterentwickeln. Wie wir damit umgehen werden, liegt dann bei uns.

## Warum ist das wichtig?

Falls eine Situation eintritt, in der ihr euch nur aus der Ferne verabschieden könnt, ist es hilfreich zu wissen, was alles trotz der Entfernung möglich ist. Jede Situation ist dabei einzigartig.

Deutet sich ein Abschied aus der Ferne an, ist es sinnvoll, sich im Vorhinein damit zu beschäftigen, was im Falle eines Abschieds für euch wichtig wäre. Vielleicht lässt sich nicht alles so umsetzen, wie ihr es euch wünscht, oder ihr schafft nicht alles, was ihr euch vorgenommen habt. In Krisen schaffen wir nur so viel, wie wir gerade können.

Sarah

## SIE KÜSSTE MEINE HÄNDE

Aref, ein junger Mann aus dem Iran, war plötzlich gestorben, und ich begleitete seine Freunde, die mich baten, ihn zu bestatten. Er war sehr beliebt gewesen, und viele junge Menschen waren fassungslos und wollten unbedingt etwas für den Abschied gestalten. Seine Eltern und seine Schwester waren tief getroffen und wollten sofort kommen. Leider konnten sie nicht nach Deutschland einreisen. Die Familie beschrieb sich nicht als besonders religiös, aber es wäre ihr ein großes Anliegen gewesen, den Sohn zu waschen und in den Sarg zu legen.

Es gab eine Abschiednahme mit seinen Freunden. Wegen der Kontaktbeschränkung während der Pandemie durften nur fünf Menschen dabei sein. Einer der Freunde schaltete die Eltern per Videochat dazu. Langsam fuhr er mit der Kamera über den toten Körper ihres Sohnes, und die Eltern konnten so wenigstens ein Bild davon haben, dass ihr Kind nicht mehr lebte. Das Weinen der Eltern klang aus dem Lautsprecher des Handys, und die Verzweiflung, nicht selbst bei ihrem Kind sein zu können, war deutlich spürbar. Dennoch waren sie dankbar, ihren Sohn gesehen zu haben.

Auch bei der Trauerfeier sollten sie per Handy dabei sein, und sein Vater wollte eine Rede halten. Zu der Zeit waren nur zwanzig Menschen in der Trauerhalle erlaubt, aber es wollten sich viel mehr verabschieden. So entschieden wir, die gesamte Feier im Freien abzuhalten. Zum Glück war das auf diesem Friedhof möglich.

Die Mutter bat mich um ein Bild, um zu sehen, dass es wirklich ihr Sohn war, den wir dort in die Erde legen würden. So öffneten wir am Tag der Bestattung noch einmal den Sarg, und ich filmte den toten Körper, den wir dort hineingebettet hatten. Ebenso hielt ich fest, wie wir den Sarg schlossen und die Sargschrauben festdrehten. Der Sarg würde sich jetzt nicht mehr öffnen. Sie sollte sicher sein können.

Viele junge Menschen standen während der Trauerfeier im vorgeschriebenen Abstand vor seinem Sarg. Mehrere Freunde hielten kurze Reden, die danach ins Persische übersetzt wurden. Es wurde Musik gespielt, die er gemocht hatte, und die Eltern waren bei allem per Handy dabei. Dann hielten wir das Telefon an das vorbereitete Mikrofon, und der Vater sprach.

Als wir mit dem Sarg zum Grab gingen, lief ein Freund mit dem Handy vorneweg, sodass die Familie im Iran auch diesen Weg mit ihm mitgehen konnte. Als der Sarg ins Grab gelassen wurde, warfen Freunde für die Eltern Rosen hinein.

Ein Freund nahm ein wenig Erde vom Grab für die Familie mit. Etwas zum Anfassen.

Ich schrieb einen handschriftlichen Brief und schickte ihn zusammen mit Bildern des Abschieds zu den Eltern in den Iran.

Arefs Mutter blieb mit mir in Kontakt. Sie schickte Grüße, die ich mit einem Übersetzungsprogramm übersetzte, und bat um Bilder vom Grab ihres Sohnes. Ich schickte ihr welche, wann immer ich auf dem Friedhof war, und sandte Grüße in den Iran zurück.

Dann, nach zwei Jahren, war es der Familie endlich möglich, nach Berlin zu reisen. Es gab eine Gedenkfeier an Arefs Grab. Ich war aufgeregt, als ich am Friedhof ankam. Wie würde unsere erste echte Begegnung sein? Seine Mutter kam auf mich zugelaufen. Wir umarmten uns mit Tränen in den Augen, und sie nahm meine Hände und küsste sie. »Das sind die Hände, die meinen Sohn gewaschen haben«, sagte sie. Ich begriff, wie viel ihr das bedeutete, dass ich durch unseren Kontakt keine Fremde mehr war, und es war ihr im Nachhinein ein Trost, dass Aref nicht von Menschen bestattet worden war, die sie nicht kannte.

## FÜR WEN IST SELBSTBESTIMMUNG BESONDERS WICHTIG?

Natürlich ist Selbstbestimmung für uns alle gleichermaßen wichtig. Es gibt jedoch Menschen, denen ihre Selbstbestimmung von der Gesellschaft immer wieder abgesprochen oder infrage gestellt wird.

Menschen erleben auch in Abschiedsprozessen Diskriminierung; sie erleben Rassismus, Behindertenfeindlichkeit, Sexismus und Queerfeindlichkeit. Der Tod macht eben nicht alle Menschen gleich, und schon gar nicht sorgt er für faire Behandlung von trauernden Zugehörigen.

Einige soziale Aspekte möchten wir im Folgenden darstellen, als Gedankenanstoß, weil es noch viel zu tun gibt, um eine angemessene Behandlung von allen verstorbenen und trauernden Menschen sicherzustellen. Uns ist klar, dass viel offenbleibt und wir die Zusammenhänge nicht vollständig erörtern können. Das Thema »Diskriminierung beim Abschiednehmen« mit all seinen politischen und gesellschaftlichen Aspekten wäre allein ein ganzes Buch wert.

Stellvertretend möchten wir auf zwei Gruppen von Menschen eingehen, deren Selbstbestimmung oft beschnitten wird. Sarah hat viele Jahre mit geistig behinderten Kindern und Jugendlichen gearbeitet und arbeitet jetzt in einem Bestattungsinstitut, in dem Sensibilität gegenüber queeren Lebenskontexten ein Fokus ist.

### Menschen mit geistiger Behinderung

Menschen mit geistiger Behinderung wird häufig abgesprochen, die Dimensionen von Sterben und Abschied »genug« zu verstehen. Ebenso gibt es Unsicherheiten, wie mit ihren emotionalen Reaktionen am besten umgegangen werden sollte. Viele haben den Wunsch, ähnlich wie bei Kindern, Menschen mit geistiger Behinderung zu »schützen«. Daher werden sie oft außen vor gelassen, wenn ein Todesfall eintritt. Dieser vermeintliche Schutz bedeutet dann in Wirklichkeit oft, dass die Verarbeitung des Verlusts erschwert wird und Menschen zusätzliche seelische Verletzungen erleiden.

Stephan Bruns leitet die Stormarner Werkstätten in Bad Oldesloe und hat uns ein paar Dinge erzählt, die er wichtig findet:

»Unsere Werkstätten sind eine wichtige Konstante im Leben unserer Mitarbeitenden, und deshalb ergeben sich auch Fragen, die nichts mit der Arbeit zu tun haben. So wird die Einrichtung besonders wichtig in Krisenzeiten, wie zum Beispiel bei Krankheit oder wenn ein nahestehender Mensch stirbt.

In unserer Klappkirche – das ist ein kleiner, ausklappbarer Raum inmitten unseres Speisesaals – wird mit Fotos, einem Bibelvers, einer entzündeten Kerze und gegebenenfalls einigen kleinen Geschichten an die verstorbene Person erinnert. Wer möchte, kann verweilen und seinen Gedanken nachgehen. Alle können sich hier mit ihren eigenen Worten verabschieden – eine Möglichkeit, die häufig und mit großer Empathie wahrgenommen wird. Das Angebot, die Beisetzung zu begleiten, wird ebenfalls sehr gerne angenommen und findet große Beteiligung.

In den letzten Wochen habe ich einen Mitarbeiter mit Beeinträchtigung begleitet, der mitbekam, dass seine Mutter im Sterben lag. Er war sich aber nicht sicher, ob das wirklich der Fall war, weil er von seinen Verwandten keine Informationen bekam. Es wurde ihm sogar verboten, die Mutter in der Klinik zu besuchen. Der erwachsene Mann, Mitte fünfzig mit Down-Syndrom, war verwirrt und traurig darüber, dass ihm der Abschied von seiner Mutter verwehrt wurde.

Warum behinderte Menschen vom Themenkreis ›Sterben, Tod und Trauer‹ oft ausgeschlossen werden? Möglicherweise steht hier die Meinung im Vordergrund, dass Menschen mit einer Behinderung nicht gut damit umgehen können. Es wird befürchtet, sie könnten Schaden nehmen. Aber behinderte Menschen, die auf diese Art und Weise ausgeschlossen werden, leiden darunter sehr. Sie wissen vielfach nicht, wohin mit ihren Ängsten, Sorgen und ihrer Traurigkeit.«

Menschen mit Behinderung haben, genau wie alle anderen, ein Recht auf einen selbstbestimmten Abschied und auf ihre eigenen Ausdrucksformen der Trauer.

Es gibt auch Trauerbegleitung, bei der die begleitenden Menschen auf den Umgang mit Behinderungen spezialisiert sind.

In den Wohnstätten für Menschen mit geistiger Behinderung der Zukunftssicherung Berlin e. V. hat man sich dazu entschieden, Menschen in all ihren Lebenslagen zu begleiten, auch im Sterben. Für alle, die dort wohnen, gibt es die Möglichkeit, sich von Verstorbenen zu verabschieden. Andreas erzählt uns, wie er von seinem Mitbewohner Axel Abschied genommen hat.

»Der Axel war im Krankenhaus. Da hab ich ihn besucht. Dann kam er nach Hause. Er hat viele Anfälle gehabt. Ich bin zu ihm hin und hab gesagt: ›Axel, wenn du nicht mehr bei uns bist, sind wir in Gedanken bei dir.‹

Andreas

Als Frau Brück kam und gesagt hat, dass der Axel gestorben ist, da ist mein Herz beinah vor Schreck stehen geblieben.

Ich bin noch mal zu ihm hingegangen, weil ich ihn mochte. Dann kam der Betreuer rein und hat mich in die Arme genommen. Dann kamen alle, um sich vom Axel zu verabschieden.

Und als die Beerdigung war, bin ich da hingegangen, und kaum war ich da, fing ich an zu weinen. Ich hab Blümchen gekauft und die hingelegt, als er begraben wurde. Ich denk immer an Axel. Wenn ich Zeit hab, gehe ich zum Friedhof und besuch den Axel. Er hat Popcorn gemocht, da bring ich ihm was mit.«

## Queere Menschen

### Sarah

»Das Bestattungsunternehmen, bei dem ich arbeite, hat sich unter anderem darauf spezialisiert, queere Menschen zu begleiten. Oft werden wir gefragt, was das bedeutet. Die meisten denken an Pink, Regenbogenflagge, Glitzer oder Dragqueen-Auftritte zur Trauerfeier. Sicher, wenn es passt, organisieren wir das gern, aber vor allem ist eine diskriminierungssensible Haltung wichtig, mit der man Toten und Lebenden gegenübertritt. Wir möchten einen möglichst sicheren Raum schaffen für Menschen, die in ihrem Leben immer wieder Ausgrenzung erfahren.

Wenn eine Frau das Bestattungsunternehmen anruft und sagt, ihre Frau habe gerade das gemeinsame Kind tot auf die Welt gebracht, dann soll sie sich nicht erklären müssen, sondern erzählen können, wie es den beiden geht und was sie gerade brauchen.

Wir haben ein lesbisches Paar begleitet, dessen Sohn tot geboren wurde. In der Pathologie im Krankenhaus wurde nur eine der Frauen als die Mutter gelesen, und ihre Frau galt lediglich als ›Begleitung der Mutter‹. Sie wurde nicht als trauerndes Elternteil gesehen. Natürlich veränderte das den Umgang, den diese Frau erfuhr.«

Jeder verstorbene Körper muss respektvoll behandelt werden, egal, ob er groß, klein, dick oder dünn, schwarz oder weiß ist. Das Gleiche gilt für unterschiedliche Körper von trans, intergeschlechtlichen und nicht binären Menschen.

### Sarah

»Wir bestatteten eine trans Frau, in deren Papieren noch ihr alter Name und der Personenstand als ›männlich‹ eingetragen war. Bei der Abholung im Krankenhaus schob mir der Mitarbeiter die tote Person mit den Worten ›Hier ist der Mann‹ entgegen. Ich war kurz irritiert und erwähnte dann, dass es sich hier um eine trans Frau handele. Es folgte ein Schwall abfälliger Worte über körperliche Merkmale, als wir die Klinik verließen. Mir war klar: Dort war die verstorbene Frau nicht gut aufgehoben gewesen.«

Es ist wichtig, trans Menschen mit dem für sie richtigen Namen anzusprechen und das gewünschte Pronomen zu nutzen. Gerade in einer Ausnahmesituation wie bei einem Abschied ist es quälend, sich auch noch mit Aufklärungsarbeit zur eigenen Identität oder der der verstorbenen Person auseinandersetzen zu müssen.

»Wir hatten einen Bestatter«, schrieb uns jemand, »der hat ein Mitglied der Familie immer wieder mit dem falschen Pronomen angesprochen, trotz wiederholter Aufforderung. Das hat jeder Begegnung eine Spannung gegeben, die uns zusätzliche Kraft gekostet hat.«

Ist die Personenstandsänderung erfolgt, steht natürlich auch auf der

Sterbeurkunde der richtige Name. Auf einen Grabstein kann immer der selbst gewählte Name geschrieben werden, unabhängig davon, was im Ausweis oder auch im Friedhofsregister steht. Manchmal stecken in dem Grab kleine Schildchen mit dem Ausweisnamen, aber darüber darf auch gerne eine Blume wachsen.

### Sarah

»In einem anderen Fall bestattete ich einen Mann, der in einer polyamoren[2] Beziehung mit einem Mann und einer Frau gelebt hatte. Die Familie des Verstorbenen wusste nichts davon. Das zurückgebliebene Paar hatte Angst vor der Reaktion, wenn es die Familie bei der Trauerfeier erfahren würde. Nachdem sie sich mit mir beraten hatten, fassten sie Mut und erzählten es der Familie vor der Trauerfeier. Die Familie reagierte überraschend positiv. Auf dem Weg zum Grab liefen die beiden nebeneinander und trugen die Urne ihres Mannes, während Familie und Trauergesellschaft folgten.«

Nicht nur in queeren Lebenswelten kommt es mitunter vor, dass eine Beziehung aus mehr als zwei Partnerpersonen besteht. Gesellschaftlich wird aber leider immer noch oft die monogame, cis-heterosexuelle[3] Paarbeziehung als die Norm gesehen. Es ist schade, dass Menschen überhaupt das Gefühl haben, sich für ihre Lebensweise rechtfertigen zu müssen, aber besonders in verletzlichen Momenten wie einem Abschiedsprozess sind Bestattende wichtig, denen man sich anvertrauen kann.

---

2 Als Polyamorie bezeichnet man Liebesbeziehungen zwischen mehreren Personen, die alle voneinander wissen.

3 Cis Menschen sind mit dem Geschlecht, das ihnen bei der Geburt zugeschrieben wird, einverstanden, während trans Menschen sich dem nicht zugehörig fühlen.

Sophie erzählt:

Sophie

»Ich bin eine trans Frau. Ich kann nicht für alle trans Menschen sprechen, dafür sind wir zu vielfältig. Unsere Lebenswege sind sehr unterschiedlich, ebenso unsere Körper, Werte, Dogmen und Glaubenssätze. Negative und leidvolle Erfahrungen können durch Pronomen, Namen, Kleidung oder körperliche Merkmale verursacht werden. Niemand kann in uns hineinschauen, deshalb ist eine Sache ganz besonders wichtig: Wir müssen über unsere Wünsche sprechen.

Es gibt bei queeren Bestattungen vieles zu beachten. Hier kommen einige Fragen, die ich besonders wichtig finde:

Hat die trans Person offen mit ihrer Geschichte gelebt, oder wusste nur ein intimer Kreis vom ersten Leben? Könnte es während der Trauerrede zum ungewollten Outing kommen? Wie soll biografisch bei einer Trauerrede mit dem Leben vor der Transition umgegangen werden? War die Familie mit der Transition einverstanden, oder gibt es Ablehnung? Existieren Zugehörige, welche die trans Person falsch gendern würden, also das falsche Pronomen oder den falschen Namen verwenden?

Es ist wichtig, mit den Menschen, die den eigenen Abschied einmal gestalten werden, darüber zu reden und klare Anweisungen zu hinterlassen. So kann der Platz, der sonst vielleicht mit Diskussionen über Geschlechtlichkeit gefüllt wird, für Abschied und Trauer da sein. Diese Diskussionen haben die meisten trans Menschen zu Lebzeiten sehr ausführlich und immer wieder geführt. Das kann dann endlich mal aufhören.

Und wie soll meine Abschiednahme aussehen? In meinem Leben als Mann hätte die Müllabfuhr meinen Körper einfach mitnehmen können. Ich habe nichts für diese Hülle empfunden. Verbrennen. Versenken. Erledigt.

Jetzt wünsche ich mir, barfuß (Hornhaut bitte abraspeln!), mit rotem Nagellack und leicht geschminkt, in meinem schönsten BH und Kleid eingeäschert zu werden. Wenn mir meine geliebten Töchter mein Lieblingskleid anziehen und die Haare kämmen könnten, wäre ich sehr glücklich. Und noch glücklicher wäre ich, wenn sie mir ein Foto von sich in die Hände legen würden. Und natürlich fände ich Glitzer auf meiner Urne schön, wenn mein Name damit geschrieben würde: S O P H I E. Mein Name und Glitzer. Ich habe so lange dafür gekämpft! Aber bitte nicht zu viel Glitter, ich bin ja keine Dragqueen. Schön wäre ein wenig Goldstaub für meine Seele, die ziemlich viele Narben abbekommen hat, um endlich als Sophie leben zu können.«

## Wusstet ihr schon?

Für queere Menschen kann die Reihenfolge in der Bestattungspflicht eine besondere Rolle spielen. Manchmal sind die Menschen, die rechtlich gesehen zuständig wären, nämlich nicht die, von denen man gerne bestattet werden würde. Dies kann insbesondere für queere Lebensmodelle und Beziehungskonzepte gelten, wenn diese staatlich nicht anerkannt werden. Daher ist es für queere Menschen besonders wichtig, sich schon zu Lebzeiten damit zu beschäftigen, ihre Bestattungswünsche zu verschriftlichen und eine für sie gute Lösung zu finden.

Es ist möglich, jemanden von der Bestattungspflicht zu entbinden und Menschen aus dem Freundeskreis oder der Wahlfamilie dafür einzusetzen. Aber diese müssen dann auch für die Bestattung bezahlen und haben keinen Anspruch auf Beihilfe vom Sozialamt. Das gilt für alle nicht verheirateten Paare. Hier sind die Eltern oder die Kinder der verstorbenen Person bestattungspflichtig. Es ist nicht automatisch die Person, mit der der verstorbene Mensch zusammen war.

Wenn die Herkunftsfamilie bestattungspflichtig ist, obwohl die verstorbene Person ihr nicht nahestand, dann braucht es Geduld und Vermittlung. Manchmal sind getrennte Abschiednahmen für die verschiedenen Zugehörigen eine Möglichkeit, um allen Bedürfnissen Raum zu geben.

## Warum ist das wichtig?

Die Möglichkeit, selbstbestimmt zu leben, zu sterben und bestattet zu werden, ist das Recht aller Menschen. In so sensiblen Situationen wie Abschieds- und Trauerprozessen sollten sich alle Menschen ernst genommen, geschützt und sicher fühlen. Daher ist es besonders wichtig, dass die Menschen, die Zugehörige im Trauerprozess und beim Abschied begleiten, über Diskriminierung Bescheid wissen und sich informieren. Dann können sie Menschen, denen von der Gesellschaft ihre Selbstbestimmung oft abgesprochen wird, besser unterstützen.

## WAS KANN ICH TUN, WENN EIN BABY STIRBT?

Ein weiterer Schwerpunkt des Bestattungsunternehmens, mit dem Sarah arbeitet, ist die Bestattung von Babys. Wenn Sarah das erzählt, sieht sie oft entsetzte Blicke. Es ist verständlich, dass es Beklemmungen auslöst, wenn Menschen bewusst wird, dass auch Babys sterben können, und sie mit ihren eigenen Verlustängsten konfrontiert werden. Andererseits wird dieses Thema aus Angst so wenig besprochen, dass es kaum Wissen darüber gibt. Betroffene fühlen sich oft sehr allein, weil sie von anderen gemieden werden, die Hemmungen haben, etwas zu sagen.

Überschlägt man die letzten fünf Jahre, dann gibt es in Deutschland pro Jahr etwa 3160 totgeborene Kinder. Dazu kommen 2450 Babys, die innerhalb ihres ersten Lebensjahres versterben. Nicht erfasst sind hierbei die Fehlgeburten bis zur 24. Woche oder unter 500 Gramm Gewicht. Das heißt, in Deutschland versterben statistisch gesehen jeden Tag mehr als 16 Babys vor oder nach der Geburt.

### Was ist wichtig bei Totgeburten und bei Schwangerschaftsabbrüchen?

Uli Michel, Hebamme

Sarah hat mit Uli Michel gesprochen. Sie ist Hebamme, Sterbeamme, Trauma-Fachberaterin und leitet die Bethanien Sternenkinder Beratungsstelle in Münster/Osnabrück.

**Sarah:** »Uli, du begleitest unter anderem Eltern, die erfahren, dass ihr Kind während der Schwangerschaft oder kurz nach der Geburt sterben wird. Da gibt es verschiedene Möglichkeiten: Sie können die Schwangerschaft fortführen und warten, bis das Schicksal entscheidet, dass dieses Leben zu Ende ist. Das kann je nach Krankheitsbild vor oder nach der Geburt sein. Sie können sich auch dazu entscheiden, die Schwangerschaft vorzeitig abzubrechen. Wie unterstützt du die Eltern bei dieser Entscheidung?«

**Uli:** »Im Gespräch gebe ich erst mal Raum, dass die Eltern sich mit ihren ganzen Gefühlen, die sie mitbringen, angenommen fühlen. Danach gucke ich mit ihnen auf beide Wege und auf ihre eigenen Wertevorstellungen.

Die allermeisten können sich erst mal einen Schwangerschaftsabbruch nicht vorstellen. Im Gespräch kommen aber viele auf diesen Entscheidungsweg.

Wenn Eltern das Kind im Bauch weitertragen wollen, erlebe ich, dass sie oft keine richtige Vorstellung davon haben, was das bedeutet. Sie brauchen dann eine engmaschige, kontinuierliche Begleitung von Fachleuten. Einfach nur abzuwarten, reicht nicht aus. Sie brauchen immer wieder den Austausch mit einer Klinik, mit Gynäkologinnen und Gynäkologen, mit Hebammen und auch allen anderen behandelnden Fachärztinnen und -ärzten. Es ist wichtig, dass Eltern mit ihren Ängsten, Nöten und Vorstellungen in einem interdisziplinären fachlichen Netz eingebunden sind und Ansprechpartner haben.

Wenn klar ist, dass es ein Schwangerschaftsabbruch sein wird, weise ich die Eltern darauf hin, dass es möglicherweise gut ist, schon mit einem Bestattungsunternehmen Kontakt aufzunehmen. Das kann helfen, um eine Vorstellung vom Abschied zu haben oder Bilder und Gefühle zu bekommen. Aber wenn das Kind im Bauch noch lebt, ist das meist sehr schwer, weil die elterliche Fürsorge eher halten und schützen will. Ich habe aber

auch Eltern begleitet, die sehr bewusst vor dem Tod des Kindes Bestattende kontaktiert haben. Das ist sehr unterschiedlich, und ich finde es wichtig, gemeinsam alle Möglichkeiten einmal im Kopf durchzuspielen, um den Eltern viele Bilder an die Hand zu geben.
Manchmal vermittele ich auch Kontakte zu Eltern, die den Abbruch oder das Austragen schon hinter sich haben und bereit sind, darüber zu sprechen. Es ist oft hilfreich, jemanden zu fragen, wie es war oder was geholfen hat. Darüber mit Menschen zu reden, die es selbst erlebt haben, ist viel authentischer, als es von mir zu hören.«
**Sarah:** »Der Schwangerschaftsabbruch, besonders in den letzten Wochen der Schwangerschaft[4], ist für viele ein sehr belastendes Thema. Die Eltern können sich nämlich auch dann dafür entscheiden, wenn sich herausstellt, dass das Kind zwar überlebensfähig ist, aber eine schwere Behinderung hat. Ich habe oft erlebt, dass Eltern sich schämen oder mit Schuldgefühlen kämpfen und deshalb nicht beim ersten Gespräch mit mir erzählen, dass sie einen Abbruch hatten. Dieses Thema ist leider sehr angstbesetzt und mit viel Scham verbunden. Deshalb steht auf der Internetseite des Bestattungsunternehmens, bei dem ich arbeite, dass wir auch Bestattungen für Abtreibungen anbieten. Es ist unerheblich, aus welchem Grund der Abbruch geschah und in welcher Schwangerschaftswoche. Ich finde es wichtig, dass wir der Annahme entgegenwirken, man dürfe über den Verlust einer Schwangerschaft nicht traurig sein, deren Ende man selbst herbeigeführt hat. Man kann sich gegen ein Kind entscheiden und trotzdem darum trauern und es auch beerdigen. Meine Hoffnung ist, dass Leute dies auf unserer Seite lesen und dann vielleicht weniger Angst haben, Gefühle von Trauer zuzulassen und auch nach außen zu zeigen.«

4 Bei medizinischer Indikation ist in Deutschland ein Schwangerschaftsabbruch bis kurz vor der Geburt möglich. Dafür muss in den meisten Fällen ein Fetozid erfolgen, das heißt, das Baby wird im Bauch getötet, bevor die Geburt eingeleitet wird.

**Uli:** »Bei frühen Fehlgeburten gibt es in manchen Krankenhäusern eine Hebamme, die den Eltern die Möglichkeit gibt, ein Kästchen vorzubereiten, zu schmücken und zu bemalen. Damit gehen die Eltern zur Ausschabung, und dorthinein wird ihre Fehlgeburt gelegt. Dieses Kästchen können sie dann mitnehmen und bestatten. Das macht viel aus.«

### Wenn ein Baby unerwartet im Bauch stirbt

**Sarah:** »Was passiert, wenn ein Kind plötzlich im Bauch verstirbt?«

**Uli:** »Meist merken Eltern nicht gleich, dass ihr Kind im Bauch gestorben ist, aber viele haben eine Vorahnung. Sie kommen dann zur gynäkologischen Vorsorgeuntersuchung oder ins Krankenhaus, und es wird festgestellt, dass keine Herztöne mehr da sind. Wenn diese Diagnose gestellt wird, fallen die Eltern oft in eine Art Schockstarre.

Das Wichtigste ist, dass wir dann geschultes Fachpersonal haben, die ein Grundwissen über Trauma mitbringen. Sie sollten wissen, wie man mit Menschen in dieser Situation spricht, wie man sie auffängt, was man tun kann und was man besser sein lässt.

Für Eltern ist dieser Moment wie ein freier Fall ins Bodenlose, den niemand abmildern kann. Aus Erfahrung wissen wir aber, dass eine gute Begleitung durch Fachpersonal dazu beitragen kann, die Situation für die Eltern in irgendeiner Weise erträglicher zu machen. Das erleben wir auch in der Trauerbegleitung. Wenn die Akutphase gut begleitet wurde, hilft dies bei der weiteren Verarbeitung.

Man sagt immer, Bindung verhindert Trauma. Das heißt, wenn wir mit den Menschen in Kontakt bleiben, hilft das, damit dieser freie Fall nicht so schlimm empfunden wird. Wenn wir signalisieren, wir bleiben bei ihnen und tun unser Bestmögliches, um sie zu unterstützen, anstatt den Blick abzuwenden oder einfach rauszugehen. Dann spüren die Eltern, dass da ein Mensch an ihrer Seite ist, an den sie sich halten können.«

**Sarah:** »Oft erinnern sich Menschen ganz genau an die Situation und an die Art und Weise, wie Krankenhauspersonal mit ihnen gesprochen hat. Es spielt zwar auch eine Rolle, was gesagt wird, aber der Stimmklang hat einen großen Einfluss darauf, wie die Botschaft empfangen wird. Ebenso die körperliche Zugewandtheit und der Blickkontakt. Ich finde es ganz wichtig, dass medizinisches Personal hier geschult wird.«
**Uli:** »Wir werden demnächst einen Workshop genau zu diesem Thema durchführen. Ärztliches Personal wird geschult, wie solche Gespräche geführt werden können, denn das ist schon etwas ganz Wesentliches bei der Begleitung der Eltern.
Ich finde es außerdem sehr wichtig, dass es einen Rückzugsort für betroffene Eltern gibt. Wenn man so schockiert ist, möchte man sich einfach zurückziehen können. Das heißt, in Kliniken sollten sie ein Einzelzimmer bekommen, sodass sie Schutz haben. Zusätzlich sollte man ihnen eine kontinuierliche Begleitung zur Seite stellen. Also eine Person aus dem Krankenhaus, die immer mal wieder nach ihnen schaut, die in kleinen Portionen mit den Eltern über die Situation spricht und dann wieder alles sacken lässt, die ein paar Stunden später oder am nächsten Tag wiederkommt und schaut, wie weit ihre Gedanken sind. Wollen die Eltern eine Abschiednahme vom Kind? Wollen sie Erinnerungsstücke machen und Vorbereitungen für die Beerdigung treffen?
Da wäre eine Betreuungskontinuität wirklich gut, was in vielen Häusern gar nicht möglich ist. Das ist schon schwierig.«
**Sarah:** »Es ist auch wichtig, den Eltern zu sagen, dass sie nichts sofort entscheiden müssen, denn oft denken sie ja, es muss alles schnell gehen.«
**Uli:** »Ja, Verlangsamung ist total wichtig und dass man Druck rausnimmt. Ich habe schon ein Elternpaar gehabt, die haben ihr verstorbenes Kind noch dreieinhalb Wochen im Bauch getragen, das geht auch. Es ist kein Zeitdruck da. Zeit ist ganz wichtig, damit die Seele und das Innenleben

ein Stück hinterherkommen können, nachdem der Tod des Kindes festgestellt wurde.«

**Sarah:** »Die Erfahrungen im Krankenhaus können den folgenden Trauerprozess prägen, das habe ich oft erlebt. Eltern, die genug Zeit hatten und selbstbestimmt entscheiden konnten, sind oft ruhiger und mehr mit sich in Kontakt.

Ich habe mal ein Paar begleitet, das Zwillinge bekommen sollte und bei dem ein Notkaiserschnitt vorgenommen werden musste. So etwas passiert natürlich immer plötzlich, und es gab keine Zeit, weil das eine Kind tot war und das andere gerettet werden sollte. Am Schluss starben aber beide Kinder. Die Eltern haben im Krankenhaus keine Möglichkeit bekommen, beide Kinder zusammen zu sehen, und konnten den Verlust gar nicht richtig begreifen. Erst bei der Abschiednahme mit mir, viele Tage später, hatten sie endlich zum ersten Mal beide Jungen zugleich im Arm. So schmerzvoll es war, haben sie sich da auch als Familie gefühlt. Da konnte dann ein bisschen was heilen.«

**Uli:** »In solchen Situationen ist es natürlich sehr schwierig, aber Krankenhauspersonal sollte immer den Kontakt zu den Eltern halten und schauen, was gebraucht wird. Dabei ist es wichtig, sich selbst zurückzunehmen und nicht sofort in die Handlungsimpulse zu gehen. Sofort helfen zu wollen und retten zu wollen, macht zusätzlich Druck. Viel entscheidender in der Begleitung ist Aushalten, Dableiben und Sicherheit vermitteln.«

**Sarah:** »In manchen Krankenhäusern müssen Eltern schon kurz nach einer Totgeburt einen Zettel unterschreiben und sich für eine Sammelbestattung oder eine Einzelbestattung entscheiden. Oft ist das in dem Zustand der Eltern eine Überforderung. Da kann es schnell passieren, dass man eine falsche Wahl trifft.«

**Uli:** »Das kann man zum Glück später noch ändern. Wenn ein Kind für die Sammelbestattung verwahrt wird, dann liegt es zunächst in der Pa-

thologie und kann auch noch eine Woche später abgeholt werden, um eine Einzelbestattung zu machen.
Meist ergibt sich das im Gespräch mit den Eltern. Wenn ich frage, wo ihr Kind jetzt ist und wie sich das für sie anfühlt, kommen oft starke Gefühle hoch. Dann überlegen wir, was wir tun können. Wollen sie ihr Baby noch mal sehen, sich verabschieden? Braucht es eine andere Art der Bestattung, oder soll ihr Baby im Grab der Oma beigesetzt werden? Dann kann das Kind auch noch später abgeholt werden.«

## Wie kann man den Abschied von einem Baby gestalten?

**Sarah:** »Nachdem ein Kind tot geboren wurde, brauchen Eltern Zeit, um sich verabschieden zu können. Was ist deiner Meinung nach dabei wichtig?«
**Uli:** »Erst mal ist die Begrüßung sehr wichtig. Wir können uns nur von jemandem verabschieden, den wir auch begrüßt haben. Dafür brauchen Eltern Zeit, aber auch eine gute Begleitung. Es ist nicht genug, das Bettchen mit dem verstorbenen Kind nur ins Zimmer zu schieben, mit dem Hinweis, die Eltern könnten sich jetzt verabschieden.
Viele Menschen haben Berührungsängste, haben noch nie einen toten Menschen gesehen und schon gar nicht ein totes kleines Baby. Wir als Fachpersonen müssen die Brücke bauen, indem wir das Kind beschreiben und erzählen, was uns Schönes an dem Kind auffällt, wie die kleine Nase. Dadurch werden die Eltern neugierig und wollen selbst gucken. Bei den meisten Eltern geht dann das Herz auf, und sie nehmen ihr Kind an. Sobald der Kontakt zum Kind hergestellt ist, muss man nicht mehr viel machen. Viele wollen das Kind dann gar nicht mehr abgeben.
Es gibt mittlerweile Krankenhäuser, bei denen die verstorbenen Kinder drei Tage mit den Eltern im Zimmer bleiben können. Sie werden dann mit einem besonderen Kühlsystem aus zwei Kühlmatten oder mit einfa-

chen Kühlakkus gekühlt. Wenn die Eltern Pause oder Abstand brauchen, kommen die Kinder in die Kühlräume der Pathologie.
Ich finde es wichtig, den Eltern alles zu erklären. Man muss ihnen sagen, dass es einen Verwesungsprozess gibt, dass der Körper sich verändern wird und dass man ihn ein bisschen kühlen kann, damit das Kind länger ansehnlich bleibt. Das verstehen die Eltern gut und können es auch so annehmen. Manchmal geschieht es, dass sich die Haut des Babys ein bisschen schält, besonders, wenn es schon ein paar Tage vor der Geburt im Bauch verstorben ist. In solchen Fällen empfehle ich, die Kinder lieber in schöne Einschlagtücher zu wickeln, anstatt sie komplett anzuziehen, damit man sie nicht so oft hin und her bewegen muss.
Und je nachdem, wie ein Kind aussieht, würde ich es behutsam einwickeln und darauf achten, dass zum Beispiel wunde Hautstellen erst mal abgedeckt sind. So ist es für die Eltern ein bisschen angenehmer, und sie können sich langsam annähern. Ich finde das sehr wichtig und es ist die Aufgabe der Hebammen, mit darauf zu achten.«

**Sarah:** »Es ist auch wichtig, zu wissen, dass Eltern ihre verstorbenen Babys für eine bestimmte Zeit (24 bis 48 Stunden, je nach Bundesland) mit nach Hause nehmen dürfen. Mit dem eigenen Kind in der Wohnung zu sein, die sein Zuhause geworden wäre, kann sehr bedeutsam sein. Das muss gleich nach der Geburt organisiert werden, da die Frist nur sehr kurz ist. Wenn Eltern unsicher sind, biete ich auch hier Begleitung an.
Findet eine weitere Abschiednahme später beim Bestattungsunternehmen statt, ist es wichtig, die Eltern auf eventuelle körperliche Veränderungen gut vorzubereiten. Bei frühen Fehlgeburten erkläre ich, dass so ein kleines Körperchen gar nicht darauf ausgelegt ist, in der Schwerkraft zu sein, denn im Fruchtwasser im Bauch ist das etwas ganz anderes. Deshalb sinkt der Körper ein bisschen in sich zusammen. Ich betone dann vor allem die schönen Dinge wie die klitzekleinen Fingerchen oder die niedlichen kleinen Ohren.

Ich habe die Erfahrung gemacht, dass Eltern ziemlich genau wissen, was sie brauchen und wie sie gerne Abschied nehmen möchten. Manchmal sind Eltern unsicher, ob sie ihr Kind noch mal ansehen wollen, zum Beispiel, wenn es schon länger tot ist und sich der Körper verändert hat. Ich biete dann an, dass ich das Baby in ein Tuch einwickeln kann. Wenn ich das tue, falte ich das Tuch immer so, dass es für die Eltern möglich wäre, noch mal hineinzugucken, wenn sie es möchten. Wenn sie das nicht wollen, sich aber trotzdem Nähe wünschen, können sie ihr Kind auch eingewickelt auf dem Arm halten und es wiegen. Wenn sie so in sich hineinspüren und ihren Bedürfnissen nachgehen können, ergibt sich meist genau der Abschied, der gut für die Eltern ist.«

### Trauer um ein kurzes Leben

**Sarah:** »Wie kann man Menschen begleiten, die um ein Kind trauern, das nur ganz kurz da war und das die Zugehörigen nur ein ganz kleines bisschen kannten? Was ist bei Menschen, die das durchleben, besonders wichtig?«

**Uli:** »Man kann die schönen Seiten der Schwangerschaft wertschätzen und in Erinnerung behalten. Es ist hilfreich zu überlegen, was es an guten Momenten gab: Wie war es, als die Eltern gemerkt haben, dass sie schwanger waren? Wer hat sich besonders gefreut? Was war es für ein Kind im Bauch? Hat es sich viel bewegt? Manchmal ist es hilfreich, das aufzuschreiben, denn nach zehn Jahren hat man es nicht mehr so präsent wie jetzt. Vielleicht ist es dann aber wichtig, sich noch einmal erinnern zu können.

In der Begleitung ist es außerdem wichtig, dass den Eltern vermittelt wird, dass erst mal alles sein darf und alle Gefühle gezeigt werden können. Dafür braucht es einen Rahmen und einen Raum, wo Menschen sich darauf einlassen können. Das ist oft in der Klinik noch gar nicht gegeben, denn es sind fremde Räumlichkeiten und viele Menschen drum herum. Ein Zur-Ruhe-Kommen ist da nur selten möglich. Oft kommt das erst zu Hause, und dann ist es wichtig zu gucken, wie Menschen zum Beispiel mit einer Trauerbegleitung aufgefangen werden können. Es beginnt auf der einen Seite der Prozess, dass sich Eltern ihrer Trauer zuwenden, dass sie alles zulassen und beginnen zu fühlen. Auf der anderen Seite geht es um die Frage, wie sie es wieder schaffen, den Alltag zu meistern.«

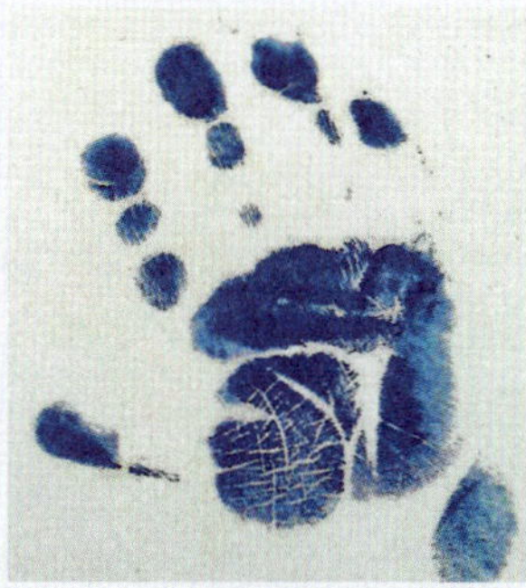

Handabdruck mit Stempelfarbe

**Sarah:** »Wenn Eltern nach dem Aufenthalt im Krankenhaus mit mir eine Abschiednahme machen, sagen sie oft, dass das noch mal eine ganz andere Atmosphäre war. Weil es ein anderer Raum ist, eine andere Umgebung, und nicht der Ort, wo alles passiert ist. Ich kann den Eltern noch einmal Zeit und Ruhe mit ihrem Kind geben, und wenn es möglich ist, versuche ich, Erinnerungen zu schaffen. Man kann zum Beispiel ein Foto machen, wie sie es im Arm halten, oder einen Handabdruck oder Abguss machen. Manche möchten eine Haarsträhne abschneiden oder noch etwas mit in den Sarg legen.
In einigen Krankenhäusern bekommen Eltern zwei Erinnerungsstücke wie Sterne, Herzen oder Tränen, von denen eins zum Kind gelegt und das andere behalten werden kann. Für viele ist es hilfreich, das bei einer Abschiednahme in einem anderen Rahmen noch einmal zu tun.«

**Uli:** »Ja, das tut vielen Eltern gut. Bei einer weiteren Abschiednahme sind sie vielleicht auch schon mutiger und trauen sich, ihr Kind zu halten, was im Krankenhaus vielleicht nicht möglich war. Das anzuregen, ist oft heilsam. Aus der Trauerforschung wissen wir, dass es hilfreich ist, sich von einem verstorbenen Menschen mehrmals verabschieden zu können. So wie es früher bei einer Hausaufbahrung üblich war. Man kann hingehen und wieder weg, nach ein paar Stunden wiederkommen und langsam die Veränderungen des Leichnams wahrnehmen. Bei jeder Annäherung wird man sicherer.«

**Sarah:** »Es geht dabei auch darum, den Zeitpunkt zu fühlen, wann es genug ist und zum Beispiel der Sarg geschlossen werden kann. Ich lasse das die Eltern selbst machen, es sei denn, sie wollen das nicht. Wenn es ihre eigene Entscheidung ist, ihr eigener Impuls, dann ist das so viel wert. Oft gebe ich den leeren Sarg vor der Abschiednahme den Eltern mit, wenn sie ihn bemalen und gestalten wollen. Seitdem ich die Erfahrung gemacht habe, dass sich viele wünschen, den Sarg auch innen selbst mit Stoff auszuschlagen, haben wir immer einen unausgeschlagenen Rohsarg auf Lager.«
**Uli:** »Je mehr wir die Eltern wieder in die Handlungsfähigkeit bringen, umso besser ist es. Natürlich braucht das einen Moment, da muss man sich erst mal herantasten an so ein Thema.«

### Wahrnehmung in der Gesellschaft

**Sarah:** »Neben den Eltern gibt es oft auch Geschwister und andere Bezugspersonen, die trauern. Haben wir als Gesellschaft einen Blick dafür, wer alles involviert ist, wenn ein Baby stirbt?«
**Uli:** »Nein, das haben wir nicht. Das fängt schon beim Elternpaar an, dass Väter zuerst gefragt werden, wie es ihrer Frau geht. Da wird schon der Vater nicht gesehen als jemand, der genauso zu dem gestorbenen Kind gehört. Wenn es passt, empfehle ich, dass die ganze Großfamilie sich verabschieden kann und dass der Verlust ein Familienthema wird.«
**Sarah:** »Gerade bei Familien mit lesbischen, schwulen, queeren oder auch mehreren Elternteilen finde ich es wichtig, alle miteinzubeziehen. Dafür muss man wissen, wer alles dazugehört.
Wenn ich erzähle, dass ich Babys bestatte, erschrecken Menschen oft und weichen zurück. Aber für mich ist es eine Begleitung wie jede andere auch. Wenn wir geliebt haben, dann trauern wir, egal bei welchem Menschen. Natürlich ist es gegen den Lauf des Lebens, dass Kinder vor ihren Eltern sterben, aber es geschieht.

Mit Eltern, Bezugspersonen, Geschwistern und der ganzen Familie lassen sich oft liebevolle Abschiedsprozesse in Gang setzen. Wenn Zugehörige wieder in ihre Kraft kommen, machen sie ganz wunderbare Sachen, die mich manchmal selbst überraschen und rühren. Das empfinde ich als etwas Besonderes und Wundervolles an meiner Arbeit.

Es kann für Eltern und Bezugspersonen erdrückend und lähmend sein, wenn Außenstehende den Tod eines Babys als das Allerschlimmste, was einem Menschen jemals passieren kann, bewerten. Das ist oft nicht hilfreich für die Bewältigung des Verlustes, denn es hemmt, wieder ins Leben zurückzufinden und irgendwann wieder glücklich sein zu dürfen.

Oder es wird, insbesondere bei einer frühen Fehlgeburt, die Trauer um den gestorbenen Embryo kleingeredet, weil die Eltern ja wieder schwanger werden könnten. Das ist genauso übergriffig. Außerdem weiß niemand, was Menschen alles durchgemacht haben, um schwanger zu werden. Manche werden es nie, und es bleibt ein unsichtbarer Schmerz bei unerfülltem Kinderwunsch.

Ich habe ein recht junges Paar begleitet, da war klar, es kann aus körperlichen Gründen keine weitere Schwangerschaft mehr geben. Die beiden mussten neben dem Verlust ihres Kindes nun auch noch mit der Trauer um die gemeinsame Familie umgehen, die sie nicht haben würden.«

**Uli:** »Es geht nicht darum, was wir von außen finden. Wenn jemand traurig ist, dann hat es seine Berechtigung, ganz unabhängig vom Zeitpunkt der Schwangerschaft oder vom Ausmaß dessen, was da passiert ist.«

## Was muss sich ändern?

**Sarah:** »Welche Veränderungen würdest du dir wünschen?«

**Uli:** »Ich würde mir deutlich mehr Schulungen für Fachpersonal wünschen, damit Eltern, egal wann und in welches Krankenhaus sie kommen, immer gut begleitet werden.

Und ich wünsche mir, dass wir als Gesellschaft lernen, bei Leiderfahrungen hinzuschauen, aber auch dazubleiben, nachzufragen und Menschen in solchen Situationen nicht aus dem Blick zu verlieren. Ich wünsche mir, dass wir uns einander zumuten, dass wir Menschen im Blick haben, die eine Zeit lang in einer besonderen Lebensphase sind und möglicherweise von uns allen Schutz brauchen. Darüber habe ich auch in meinem Buch ›Ein Kind in den Sternen‹ geschrieben. Ich wünsche mir eine neue Sorgekultur.«

## Wusstet ihr schon?

Embryos oder Föten bis 500 Gramm sind nicht bestattungspflichtig und werden meist mit anderen Embryos von der Klinik sammelbestattet. Das bedeutet, die Föten werden in der Pathologie gesammelt und gemeinsam beerdigt. Zu diesen Beisetzungen, die mehrmals im Jahr stattfinden, werden die Eltern auf Wunsch auch eingeladen. Es ist allerdings auch möglich, den Fötus individuell beizusetzen, wenn die Eltern das möchten.

Wenn keine Bestattungspflicht besteht, sind Kliniken dazu verpflichtet, den Fötus oder Embryo an die Eltern herauszugeben, wenn diese das möchten!

In den meisten Bundesländern sind totgeborene Föten ab 500 Gramm bestattungspflichtig. »Bestattungspflichtig« bedeutet, dass die Eltern die Kinder mit einem Bestattungsunternehmen bestatten müssen. Wird ein Kind lebend geboren, ist es in jedem Falle bestattungspflichtig, egal, wie viel es wiegt.

Gestorbene Babys werden »Sternenkinder« genannt. Auf manchen Friedhöfen gibt es spezielle Grabstellen für sie. Das sind liebevoll gestaltete Sammelgrabstätten, wo nicht bestattungspflichtige Babys aus den Kliniken bestattet werden. Ebenso gibt es »Sternenkinderfelder« für die Individualbestattungen. Dort liegen die einzelnen Babygräber nebeneinander, sodass die Babys in Gemeinschaft ruhen und Eltern gemeinsam trauern können.

Alle verwaisten Eltern haben Anspruch auf Wochenbettbetreuung durch eine Hebamme. Gebärende, deren Kind mehr als 500 Gramm wog oder nach der 24. Schwangerschaftswoche geboren wurde, haben zudem Anspruch auf bezahlten Mutterschutz. Wird ein Kind nach der 37. Schwangerschaftswoche geboren, beginnen die acht Wochen Mutterschutz mit dem Tag der Geburt. Bei Frühchen, also Kindern, die vor der 37. Schwangerschaftswoche geboren wurden, dauert der Mutterschutz länger. Er beginnt mit der Geburt und geht bis acht Wochen nach dem errechneten Geburtstermin.

Ebenso werden besondere Kurse für Rückbildungsgymnastik angeboten, die nur für verwaiste Eltern sind.

Wenn sich nach dem Verlust eines Babys eine erneute Schwangerschaft einstellt, so ist diese Zeit oft geprägt von vielen Ängsten und Unsicherheiten. Auch hier gibt es Beratungsangebote und die Möglichkeit zu Einzelgesprächen mit geschulten Hebammen oder Begleitenden.

Sternenkindgräber mit Spielplatz

## Sarah

»Mia starb an einem verschneiten Wintertag im Krankenhaus in den Armen ihrer Eltern. Als ich das erste Mal mit ihrer Mutter telefonierte und wir uns für einen Besuch verabredeten, hatte ich zufällig einen unausgeschlagenen Rohsarg im Sarglager. Ich fragte die Eltern, ob sie sich den Sarg einmal anschauen und ihn vielleicht selbst gestalten wollten. Sie waren unsicher, aber wir vereinbarten, dass ich ihn zum Gespräch mitbringen würde. Eine Woche lang arbeitete die Mama an dem kleinen Särglein. Gemeinsam mit Mias großem Bruder bemalte sie ihn. Die Matratze nähte eine Freundin. Dabei entstand auch die Idee für den Himmel mit den Schmetterlingen. Die Beschäftigung mit Mias Sarg tat allen sehr gut, und am Schluss entstand ein liebevolles Bettchen für Mia, in dem sie ihre letzte Ruhe fand.«

Bemalter Babysarg

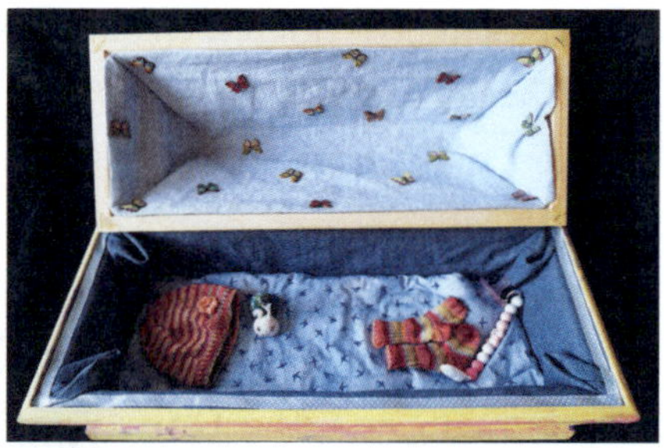

Individuell ausgeschlagener Babysarg mit Schmetterlings-Himmel

## Katrin

Katrin mit ihrer Tochter Clara

»Nach dreiundzwanzig Tagen zahlreicher Operationen am offenen Herzen, nach quälenden Wochen, in denen mein Mann und ich hofften, beteten und wieder verzweifelten, gab es für unsere sechs Monate alte Tochter Clara keine Rettung mehr. Wir mussten sie gehen lassen und entschieden uns dafür, die Maschinen, die sie unnatürlich am Leben hielten, abzuschalten.

Am Abend, bevor Clara starb, erzählte mir Sarah, was alles bei einer Abschiednahme möglich wäre und dass wir auch Fotos machen könnten. Ich fand diesen Gedanken zuerst merkwürdig. ›Das wollen wir bestimmt nicht, oder?‹, fragte ich im Anschluss an das Gespräch meinen Mann. Auch er verneinte.

Nach Claras Tod wurden zuerst ihre Operationswunden von den Mitarbeitenden des Herzzentrums liebevoll geschlossen und versorgt. So konnten wir bei der anschließenden Abschiednahme noch mal ganz nah bei ihr sein, sie anziehen und ein letztes Mal auf den Arm nehmen. Es war unglaublich schmerzhaft und schön zugleich, sich so innig von ihr verabschieden zu können. Ich werde diesen Moment nie vergessen.

Nach einer Weile sah ich meinen Mann wortlos an und zog mein Handy aus der Tasche. Wir fotografierten uns mit Clara im Arm. Diesen besonderen Moment wollten wir unbedingt festhalten. Hätte mir Sarah zuvor nicht von dieser Möglichkeit erzählt, hätte ich vermutlich Hemmungen gehabt oder wäre erst gar nicht auf die Idee gekommen.

Heute sind mir diese Bilder sehr kostbar. Sie gehören zu Claras Leben, wie die Bilder von ihrer Geburt. Und sie erinnern mich daran, wie schön sie im Tod ausgesehen hat.

Dank der Fotos kann ich diese Erinnerung auch mit meinen Söhnen teilen. Wenn sie mich nach Clara fragen, wollen sie unbedingt diese Bilder sehen. Offensichtlich helfen sie meinen Söhnen zu begreifen, was es heißt, dass sie eine Schwester haben, die schon gestorben ist.«

## Warum ist das wichtig?

Gerade wenn Babys sterben, leiden verwaiste Eltern und Bezugspersonen nicht nur unter dem Verlust selbst, sondern auch unter der Unsicherheit und Sprachlosigkeit des Umfeldes. Diese zusätzliche Belastung kann vermieden werden, wenn wir uns mehr mit diesem Thema auseinandersetzen.

Gegen unsere Fassungslosigkeit und Ohnmacht hilft es, etwas tun zu können. Deshalb ist es so wichtig zu wissen, dass es auch beim Verabschieden eines Babys viele Möglichkeiten gibt, den Abschied selbst zu gestalten.

In diesem sehr kurzen Leben gab es nicht viel Zeit, die gemeinsam erlebt werden konnte. Daher haben Erinnerungsstücke von gestorbenen Kindern für die Zugehörigen oft eine besonders große Bedeutung.

Sarah

# KLEINER FUCHS

Zoe wird für mich immer das Weihnachtsbaby sein. Ich habe sie am Heiligen Abend aus der Pathologie des Krankenhauses geholt, in dem sie gestorben war. Der Mitarbeiter wollte sie mir in eine Decke gewickelt in den Sarg legen, den ich mitgebracht hatte, aber ich nahm sie auf den Arm, schlug die Decke zurück und wollte sie ansehen. Sie war perfekt, dunkle Haare umrahmten ein niedliches Gesichtchen mit einer kleinen Stupsnase, an der ich einen Abdruck des Beatmungsschlauchs erkennen konnte, den sie getragen hatte. Sie hatte die Augen geschlossen und wirkte friedlich auf mich. Ich erzählte ihr, wer ich bin und dass ich sie jetzt abholen würde, damit sie am nächsten Tag von ihrer Mama und ihrem Papa angezogen und verabschiedet werden könne. Ich spreche oft mit den mir anvertrauten Toten. Nicht, weil ich denke, sie können alles hören, sondern weil es mich daran erinnert, dass es Menschen sind, die Respekt und wertschätzende Behandlung verdienen. Dazu gehört für mich, nicht einfach ein Bündel in den Sarg zu legen, sondern Zoe zu sehen, das kleine Baby, deren Eltern mich ausgewählt hatten, sie in ihrem Abschiedsprozess zu begleiten.

Nora, Peter und Phileas

Zoes Mama Nora erinnert sich: »Die Umstände von Zoes Leben und Tod waren für uns, ihre Eltern, sehr schwierig. Zoe kam mit einem schweren Herzfehler sechseinhalb Wochen zu früh auf die Welt und war darum sofort nach ihrer Geburt auf der Intensivstation. Erst fünf Stunden später durften wir zu ihr. Wir drei lebten im Krankenhaus, draußen war Corona-Lockdown. Den strikten Hygienemaßnahmen entsprechend, wurde unsere Zeit und das Sein mit ihr stark eingeschränkt, was bis heute eine offene Wunde für uns ist.

Wir haben gewusst, dass sie sterben könnte. Darum haben wir uns eine Taufe für sie gewünscht und diese mit dem Krankenhausseelsorger organisiert. Die Zeit, die wir hatten, wollten wir so gut wie möglich nutzen und ihr allen möglichen Schutz mitgeben. Für uns war das auch Gottes Segen in Form der Taufe. Ihre Taufpatin durfte nicht auf die Station kommen, aber sie hat uns ein Fuchs-Badehandtuch als Taufgeschenk gegeben. Die Tanten und Onkel, die Omas und Opas und Cousinen und Cousins haben Lieder für sie gesungen und aufgenommen. Wir haben diese bei der Taufe abgespielt.

Am Abend vor der fünften und kritischsten Herz-OP habe ich auf dem Krankenhausparkplatz nach meinem Besuch bei ihr einen Fuchs getroffen. Wir standen uns gegenüber und haben uns ganz lange angesehen. Es war magisch, auch wegen dem Taufgeschenk, und ich wollte darin unbedingt ein positives Zeichen für die OP sehen. Ich habe danach sofort gegoogelt, ob Füchse Glückssymbole sind. Das sind sie leider nicht. Gefunden habe ich, dass sie in manchen Kulturen als Begleiter der Seelen gelten. Weil Zoe am nächsten Tag während ihrer OP gestorben ist, war für mich klar, dass

Grabstein mit Fuchs für Zoe

der Fuchs da war, um sie abzuholen und auf ihrer nächsten Reise zu begleiten. Für uns sind Füchse nun untrennbar mit Zoe verbunden, weshalb wir auch ein schlafendes Füchslein auf ihren Grabstein meißeln und malen haben lassen.

Wir konnten sie schon im Krankenhaus kurz nach ihrem Tod sehen und halten, um Abschied zu nehmen. Dies hat sich aber einfach nur schrecklich angefühlt. Sarah hat uns dann angeboten, dass wir am 25. Dezember noch mal eine Abschiednahme machen, und das wollten wir. Zoes Taufpatin hat uns dabei begleitet. Die drei Tage bis zu diesem Abschied waren schrecklich. Das Grauen, das im Krankenhaus von uns Besitz ergriffen hatte, wollte einfach nicht weggehen. Ich konnte kaum schlafen.

Während der Abschiednahme konnten wir Zoe endlich ohne Kabel und Schläuche halten, sie wiegen, küssen und noch einmal mit ihr kuscheln. Die Atmosphäre war so anders als im Krankenhaus, ganz friedlich. Wir haben ihr alle Lieder noch einmal vorgesungen, die wir schon im Krankenhaus für sie gesungen hatten, und die Tauflieder noch einmal vorgespielt. Wir haben ihr eine selbst gestrickte Jacke, die für die kleine Maus so groß wie ein Mäntelchen war, und ein Mützchen von der Oma angezogen, darunter einen Body, den uns eine Freundin für sie geschickt hatte, sowie eine Strumpfhose und dicke Socken.

Zur Verabschiedung haben wir ihr Grabbeigaben für den Sarg mitgebracht. Das war zum Beispiel ein Lammfell, das ich vor ihrer Geburt gekauft hatte und in das wir uns während der Schwangerschaft gekuschelt hatten, damit es nach uns riecht, ein Foto von uns aus glücklichen Tagen, je eine Haarsträhne von uns, so wie wir eine Haarsträhne von ihr aufgehoben haben, kleine Schutzengelfiguren, die wir für sie von Verwandten und Freunden bekommen hatten, eine Geburtstagskerze, weil wir so gerne mit ihr ihren ersten Geburtstag gefeiert hätten, und ein personalisiertes Kuscheltuch, damit sie nicht alleine in ihrem Sarg ist. In ihre Hand haben wir eine von drei Plüschtränen gelegt, die wir vom Krankenhaus geschenkt bekommen haben – eine für den Sarg und jeweils eine für uns als Eltern. Dann haben wir sie auf das weiße Lammfell gebettet, das wir in den Sarg gelegt haben, und all die Dinge um sie herum arrangiert. Sie sah schön aus, wie eine kleine Schneekönigin. Den Sarg zu schließen, fiel uns unheimlich schwer. Wir haben unsere Handabdrücke darauf hinterlassen und unsere Namen draufgeschrieben. Die Verabschiedung hat uns seelischen Frieden gebracht. Nach diesem Tag konnte ich endlich wieder ruhig schlafen, und das Grauen war weg. An seine Stelle trat dann die Trauer.

Es war wichtig, dass wir bei der Verabschiedung endlich unsere Liebe so leben konnten, wie wir das schon gerne im Krankenhaus gemacht hätten. Wir teilen nun zudem eine Erinnerung an Zoe mit ihrer Taufpatin und Sarah und können gemeinsam darüber reden, mit jemandem, der sie nicht nur von Fotos und dem einen Video kennt, das wir von ihr haben. Für unsere Familienmitglieder ist sie zum Teil recht abstrakt geblieben.

In den Wochen und Monaten nach ihrem Tod hat das Erlebte teilweise auch für uns etwas Surreales bekommen. Ich glaube, damit schützt sich der Körper vor dem Schmerz. Ist das wirklich uns passiert und nicht jemand anderem? War sie wirklich bei uns?

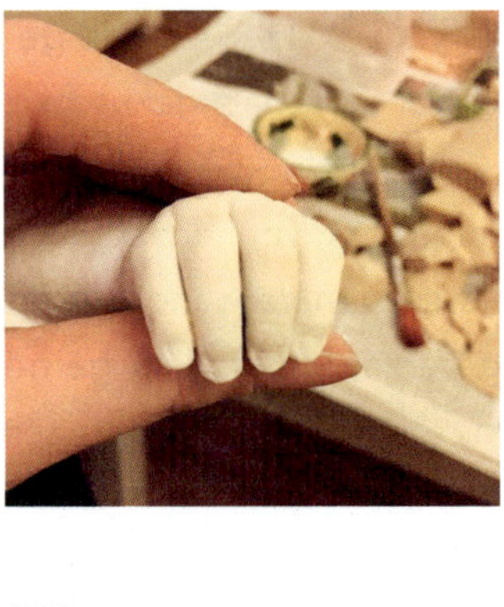

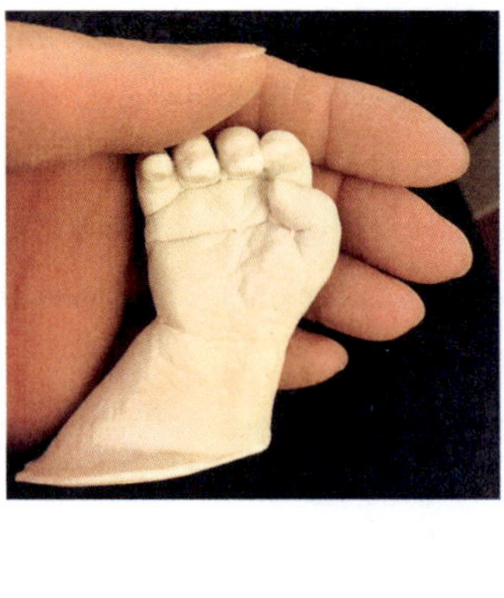

Gipsplastik, hergestellt aus einem Silikonabguss der Babyhand

Dafür ist der Gipsabdruck, den Sarah von Zoes Hand gemacht hat, sehr hilfreich. Er ist Zeugnis dafür, dass sie wirklich da war und gelebt hat. Und er hat auch geholfen, unseren Schmerz unseren Familienangehörigen und Freunden verständlich zu machen, ihn ›begreifbar‹ zu machen. Denn Zoe war da und für kurze Zeit unser Ein und Alles. Die Hand hat bisher noch alle sehr ›berührt‹, denen wir sie gezeigt haben.

Ihre Bestattung hat aufgrund von Corona erst ein halbes Jahr später stattgefunden, denn es war uns wichtig, wenigstens einmal mit unseren Familien und engsten Freunden Zoes Leben zu feiern. Davor habe ich die Urne bemalt: eine Blumenwiese unter einem blauen Himmel mit einem Schmetterling. Das Bemalen hat mir gutgetan, weil es eine weitere Möglichkeit war, meine Liebe zu zeigen. Gemeinsam haben wir die Urne zum Grab getragen, und Peter hat sie eingesenkt.

Nora, Peter und Sarah beim Einsenken der Urne

Die letzten Berührungen waren also von Papa, und das war gut so. Unser Schwager Markus und Freund Cedric haben Gitarre gespielt, und gemeinsam mit Sarah haben wir ihr unser Lied aus dem Krankenhaus ›You Are the Sunshine of My Life‹ vorgesungen. Für uns war es ein schönes Fest, wenn auch natürlich traurig. Dass es so spät war, war nicht schlimm für uns, denn unsere Verabschiedung hatte ja schon im Dezember stattgefunden. Aber für die Gäste war es wichtig, sich auch von ihr verabschieden zu können.

Wir haben in der Wohnung überall Fotos von Zoe, wir möchten nicht, dass sie ein Tabuthema ist, und möchten ihrem kleinen Bruder, der zwanzig Monate nach ihr auf die Welt gekommen ist, vermitteln, dass sie Teil unserer Familie ist. Oft habe ich mit der Plüschträne in der Hand geschlafen, um mich Zoe nahe zu fühlen. Auf Reisen kommt die Träne nach wie vor mit. Im Krankenhaus haben wir ihr *Pippi Langstrumpf* vorgelesen. Den letzten Band hat sie nicht mehr erlebt. Peter las ihn mir später zu Hause vor. Wir haben uns vorgestellt, dass Zoe bei uns ist und zuhört. Das war sehr tröstlich. Als *Pippi* zu Ende war, haben wir einfach weitergemacht mit anderen Kinderbüchern, die wir ihr gerne vorgelesen hätten. Und als ich wieder schwanger wurde, hat Peter somit beiden Kindern vorgelesen, unserer toten Tochter und dem neuen Baby im Bauch.

Kurz nach Phileas' Geburt habe ich Zoes Handabdruck hervorgeholt. Mein Eindruck war, die Kinder haben die gleichen Hände, und der Abdruck hat uns das bestätigt. Die Finger und Fingernagelform sind gleich.

Jeden Tag singen wir Phileas ein Guten-Morgen-Lied mit allen Personen, die da sind, vor. Wir zählen auch immer Zoe auf. Und eine der häufigsten Spazierrunden ist die zum Friedhof an Zoes Grab. Und manchmal ist er dort noch wach, dann erzählen wir kurz, was wir da machen, und wenn er gerade schläft, gibt uns das die Möglichkeit, in unserem anstrengenden Alltag als frische Eltern kurz zu trauern.«

Nora, Peter und Phileas am Grab von Zoe

# 5. MIT DER TRAUER LEBEN

## WAS BRAUCHEN TRAUERNDE KINDER?

Wir wünschen unseren Kindern eine glückliche und unbeschwerte Kindheit. Krankheit, Abschied und Tod gehören in dieser Vorstellung nicht dazu. Aber wenn Kinder mit dem Tod eines wichtigen Menschen umgehen müssen, dann trauern sie wie Erwachsene auch. Was ist also wichtig zu wissen, um Kinder beim Abschiednehmen und beim Trauern zu unterstützen?

### Das Verständnis vom Tod in verschiedenen Altersstufen

Kinder durchschreiten in ihrem Aufwachsen bestimmte Verständnisschwellen von Tod und Trauer. Da Kinder sich aber unterschiedlich entwickeln, sind die Altersangaben nur als ungefähre Anhaltspunkte zu verstehen. Hier ein Überblick:

#### 0–3 Jahre

Sehr kleine Kinder, etwa bis drei Jahre, verstehen nicht, was Tod bedeutet. Aber sie spüren Trennung. Im Kontakt mit ihren Bezugspersonen lernen Kinder, was Beziehung und Bindung bedeutet. Wenn Kinder in diesem Alter sichere Bindungen erfahren, können sie Erschütterungen wie Krankheit und Tod aushalten, ohne Schaden zu nehmen.

Wenn ihre Bezugsperson plötzlich verschwindet, können auch Babys um den Verlust trauern, sie weinen möglicherweise mehr oder essen schlechter als sonst. Ebenso reagieren sie auf die Trauer ihrer Bezugspersonen, denn sie sind sehr empfänglich für die Emotionen der Erwachsenen und spüren Veränderungen in der Zugewandtheit oder im Stimmklang, wenn wir trauern.

### 3–6 Jahre

Im Alter zwischen drei und sechs Jahren befinden Kinder sich in einer Phase, in der sie die Welt entdecken. Ihre Vorstellungen davon, was lebt oder nicht, verändern sich die ganze Zeit. Wolken bewegen sich, die Kerzenflamme flackert – also sind sie lebendig. Der Tod wird als etwas verstanden, das passieren kann, wenn man nicht aufpasst oder sehr alt ist. Dass alles, was lebt, einmal sterben muss, haben Kinder noch nicht begriffen, aber in der Natur beobachten sie Werden und Vergehen und lernen den Kreis der Jahreszeiten.

Wenn Kinder mit Tod in Kontakt kommen – das kann auch ein totes Tier auf dem Weg sein –, finden sie das meist interessant. Es wird jetzt besonders wichtig, wie offen die Bezugspersonen dem Thema gegenüber sind. Wenn sie befangen reagieren oder sich verschließen, kann es sein, dass Kinder den Tod als schweres Thema wahrnehmen. Das kann zur Folge haben, dass sie, auch um uns nicht zu belasten, das Thema weniger ansprechen. Umso wichtiger wird es dann, darüber im Gespräch zu bleiben, um zu erspüren, was die Kinder bewegt.

Bei der Mitteilung von Todesnachrichten ist es deshalb wichtig, die Botschaft den Kindern so schnell wie möglich und so sicher wie nötig zu überbringen. Das heißt, in einem geschützten Rahmen, in dem sich die erwachsene Person und das Kind sicher fühlen. Mehrere Tage zu warten, um die richtigen Worte zu finden, ist hingegen eher ungünstig, denn Kinder spüren ja, dass etwas nicht in Ordnung ist, und beziehen die Schwingungen dann eher auf sich und denken, sie hätten etwas falsch gemacht. Es ist deshalb auch wichtig, dass wir unseren Kindern das Gefühl geben, dass sie mit allem zu uns kommen können, denn dann werden sie belastende Gedanken mitteilen, und ein Gespräch darüber wird möglich.

Oft sind Eltern und Bezugspersonen verunsichert, ab wann sie ihren Kindern den Tod erklären sollten. Dafür sorgt schon das Leben. Die Kinder werden irgendwann damit konfrontiert werden, und dann heißt es, hinhören, aufgreifen und zeigen, dass wir ansprechbar sind. Das kann die verblühte Blume sein, der tote Vogel auf der Straße, über den man zwei Minuten spricht, oder die Freundin in der Kita, die vom Tod ihrer Oma erzählt.

## 6–12 Jahre

Jetzt kommen Kinder langsam in ein Alter, in dem sie grundlegende Dinge verstehen: Wir alle müssen einmal sterben, und der Tod ist endgültig.

Auf der einen Seite lösen sich Kinder von der Vorstellung, dass nur alte und kranke Menschen sterben können. Auf der anderen beginnen sie, Lebenskreise zu verstehen.

## Sarah

»Ich weiß noch genau, wie ich verstanden habe, dass meine Mama einmal vor mir sterben wird, weil sie ja älter ist als ich. Das hat mir einen riesigen Schrecken eingejagt, und ich bin sofort zu ihr gegangen und habe sie gefragt: ›Mama, was ist, wenn du mal stirbst?‹ Das war der Beginn eines langen Gespräches zwischen uns, das eigentlich bis heute andauert. Damals sagte sie, was viele Eltern sagen: dass es hoffentlich noch ganz lange dauert, bis sie stirbt und wir bestimmt noch viel Zeit miteinander haben. Vollständig getröstet hat es mich nicht, aber es tat gut, mit ihr darüber reden zu können.

Wir haben damals zufällig ein Buch gelesen, in dem eine Mutter vorkam, die nach einem Streit mit ihrer kleinen Tochter gestorben ist. Das hat mich sehr beschäftigt. Das merkte meine Mama und sagte zu mir: ›Wenn mir etwas passieren sollte und ich jetzt sterben würde, dann gibt es nichts mehr, was zwischen uns offen ist. Es ist dann alles gut, auch wenn wir uns zuvor gestritten haben, denn wir haben uns ja lieb, und das wissen wir.‹ Das hat mich tatsächlich damals sehr beruhigt, und wenn ich ehrlich bin, tut es das heute noch.«

Mit dem Todesverständnis wächst bei Kindern auch die Angst vor dem Tod, aber Kinder zu schonen, hilft nicht, sondern hindert sie, die Fähigkeit zu erlernen, mit Ängsten und dem Tod umzugehen. Wir können ihnen nun beibringen, dass man sich mit Tod und Trauer auseinandersetzen kann und dass es okay ist, traurig zu sein oder Angst zu haben. Das gehört zum Menschsein und lässt uns wachsen.

Kinder interessieren sich in diesem Alter oft auf eine eher nüchterne Art und Weise für die biologischen Vorgänge, die mit dem Tod einhergehen: Was passiert mit toten Leuten im Grab? Ist es dort dunkel? Wie wird man ein Gerippe? Manchmal fühlen sich Erwachsene überfordert von diesen Fragen. Aber man kann dann einen Zeitpunkt verabreden, an dem das Thema noch einmal aufgegriffen wird, damit Kinder nicht den Eindruck bekommen, dass ihre Fragen ignoriert werden.

Kinder beginnen auch philosophische und spirituelle Fragen zu stellen: Ist der Tod das Ende? Gibt es eine Seele? Merkt die Omi, wenn wir an sie denken? Hier können wunderbare, offene Gespräche entstehen, wenn wir uns auf die Vorstellungen der Kinder einlassen.

## 12–16 Jahre

Ab etwa zwölf bis sechzehn Jahre, wenn aus Kindern Jugendliche werden, werden die Themen Leben und Tod noch einmal auf neue Art präsent. Oft stellen sich Kinder in diesem Alter erste Fragen zu ihrer Persönlichkeit: Wer bin ich? Warum bin ich so? Wie stelle ich mir meine Zukunft vor? Die Selbstfindung steht im Vordergrund und was sie sich vom Leben wünschen, aber auch, was sie fürchten. Zukunftspläne werden geschmiedet, aber es entstehen auch Zukunftsängste. In dieser Lebensphase setzen sie sich auch oft das erste Mal mit dem Konzept »Suizid« auseinander, also der Möglichkeit, das Leben selbst zu beenden. Hier ist es wichtig, in Verbindung zu bleiben und offen für Gespräche zu sein.

Stirbt eine nahe Person, teilen Jugendliche vielleicht nicht mehr alle ihre Gefühle dazu mit und machen mehr mit sich selbst aus. Der Austausch im Freundeskreis bekommt oft eine größere Bedeutung. Auch wenn Kinder in diesem Alter langsam beginnen, sich vom Elternhaus abzulösen, ist es wichtig, sie spüren zu lassen, dass ihre Bezugspersonen weiterhin für sie da sind.

## Was ist wichtig im Umgang mit trauernden Kindern?

Mechthild Schroeter-Rupieper

Mechthild Schroeter-Rupieper ist die Gründerin der Familientrauerarbeit und hat LAVIA, das Institut für Familientrauerbegleitung ins Leben gerufen. Sie hat langjährige Erfahrung in Einzel- und Familienbegleitung sowie Notfallbegleitung und der Leitung von Kinder- und Jugendtrauergruppen.

Ihre Bücher sind Standardwerke für die Begleitung von Kindern und Familien, und sie bildet seit vielen Jahren Kinder- und Jugendtrauerbegleitende aus. Sarah hat mit ihr gesprochen.

### Kinder dürfen traurig sein

**Sarah:** »Eltern wollen Kinder oft vor Trauer beschützen. Wo liegen die Ängste von Eltern im Umgang mit trauernden Kindern, und wie begegnest du ihnen?«

**Mechthild:** »Ich frage die Eltern, wovor genau sie Angst haben. Die Antwort ist häufig, dass sie befürchten, dass für ihr Kind alles zu viel wird, dass sie es überfordern oder dass ihr Kind traumatisiert werden könnte. Dann frage ich genauer nach. Was ist denn ALLES? Am Schluss kommen die Eltern auf den Punkt, dass sie vor allem Angst haben, dass ihr Kind traurig sein könnte.

Es geht darum, zu lernen, mit Gefühlen umzugehen. Denn wenn die geliebte Oma stirbt, darf ein Kind auch traurig sein. Wenn Kinder sehen, dass auch ihre Eltern traurig sind, können sie lernen, wie man damit umgeht. Es geht darum, die Traurigkeit nicht abzusprechen, sondern anzunehmen. Also nicht zu sagen: ›Du musst doch nicht traurig sein!‹, sondern zu bestärken, ›Ja, es ist traurig, dass Oma gestorben ist, aber wir werden bestimmt auch wieder lachen können.‹«

## Kinder brauchen Antworten

**Sarah:** »Wie kann ich als Bezugsperson trauernden Kindern helfen?«

**Mechthild:** »Indem ich ganz einfach und sachlich erkläre, was passiert ist. Kinder brauchen Antworten auf die Fragen, die sie zu Verlust, Tod und Trauer stellen. Kinder brauchen kindgerechte, deutliche Erklärungen, weil Erklärungen Sicherheit geben und auch schützen. Wenn ich das als Elternteil oder Betroffener nicht machen kann, gibt es die Möglichkeit, sich jemanden zur Unterstützung dazuzuholen.

Kinder brauchen erst mal klare Informationen, bevor sie dann in Gefühle hineingehen können. Vielleicht brauchen sie zur Erklärung auch ein Buch oder einen Film. Vor allem brauchen sie Zeit, damit sie zwischendurch aus einer Unterhaltung rausgehen und dann wiederkommen können. Wenn Erwachsene denken: *Jetzt ist es zum Glück abgeschlossen,* entstehen bei Kindern neue Fragen, die immer mit Wahrheit und Sachlichkeit beantwortet werden sollten.

Mein LAVIA Lebensweg- und Trauermodell ist so, dass ich es mit einfachen Worten und einer Zeichnung auch einem fünfjährigen Kind erklären kann. Kinder können dadurch ihre Gefühle oft besser benennen und konkret sagen, was genau schlimm ist und was gerade am meisten weh tut. So kann man schauen, wo die größten Baustellen sind. Das macht die Empfindungen greifbarer.«

## Kinder brauchen Vorbereitung

**Sarah:** »Wann sollte man Kindern von einem bevorstehenden Todesfall erzählen?«

**Mechthild:** »Sobald die Erwachsenen wissen, dass jemand sterben wird, sollten Kinder es auch erfahren. Zum Beispiel könnte man sagen: ›Der Papa ist ganz feste krank, und die Ärzte werden ihn nicht mehr gesund machen.‹ Dann könnte das Kind fragen: ›Wird Papa sterben?‹, und man könnte antworten, ›Ja, Papa wird an der Krankheit sterben, aber noch nicht heute, nicht morgen und auch nicht nächste Woche. Ich verspreche dir, dass wir dir Bescheid sagen, wenn wir wissen, dass es so weit ist.‹ Es ist wichtig, Kinder nicht in akute Alarmbereitschaft zu versetzen, wenn noch Zeit bleibt. Sonst gehen Kinder gedanklich schon in den Sterbeprozess, obwohl beispielsweise der Papa noch gar nicht stirbt.«

## Kinder brauchen Abschiede

**Sarah:** »Warum ist für Kinder der Abschied von einem verstorbenen Menschen so wichtig?«

**Mechthild:** »Für Kinder ist es wichtig, sich zu verabschieden, damit sie richtig begreifen können, dass jemand tot ist. Sie müssten im Grunde mit den Augen, mit den Händen, mit allen Sinnen erfahren, dass dieser Mensch wirklich nicht mehr lebt. Zu sagen: ›Behalte den Menschen so in Erinnerung, wie er lebendig gewesen ist‹, ist oft schwierig, weil ein lebendiger Mensch nicht im Sarg liegt oder in eine Urne gehört.

Abschied im Krankenhaus (Filmstill)

Ich finde, dass ein Abschied immer möglich sein sollte, auch wenn die Situation schwierig ist. Eine Mutter kam beispielsweise bei einem schweren Verkehrsunfall ums Leben, und alle Knochen waren gebrochen. Als sie aufgebahrt wurde, haben wir den Kindern erklärt, was genau passiert ist. Wir haben be-

schrieben, dass ihre Mama jetzt im Gesicht anders aussieht, aber dass es immer noch ihre Mama ist. In solchen Fällen ist es hilfreich, eine professionelle Begleitung zu haben, die einfühlsam ist, aber sachlich bleibt. Der Vater konnte das in dieser Situation nicht übernehmen, da er Angst hatte, seine Kinder zu überfordern. Es war gut, dass ich dabei sein konnte.
Der Vater konnte seine Frau vorher allein anschauen. Das war für ihn sehr wichtig. Er hat sie geküsst und auch noch ein Foto von ihr gemacht. Dann kam ich mit den Kindern dazu. Sie haben ihre Mama angeschaut, und ich habe ihre Fragen beantwortet. Dann haben wir überlegt, was wir noch machen können, etwas malen, basteln, etwas in den Sarg legen oder ihre Hände eincremen und solche Dinge. Ich hatte ein Tuch dabei und kleine Lippenstifte. Dann haben wir ganz viele Küsse auf das Tuch gemacht. Wir machten Küsse von den Kindern drauf, aber auch Küsse von Oma und Opa, von der ganzen Familie. Dieses Tuch haben wir dann auf die Mutter gelegt und es sah aus, als wäre sie von Küssen bedeckt.
In diesem Moment waren die Kinder selbst aktiv gewesen. Sie konnten noch etwas Schönes für ihre Mama tun und ihre Liebe zum Ausdruck bringen.«

Fenja erzählt in unserer »Sarggeschichte«:

Fenja (Filmstill)

»Als mein Opa gestorben ist, durfte ich noch mal Tschüss sagen. Bevor wir ins Krankenhaus gefahren sind, habe ich im Garten Blumen für ihn gepflückt und habe ihm die dann in die Hände gelegt. Das war im Grunde für mich so, dass ich einem toten Menschen etwas Lebendes gebracht habe.«

## Kinder springen durch Trauerpfützen

**Sarah:** »Es heißt, ›Kinder springen durch Trauerpfützen‹. Was ist damit gemeint?«

**Mechthild:** »Es ist wichtig, dass Eltern und pädagogische Fachkräfte nicht irritiert sind, wenn Kinder nicht so viel Traurigkeit zeigen, wie man manchmal erwartet, wenn ein lieber Mensch gestorben ist. Kinder reagieren nicht sofort auf eine schlimme Nachricht. Oft können sie das Gesagte erst viel später realisieren. Zum Beispiel, wenn man einem Kind sagt, dass die Oma gestorben ist, geht es vielleicht unbeschwert und fröhlich in den Kindergarten. Erst am Nachmittag, wenn es sieht, dass ein anderes Kind von seiner Oma abgeholt wird, fällt dem Kind ein, dass das jetzt bei ihm nicht mehr geht, weil die Oma tot ist. Dann rutscht der Gedanke vom Kopf ins Herz und vom Herzen in den Bauch. Das Kind stellt fest: ›Jetzt ist Oma nicht da, um mich abzuholen‹, aber es versteht noch nicht, dass die Oma nie mehr wiederkommt. Ein Kind ist nur so lange traurig, wie es den Verlust vor Augen hat. Wird das Kind zum Beispiel von einem anderen Kind zum Spielen eingeladen, kann es sein, dass es dann wieder fröhlich und ausgelassen spielt.

Diesen Wechsel von Trauer und Fröhlichkeit bezeichnen wir als das ›Springen durch Trauerpfützen‹. Das Kind geht in die Trauer rein und wieder raus, und irgendwo kommt die nächste Pfütze.

Erwachsene begreifen schneller, wie traurig etwas ist, und gehen deshalb eher durch einen Teich, einen See oder sogar durch ein Meer voller Trauer.

Kinder reagieren intuitiv auf Verluste und sind dann traurig, wenn sie es gerade brauchen. Danach wenden sie sich wieder anderen Sachen zu. Das hat die Natur im Grunde gut eingerichtet, dass Kinder nur so viel trauern, wie sie auch begreifen, damit sie psychisch gesund aufwachsen können.«

## Kinder und Spiritualität

**Sarah:** »Wie kann man Kinder an spirituelle Dimensionen heranführen?«

**Mechthild:** »Auch bei spirituellen Dingen ist es wichtig, ehrlich zu sein und zu erzählen, woran Eltern selbst glauben. Wenn sie glauben, dass nach dem Tod nichts mehr kommt, könnten sie das Ganze erweitern, indem sie sagen, dass es aber auch Leute gibt, die an einen Gott im Himmel glauben, oder dass manche Menschen glauben, dass wir Sterne werden.

Kinder spüren sehr genau, wenn Eltern etwas sagen, von dem sie nicht selbst überzeugt sind.«

**Sarah:** »Es ist interessant, dass an dieser Stelle Erwachsene so schwer zugeben können, dass sie es auch nicht wissen. Sie glauben, die Kinder verlangen von ihnen eine allumfassende Antwort, aber das tun sie ja gar nicht. Da ist der Druck, den wir uns selbst machen, sehr groß, diese Fragen richtig beantworten zu müssen. Dabei wissen wir doch, dass es ganz viele unterschiedliche Gedanken dazu gibt. Diese Vielfalt kann bereichernd sein.«

Emilia erzählt in unserer »Sarggeschichte«:

»Einmal hatte ich so einen Traum, da war überall der Papa, und ich hatte meinen Papa gar nicht richtig erkannt. Da bin ich dann zu meiner Mama gegangen, habe sie geweckt und habe ihr das erzählt. Da hat sie gesagt, dass vielleicht mein Papa mit dem Traum sagen wollte, dass er überall ist und für mich da ist.«

Emilia (Filmstill)

### Ausdrucksformen der Trauer

**Sarah:** »Die Ausdrucksformen von Trauer sind bei Erwachsenen schon sehr unterschiedlich. Bei Kindern gibt es Ausdrucksformen, die Erwachsene oft gar nicht als Trauer erkennen. Kannst du dafür Beispiele geben?«

**Mechthild:** »Ja, zum Beispiel Albernheit. Kinder sind dann ganz aufgedreht und machen Witze, weil sie vielleicht auch versuchen wollen, die Erwachsenen aufzuheitern. Oft verstehen das die Erwachsenen aber nicht, sie können es nicht nachvollziehen und sind davon genervt.

Manchmal sind Kinder wütend, beschimpfen Gott und die Welt, und man kann ihnen nichts recht machen. Oder sie haben Verlustängste, klammern und wollen nicht in den Kindergarten gehen. Manche ärgern und piesacken andere Kinder, weil sie merken: ›Ich bin so traurig, mir geht es nicht gut, ich bin unglücklich‹, es aber nicht sagen können. Oder weil sie gar nicht wissen, warum es ihnen eigentlich so geht und deshalb andere triezen, um den Druck rauszulassen.«

**Sarah:** »Wie kann ich als Bezugsperson damit umgehen?«

**Mechthild:** »Ich würde zu meinem Kind, dass zum Beispiel andere ärgert, hingehen und sagen: ›Ich kann mir vorstellen, dass du traurig bist, weil dein Opa gestorben ist, aber trotzdem darfst du andere Kinder nicht hauen.‹ Und dann könnte man gucken, was helfen kann, rennen oder irgendwo draufhauen, aber eben nicht auf andere Kinder. Oder ich sage als Bezugsperson: ›Weißt du, dass der Opa gestorben ist, ist für mich und die ganze Familie ganz feste traurig. Ich glaube, dass es für dich auch traurig ist, aber man kann das gar nicht sehen, woran merkst du denn deine Traurigkeit?‹ Wir müssen uns einfach trauen, so etwas anzusprechen und nachzufragen. Dann kann es natürlich sein, dass ein Kind antwortet: ›Aber ich bin doch gar nicht wegen Opa traurig. Der Opa ist doch jetzt im Himmel. Aber dass Oma jetzt allein ist, das macht mich so traurig.‹ Manchmal ist es gar nicht das, was wir denken, sondern etwas anderes. Es ist also wichtig zu fragen.«

**Sarah:** »Woran kann man erkennen, dass ein Kind einen Verlust nicht verkraftet? Was sind Warnzeichen, auf die man achten sollte?«
**Mechthild:** »Wenn ein Kind sich vom Typ her stark verändert, also wenn es andere Wesenszüge annimmt, wenn es sehr stark klammert, sich nur noch zurückzieht oder nur noch unterwegs sein und sich ablenken will. Wenn das Kind sagt, es wäre am liebsten auch gestorben. Wenn das Kind gar nicht mehr allein schlafen mag, weil es Ängste hat, und es davor aber im eigenen Bett schlief. Dann ist es ratsam, sich eine Beratung und Unterstützung zu suchen.«

## Rituale und Orte

**Sarah:** »Hast du Ideen, wie man Kindern helfen kann, ihre Trauer auszudrücken, was man Schönes machen kann?«
**Mechthild:** »Zum Beispiel habe ich letztens Leuchtknete mitgebracht und habe den Kindern gesagt: ›Wenn es abends dunkel wird und die Traurigkeit kommt, könnt ihr eine Figur oder eine Form kneten, die euch guttut und die noch bis in die Nacht nachleuchtet.‹
Man kann auch die normalen Leuchtsticker nehmen und einen Stern, ein Herz oder einen Mond mit den Kindern in ihrem Zimmer ankleben. Dann kann man dem Kind sagen: ›Bevor du einschläfst, könntest du zu diesem Stern gucken, an Opa denken und ihm Geschichten vom Tag erzählen. Wenn der Stern verblasst, kannst du auch die Augen zumachen und einschlafen.‹ Das ist eine gute Einschlafhilfe, denn es ist zeitlich begrenzt, weil die Leuchtkraft schnell nachlässt. Man gibt dem Kind damit auch einen Ort, wo es trauern und an den verstorbenen Menschen denken kann.
Schön sind auch Wunschblumen oder Sterne, wo man in die Mitte einen Gruß an den verstorbenen Menschen schreiben oder etwas malen kann. Dann klappt man die Blütenblätter oder Zacken nach innen um, sodass der Gruß verborgen ist. Wenn das Kind den Gruß dann verschicken

möchte, legt man die Blume oder den Stern in eine Schale mit Wasser, worin sie sich dann wie eine Seerose öffnen.
Für Kinder, deren Menschen im Friedwald bestattet wurden, empfehle ich Herzen aus Baumrinde. Da kann man auf die glatte Seite auch Grüße und Sachen aufmalen und sie danach als Teil des Waldes zum Baum legen. In Friedwäldern darf nämlich nichts an die Grabstelle gelegt werden. Das ist für Kinder sehr schwierig, weil sie sich oft einen Ort wünschen, an dem sie ihre Grüße hinterlassen können.«

## Trauernde Kinder in unserer Gesellschaft

**Sarah:** »Hat sich die Wahrnehmung von trauernden Kindern und der Umgang mit ihnen in unserer Gesellschaft in den letzten Jahren verändert?«
**Mechthild:** »Leider hat sich in der Lehre an Universitäten, Schulen und Ausbildungseinrichtungen grundsätzlich noch zu wenig getan. Psychologische Fachkräfte lernen immer noch nicht, wie sich beispielsweise Trauer von einer Depression unterscheidet. Sie lernen im Studium grundsätzlich nicht genug über Trauer. Es wäre wichtig, erkennen zu können, wann es eine psychische Erkrankung ist und wann es sich um ganz normale Trauer handelt, die auch sein darf. Solange sich das nicht ändert, werden immer noch alte Sachen gelehrt, vor allem dieses: ›Jetzt muss aber auch mal gut sein!‹ Solange wir in einer Gesellschaft leben, wo gesagt wird: ›Ist doch nicht so schlimm‹ und Trauernde sich dafür entschuldigen, dass sie weinen, solange muss sich noch vieles verändern.
Aber ich nehme auch wahr, dass viele junge Menschen, die als Kinder oder Jugendliche nahe Menschen verloren haben, aufmerksamer mit diesem Thema umgehen. Sie geben heute als Pädagoginnen und Pädagogen, als Lehrerinnen und Lehrer, als Ärztinnen und Ärzte ihre Erfahrungen weiter und setzen sich gegen die alten Lehrmeinungen durch. Ich glaube, nur so wird sich der Umgang mit Trauer weiterentwickeln.

Der Umgang mit Trauer hat mit unseren Beziehungen und mit dem Umgang von Gefühlen generell zu tun. Wenn ich Trauer nicht rauslasse, dann halte ich auch Liebe zurück.«

## Wusstet ihr schon?

Man muss nicht auf jede Frage direkt eine Antwort haben. Oft hilft es schon, die eigene Verwirrung und Verzweiflung auszusprechen und einfach teilen zu können. Das gilt für Erwachsene ebenso wie für Kinder. Redet mit den Kindern übers Sterben und bezieht sie in euer Leben ein, indem ihr sie an eurer Trauer teilhaben lasst. Kinder zeigen, wann sie genug gehört haben.

Wenn jemand gestorben ist, ist es für Kinder hilfreich, wenn sie an der Gestaltung des Abschieds teilhaben können, also mitreden und mitmachen dürfen.

Kinder bemalen den Sarg (Filmstill)

## Warum ist das wichtig?

Jeder Mensch trauert auf seine ganz eigene Art und Weise. Das gilt natürlich auch für Kinder. Wir können unsere Kinder nicht vor schlimmen Ereignissen bewahren. Aber wenn sie Raum für ihre Trauer haben, dann können sie mit einem Verlust leichter weiterleben. Dabei können wir sie unterstützen. Wenn die Erwachsenen Trauer annehmen können und offen mit Gefühlen umgehen, dann lernen Kinder, dass es okay ist, traurig zu sein, und fühlen sich sicher damit.

Katrin

# AUCH DIE FÜSSE

Als meine Mutter starb, war mein Sohn vier Jahre alt. Sie war seine geliebte Oma und nach meinem Mann und mir seine dritte Bezugsperson. Ich machte mir große Sorgen, wie er diesen Verlust verkraften würde, und ich hätte alles gegeben, um ihn vor dem Schmerz zu beschützen.

Nach meinen eigenen Verlusten meines Vaters, meines Bruders, meiner Tochter und meiner Großeltern wusste ich, wie wichtig der Abschied für ihn sein würde. Trotzdem hatte ich Zweifel und war unsicher. Auf der einen Seite wollte ich ihn nicht überfordern und hatte Angst, seinen Schmerz mit zu vielen Details oder Bildern zu verstärken. Auf der anderen Seite wollte ich ihm genug Spielraum für seinen Abschied geben, damit er verstand, was mit seiner Oma passierte.

Als meine Mutter schwer krank wurde, sprach ich mit ihm darüber, dass seine Oma bald sterben würde. Er nahm es ohne weitere Nachfragen zur Kenntnis.

Sarah hatte bei uns übernachtet, als am frühen Morgen das Telefon klingelte. Es war ein Klingeln, bei dem ich schon ahnte, welche Nachricht mich erwartete. Auch mein Sohn schien es zu spüren, denn er fragte sofort nach dem Auflegen: »Ist Oma jetzt tot?« Ich antwortete nur mit: »Ja.«

Während ich noch brauchte, die Worte zu verstehen, brach mein Sohn plötzlich in Tränen aus. »Ich will nicht, dass Oma stirbt!«, weinte er. Ich nickte stumm. Dann hielt er inne, sah mich nachdenklich an und fragte: »Was heißt das denn, dass Oma tot ist?« Sarah erklärte ihm, dass es bedeutet, dass sie nicht mehr atmet und auch ihr Herz nicht mehr schlägt. Wir sagten ihm, dass wir am Nachmittag alle gemeinsam noch einmal zu ihr gehen würden, um sie zu sehen. Er nickte und spielte dann unvermittelt weiter.

Bei unserer Abschiednahme sprach mein Sohn nicht viel, und ich konnte nicht erkennen, ob dieser Abschied für ihn genug war. Später besprach ich mit Sarah, dass wir die Kremation meiner Mutter begleiten wollten. Er hörte das und sagte ganz laut: »Ich will überall mitgehen, wo ihr hingeht.« Damit war es entschieden, denn wir wollten ihn nicht ausschließen und erklärten ihm, was wir im Krematorium tun wollten und was dort passieren würde.

Ich sagte ihm: »Oma hat sich gewünscht, dass ihr Körper nach ihrem Tod verbrannt wird. Im Krematorium gibt es dafür einen besonderen Ofen. Im Feuer wird Omas Körper zu Wärme und Licht. Am Ende bleibt ihre Asche übrig. Bevor der Sarg mit Omas Körper zum Ofen gebracht wird, können wir ihn gemeinsam bemalen.«

Nur mein Mann, mein Sohn und ich, Jan, der meine Mutter bestattete, und Sarah waren dabei. Wir brachten Fingerfarbe mit und Pinsel. Auf die Frage, ob mein Sohn einen Handabdruck auf den Sarg machen wollte, strahlte er mich an und rief begeistert: »O ja!«

Er machte viele Handabdrücke, erst von der rechten, dann auch von der linken Hand. Plötzlich zog er sich Schuhe und Socken von den Füßen und rief: »Jetzt auch die Füße!«

Mein Mann strich blaue Farbe auf seinen kleinen Kinderfuß, und mein Sohn drückte ihn voller Freude auf den Sarg. Er war so glücklich, etwas

Abschied von der Oma mit Fußabdrücken

tun zu können. Er konnte eigenmächtig und selbstbestimmt Omas Sarg gestalten.

Das zu beobachten, war für mich extrem wichtig. Ich hatte vorher nicht geglaubt, dass ein vierjähriges Kind so selbstständig seinen Abschied gestalten will und kann. Ich hatte kein Vertrauen und keine Vorstellung davon, wie unbefangen Kinder zum Teil mit dem Tod umgehen.

Als Jugendliche hat mir der Abschied von meinem Papa gefehlt. Niemand hat mich gefragt, ob ich ihn tot noch einmal sehen, ob ich den Sarg bemalen oder die Urne selbst basteln wollte. Für mich war es neu, mein Kind bei allem einzubeziehen. Umso erstaunter war ich, als mein Sohn dann noch unbedingt den Sarg bis zum Ofen begleiten wollte. Er beobachtete ganz interessiert, wie sich die Ofentür öffnete, der Sarg hineinfuhr und in orangerotem Licht Feuer fing. Er wollte den Vorgang einfach verstehen und hat deshalb genau hingesehen, wie der Sarg mit Omas Körper zu brennen begann.

Danach gingen wir wieder in den Abschiedsraum, und er sah uns an und sagte: »Jetzt habe ich Hunger!« Er verzehrte dann mit großem Appetit einen mitgebrachten Apfel, und ich wusste, er ist okay.

Bei der Feier zur Beisetzung der Urne auf dem Friedhof kamen sehr viele Gäste. Ich war froh, dass ich meinem Sohn zuvor seinen eigenen persönlichen Abschied hatte ermöglichen können.

## WIE GIBT MAN VERSTORBENEN EINEN PLATZ IM LEBEN?

Wenn ein naher Mensch gestorben ist, bleibt er trotzdem wichtig. Die Verbindung zu ihm verändert sich, aber eure Erinnerungen werden für immer bei euch bleiben.

Es gab eine lange Zeit, da schien es in der Trauerpsychologie das Ziel zu sein, den verstorbenen Menschen ganz loszulassen, um sich wieder neu dem Leben zuzuwenden. Sigmund Freud schrieb beispielsweise, dass die Energie, die Trauernde mit ihrer verstorbenen Person verbindet, abgezogen und in neue Beziehungen investiert werden sollte. Der Verlust wäre verarbeitet, wenn die emotionale Bindung zu den Verstorbenen aufhört zu bestehen.

Die Schweizer Psychologin Verena Kast, eine Pionierin in der Trauerforschung, benennt zwei ihrer Trauerphasen danach: »den Verstorbenen zu suchen und sich zu trennen«, um dann einen »neuen Selbst- und Weltbezug« zu finden. Glücklicherweise sind diese Theorien heute überholt. Auch Freud selbst machte nach dem Tod seiner Tochter die Erfahrung, dass der Gedanke, die Verbindung abzubrechen, gar nicht realistisch ist.

William Worden hat in den Neunzigerjahren des letzten Jahrhunderts Trauer als einen aktiv zu gestaltenden Prozess mit verschiedenen Traueraufgaben definiert. Eine davon nennt er, eine dauerhafte Verbindung zu der verstorbenen Person zu finden, während man aufbricht in ein verändertes Leben.

Die Trauerbegleiterin und Gründerin des Trauerinstituts Deutschland Chris Paul hat in ihrem Modell des »Kaleidoskops der Trauer« die Traueraufgaben von Worden weiterentwickelt. Sie spricht von Facetten der Trauer, und eine Facette heißt: in Verbindung bleiben.

Einen Platz mit wenigen,

mit etwas mehr oder

mit vielen Erinnerungsstücken gestalten (Filmstill)

Es geht also darum, den Kontakt zu halten und die Verbindung zur verstorbenen Person neu und anders zu leben und zu gestalten. Das Herausfordernde und tröstlich Schöne zugleich daran ist, dass diese neue Verbindung sich verändert und immer wieder neu gesucht, gestaltet und gefunden werden kann.

Wie ihr euch erinnert und euch verbunden fühlt, verändert sich also mit der Zeit. Und das ist gut so. Schließlich sind auch Beziehungen zwischen Lebenden nicht statisch, sondern entwickeln sich immer weiter. Auch die Form des Erinnerns darf sich ändern. Das heißt, wenn es euch einengt, könnt ihr versuchen, es kleiner zu machen. Wenn ihr das Bedürfnis nach mehr habt, probiert, es größer zu gestalten.

Es gibt viele Möglichkeiten, verstorbenen Menschen einen Platz im Leben zu geben. Von ein paar Beispielen, die auch in unserer »Sarggeschichte« »Wie gibt man Verstorbenen einen Platz im Leben« vorkommen, möchten wir euch hier erzählen.

## Katrin

Katrin mit dem Kissen mit ihrer Tochter (Filmstill)

»Als meine Tochter gestorben war, habe ich es sehr vermisst, sie im Arm zu halten. Ich hatte Schmerzen in meiner Schulter und in den Armen, weil sie mir so sehr fehlte. Deshalb habe ich mir ein Kissen mit ihrem Foto darauf gemacht. Das Kissen konnte ich fest an mich drücken, das hat mir gutgetan. Der Schmerz war dadurch nicht weg, aber ich konnte ihn besser aushalten.

Heute spielen meine beiden Söhne mit dem Kissen. Sie kennen ihre große Schwester nicht, aber durch unsere Erzählungen und durch das Kissen haben sie eine Vorstellung von ihr. Manchmal ist das Kissen eine Figur in ihren Rollenspielen, manchmal kuscheln sie einfach nur damit. Ich glaube, durch das Kissen fühlen sich meine Kinder miteinander verbunden. Es wird für meine Söhne greifbarer, dass sie eine große Schwester haben, die zu unserer Familie gehört und schon gestorben ist.«

Hildegard: »Seit dem Tod meines Mannes trage ich manchmal seine Hosen, und dann fühle ich mich ihm sehr nahe.«

Hildegard in der Hose ihres Mannes (Filmstill)

Frank: »Immer, wenn mein Bruder Geburtstag hat, treffen wir uns mit seinen Freunden und kochen gemeinsam ein Essen, das er gerne mochte. Dann erzählen wir uns Erinnerungen, denken an ihn und lassen ihn hochleben.«

Frank und ein Freund mit Thomas' Lieblingsessen (Filmstill)

## Sarah

Sarah stößt mit Apfelsaft an (Filmstill)

»Ralf hat immer gerne Apfelsaft getrunken. Jedes Jahr an seinem Todestag stoße ich mit den Menschen, die gerade da sind, auf ihn an, natürlich mit Apfelsaft. Manchmal treffe ich Katrin, und wir sitzen beisammen, oder ich gehe zu den Nachbarn zum Anstoßen.

Einmal habe ich für eine queere Speeddatingveranstaltung Musik gemacht. Ich habe mir ein Tablett geben lassen mit Apfelsaft in Schnapsgläsern und die Teilnehmenden gefragt, ob sie mit mir anstoßen auf einen Menschen, der tot ist, aber den ich sehr geliebt habe. Alle haben sofort mitgemacht, und es war toll, als fünfundzwanzig Leute die Gläser hoben und ›Auf Ralf‹ riefen.

Einmal habe ich Freunde besucht, die gerade ein Baby bekommen hatten. Ich durfte das Neugeborene im Krankenhaus besuchen mit den frischgebackenen Eltern, die von der Geburt noch ganz überwältigt waren. Als ich das winzige neue Leben auf den Armen hielt, angelte die erschöpfte Mutter einen Tetrapak mit Apfelsaft aus dem Nachtschrank mit den Worten: ›Heute ist doch der Tag, nicht?‹ Da musste ich weinen. In allem Trubel hatten sie daran gedacht. Es ist großartig, dass Menschen mit mir sind und ich von Ralf erzählen darf, dass er für diesen Moment wieder ganz präsent wird, auch wenn die meisten Menschen, die mit mir anstoßen, ihn gar nicht gekannt haben.«

Sveas Fuß mit einem Tattoo von zahaitattoo

Svea: »Schon immer habe ich Mohn mit meinem Vater verbunden. Es war gar nicht seine Lieblingsblume, und obwohl er Mohnkuchen liebte, gab es jedes Jahr zu seinem Geburtstag Maronenkuchen. Vielleicht, weil niemand den Mohnkuchen so gut machen konnte wie seine Mutter und sie das Rezept mit ins Grab genommen hatte. Es war eine Verbindung, die ich immer mit Papa geteilt habe.

Als Papa das zweite Mal Krebs bekam und er ohne Chemotherapie noch etwa sechs Monate zu leben hatte, war mir klar, dass ich mir ein Tattoo für ihn stechen lassen würde. Ich habe das Motiv noch mit ihm besprochen. Ich glaube, das war im Krankenhaus auf der Onkologiestation. Es hat ihn sehr glücklich gemacht, dass er so weiter bei mir sein kann.

Der Schmetterling ist ganz spontan im Tattoo-Studio hinzugekommen. Ich habe bei seiner Beisetzung ein Gedicht zu einem Schmetterling vorgelesen, und dem Motiv fehlte etwas. Bis heute denke ich an Papa, wenn ich einen Schmetterling oder eine Mohnblume sehe. Und obwohl er nicht mehr hier ist, ist er bei jedem Schritt, den ich mache, dabei.«

Es gibt viele Möglichkeiten, an die Verstorbenen zu denken und sich mit ihnen verbunden zu fühlen.

Ihr könntet eine Kiste mit Erinnerungsstücken befüllen, zum Beispiel mit Fotos, Briefen, Haarsträhnen, einem Handabdruck oder Schmuckstücken, und sie ganz nach euren Vorstellungen gestalten. Wenn ihr euch erinnern wollt, habt ihr so etwas Greifbares, das euch mit eurem verstorbenen Menschen verbindet.

Ihr könnt auch Kleidung von euren Verstorbenen tragen oder daraus Erinnerungsstücke und Kuscheltiere nähen. In einer luftdichten Tüte aufbewahrt, behalten Textilien sogar für eine Weile ihren Geruch.

Auch das Internet könnt ihr nutzen, um mit einer persönlichen Online-Gedenkseite Erinnerungen an den verstorbenen Menschen festzuhalten. Diese Seite könnt ihr weltweit mit allen Zugehörigen teilen. Seid euch nur bewusst, dass diese Daten für immer im Internet gespeichert bleiben. Informiert euch vorher, welche Portale zu euch passen und welche die höchste Sicherheit bieten, um vor unerwünschten, fremden Blicken geschützt zu sein.

Wenn ihr gerne schreibt, könntet ihr ein Tagebuch über eure Trauer führen. Darin könnt ihr Träume und schöne Erinnerungen festhalten, aber auch Gefühlen wie Wut und Angst einen Raum geben und Widersprüche formulieren.

Ein besonders schönes Beispiel, wie Menschen mit ihren Verstorbenen in Kontakt treten, ist das Windtelefon. In Japan gibt es ein Windtelefon in einer stillgelegten Telefonzelle. Trauernde können dort mit ihren Verstorbenen

Windtelefon von Itaru Sasaki

in Kontakt treten und telefonieren. Dabei können Gedanken und Gefühle laut ausgesprochen werden.

Die Idee dazu hatte der japanische Gärtner Itaru Sasaki, der 2010 seinen Cousin verlor, der ihm sehr nahestand. Er vermisste die Gespräche, die die beiden verbunden hatten, und kaufte eine alte Telefonzelle, die er mit Blick über den Pazifik in seinem Garten aufstellte. Darin befindet sich ein Telefon ohne Anschluss. Er telefoniert nun jeden Tag mit seinem Cousin durch den Wind. Daher nennt er es *kaze no denwa* – Windtelefon.

Als es ein Jahr später zu einem Erdbeben kam, infolgedessen ein verheerender Tsunami die Küste Japans traf, wurde auch die Stadt Ōtsuchi, in der Sasaki lebt, fast vollständig zerstört. Viele Menschen starben und hinterließen zahlreiche Trauernde. Sie fanden ihren Weg in Sasakis Garten und baten ihn, sein Telefon benutzen zu dürfen. Bis heute kommen Menschen und telefonieren mit dem Wind und halten Zwiesprache mit ihren Toten.

Mittlerweile gibt es auch ein Windtelefon auf der dänischen Insel Lyø und eins im deutschen Städtchen Arnis.

## Was ist, wenn der Platz zu groß wird?

Manche Menschen machen sich Sorgen, dass der Platz der verstorbenen Person in ihrem Leben vielleicht zu groß wird.

### Sarah

»Mir erzählte einmal eine Frau, dass ihre Cousine den Mantel ihres vor einem Jahr verstorbenen Mannes immer noch im Flur hängen hatte. Sie war darüber sichtlich irritiert und fragte mich, ob ich denn nicht fände, dass dies ein Zeichen von schlecht verarbeiteter Trauer wäre und ihre Cousine nicht dringend psychologische Unterstützung benötigte. Ich antwortete ihr: ›Wenn der Mantel dort hängt und der Frau guttut, sie ihn in ihr Leben integrieren und sich weiterentwickeln kann, dann kann der Mantel dort für immer hängen bleiben. Er kann sie durchs Leben begleiten wie die Erinnerung an ihren verstorbenen Mann, die ja auch nicht in Tüten gepackt und entsorgt wird. Wenn der Mantel im Flur aber so viel Raum einnimmt, dass es eng wird, die Erinnerung so übermächtig ist, dass ihr kein Platz zur weiteren Entfaltung bleibt und sie darunter zu leiden beginnt, dann ist es vielleicht Zeit, darüber nachzudenken, ob es ihr noch hilft, dass der Mantel dort hängt. Aber das kann von außen niemand sagen, das kann nur die Frau selbst entscheiden.‹«

Wenn ihr selbst unsicher seid, ob euch Erinnerungen eher belasten oder guttun, stellt euch doch einfach die Frage: Hilft mir meine Art zu trauern, oder blockiert sie mich? Wenn ihr merkt, dass es euch nicht gut geht mit eurem Erinnern, sucht euch Unterstützung, zum Beispiel Trauerbegleitung oder therapeutische Hilfe.

Manchmal ist es auch gut und richtig, sich von einem Erinnerungsstück zu trennen. Auch das kann herausfordernd sein und Kraft kosten. Nehmt euch dafür Zeit.

## Wusstet ihr schon?

So verschieden, wie wir Menschen sind, so bunt und unterschiedlich ist auch der Umgang mit Tod und Trauer auf der ganzen Welt. Jede Kultur und Religion hat eigene Trauerrituale, aber die passen nicht für alle Menschen, und es gilt herauszufinden, was für euch stimmig ist.

Traditionelle Feiertage in Deutschland sind zum Beispiel das katholische Allerheiligen (1. November) oder der evangelische Totensonntag (letzter Sonntag vor dem ersten Advent). An beiden Feiertagen werden traditionell die Gräber auf den Friedhöfen mit Blumen, Gestecken und Kerzen geschmückt.

In Polen gibt es den Brauch, zum weihnachtlichen Festtagsessen ein Gedeck mehr einzudecken, als Gäste geladen sind, um an ein verstorbenes Familienmitglied zu erinnern.

In Mexiko gibt es den bunten *Día de los Muertos,* an dem sich Zugehörige nachts an den Gräbern ihrer Verstorbenen treffen und in großen Töpfen deren Lieblingsessen mitbringen. Sie singen und feiern ausgelassen auf den Friedhöfen und lassen Erinnerungen lebendig werden.

In anderen Kulturen sind Dinge ganz selbstverständlich, die in unserer Kultur unvorstellbar sind. Während bei uns die Wahrung der Totenruhe ein vielfach religiöser und auch gesetzlich verankerter Grundsatz ist, der beinhaltet, dass Gräber nur in Ausnahmensituationen noch mal geöffnet werden dürfen, gibt es Kulturen, in denen genau das üblich ist, wie bei den Toraja in Indonesien. Nach der Beisetzung findet einmal im Jahr das *Ma'Nene*-Ritual statt. Die Toten werden dabei wieder aus den Särgen gehoben, gereinigt, neu eingekleidet und durchs Dorf geführt. Danach werden sie wieder bestattet.

### Warum ist das wichtig?

Wenn wir uns an unsere verstorbenen Menschen erinnern, kann das unser Leben reicher und bunter machen. So leben sie in uns weiter. Früher dachte man, dass das Ziel eines Trauerprozesses sei, am Ende nicht mehr mit dem verstorbenen Menschen verbunden zu sein, dass man ihn also ganz loslassen solle. Heute weiß man, dass es zwar wichtig ist, zu begreifen, dass jemand tot ist, aber dass man auch weiterhin und auf neue Weise verbunden bleiben kann. Das hilft dabei, mit dem Tod eines wichtigen Menschen klarzukommen.

Alle Gedanken und Gefühle dürfen sein. Egal für welche Rituale oder Traditionen ihr euch entscheidet, um mit eurer verstorbenen Person in Verbindung zu sein, es gibt dabei kein Richtig oder Falsch.

Sarah

# GETROCKNETE ROSEN

Als ich achtzehn wurde, schenkte Ralf mir achtzehn rote Rosen. Ich sehe ihn noch mit diesem Riesenstrauß in der Tür stehen, mit einem Lächeln auf den Lippen. Es war die Zeit, in der Trockenblumen in Mode waren, und sowieso wollte ich diesen Strauß natürlich für die Nachwelt aufbewahren. Also trocknete ich die Blumen und hängte sie an meine Zimmerwand. Die Zeit verging, wir trennten uns, die Blumen blieben. Ich zog aus und ließ den Strauß auf dem Schrank meines alten Zimmers zurück, der bei meinen Eltern blieb. Irgendwann zogen meine Eltern um und baten mich, meine restlichen Sachen abzuholen, auch den Strauß. Mittlerweile waren die Rosen grau, verstaubt und kaum mehr zu erkennen. Ich stand an der Mülltonne im Hof, aber ich konnte mich nicht überwinden, sie wegzuwerfen. Ralf war tot, und es waren doch Blumen von ihm, das durfte ich doch nicht. Ich hatte das Gefühl, als würde ich seine Liebe wegwerfen. Also legte ich die grauen Stängel wieder auf einem Schrank ab, und jedes Mal, wenn ich sie sah, überkam mich ein Gefühl von Anstrengung und Schuldbewusstsein, das ich nicht in Worte fassen konnte. Ich begann, die trockenen Dinger zu hassen, sie belasteten mich. Sie waren hässlich und nahmen Platz weg. Nicht so sehr auf dem Schrank als vielmehr in meinem Leben. Ich wollte sie nicht mehr, ich brauchte sie nicht mehr als Erinnerung an Ralf. Es waren tote Rosen, verstorben vor langer Zeit. Aber wie sollte ich sie loswerden?

In einer Winternacht kam mir dann eine Eingebung. Ich zog ein Backblech aus dem Ofen, legte die Rosen darauf und stellte es auf den Balkon. Es war schon nach Mitternacht und so eisig, dass mein Atem kleine Rauchwolken in die Dunkelheit steigen ließ. Ich nahm ein Streichholz und zündete die Blumen an. Mit einem leisen, sausenden Geräusch hob sich der Strauß in die Höhe und löste sich in einer Stichflamme fast vollständig auf. Ein paar kleine Ascheflocken schwebten auf mich nieder, und in mir breitete sich ein wohlig-warmes Gefühl von Freude und Erleichterung aus. Die Rosen waren endlich fort. Die Erinnerung an Ralfs Lächeln an meinem Geburtstag, die Erinnerung an seine Liebe, all das war und ist noch da.

## WIE LANGE DAUERT TRAUER?

Die Bestattung ist vorbei, und viele Trauernde erhoffen sich davon Erleichterung. Oft ist das Gegenteil der Fall. Denn nun öffnet sich die kommende Zeit ohne die verstorbene Person, und die Endlosigkeit wird deutlich.

**Sarah**

»Ich war einmal eingeladen zu einem Treffen verschiedener Trauergruppen, die sich einen Vortrag von mir über das Thema ›Trauer‹ wünschten. Ich erzählte von Trauermodellen, verschiedenen Aspekten von Trauer, und eine Teilnehmerin hob den Arm. Sie sah mich verzweifelt an und fragte: ›Wie lange dauert das denn jetzt? Können Sie mir bitte sagen, wann es endlich vorbei ist?‹ Die große Not, die aus ihrer Frage sprach, hat mich lange beschäftigt.«

### Was ist Trauer eigentlich?

Am Ende des Kinderbuches *Ronja Räubertochter* von Astrid Lindgren stirbt der alte Räuber Glatzen-Per. »Mattis aber ging laut weinend in der Steinhalle auf und ab und schrie: ›Er ist immer da gewesen! Und jetzt ist er nicht mehr da!‹ (…) Da sagte Lovis: ›Mattis, du weißt, dass keiner immer da sein kann. Wir werden geboren und wir sterben, so ist es seit eh und je. Was jammerst du da?‹ ›Aber er fehlt mir‹, schrie Mattis. ›Er fehlt mir so sehr, dass es mir ins Herz schneidet!‹ ›Möchtest du, dass ich dich ein Weilchen in die Arme nehme?‹, fragte Lovis. (…) Dann saß er bald an Lovis und bald an Ronja gelehnt da und weinte sich aus, weinte seine Trauer über Glatzen-Per hinaus, der in seinem Leben immer da gewesen war und jetzt nicht mehr da war.«

Diese Szene macht so viel deutlich und ist dabei so simpel. Mattis weiß, dass keiner immer da sein kann, und trotzdem tut Glatzen-Pers Tod ihm weh. Er findet Trost bei seiner Frau und Tochter, die seine Trauer mit aushalten.

Wir wissen, dass wir Verluste erfahren werden, und sie schmerzen uns dennoch. Trauer braucht Ausdruck und ein Gegenüber. Beides kann trösten.

Trauer ist eine normale, natürliche Reaktion auf den Verlust. Trauer ist also gesund. Und Trauer ist ein Prozess, der gelebt werden will, etwas, das sich entwickelt und verändert. Ohne Trauer könnten wir keinen Verlust adäquat verarbeiten und wären schnell nicht mehr gut lebensfähig.

Wir alle erleben Trauer. Wir trauern um verstorbene Menschen, aber auch um vertane Chancen, eine zerbrochene Beziehung, ein verlorenes Spielzeug, die alte Wohnung, wenn wir in die neue Stadt ziehen. Erich Kästner sagte: »Es ist nämlich gleichgültig, ob man wegen einer zerbrochenen Puppe weint, oder weil man, später einmal, einen Freund verliert. Es kommt im Leben nie darauf an, worüber man traurig ist, sondern nur darauf, wie sehr man trauert.« Damit hat er einen wichtigen Punkt angesprochen, wenn es um Trauer geht, nämlich unsere Versuche, sie zu messen und einzuordnen, um sie damit zu beherrschen.

Sogar mit unseren Gesetzen versuchen wir das. In Luxemburg beträgt der Sonderurlaub nach dem Tod eines Kindes fünf Tage. Ist das Kind volljährig, sind drei Tage vorgesehen. Warum? Was wird erwartet? Dass die Trauer um ein neunzehnjähriges Kind leichter ist als um ein zehnjähriges? Oft ist es uns gar nicht bewusst, wie viel Wertung ein Trauerfall erfährt und wie unerträglich das für die trauernden Menschen sein kann.

Es gibt viele tolle Bücher, Vorträge und Modelle zu Trauer, viele Menschen haben Wichtiges über sie gesagt, viel zu viele, um sie hier alle aufführen zu können. Wir möchten eher einen Ausflug mit euch machen und ein paar Dinge streifen, die wir wichtig finden. Wir erheben keinen Anspruch auf Vollständigkeit.

## Gefühle, Symptome und Verhaltensweisen von Trauer

»Ich fühl' mich unbewohnt«, singt Herbert Grönemeyer. »Ich spür' deinen Blick, der liebevoll auf mir ruht«, heißt es in einem Lied, das Sarah über Ralf geschrieben hat, »So hard to move on / Still loving what's gone« in einem Stück von Peter Gabriel.

Trauer äußert sich in vielen verschiedenen Gefühlen und Verhaltensweisen, die oft vom Umfeld oder auch der trauernden Person selbst gar nicht als der Trauer zugehörig eingeordnet werden. Denn wir verwechseln Trauer oft mit »traurig sein«.

**Sarah**

»Ein Freud von mir lebte in den USA und war schwer krank, und wir wussten, dass er sterben würde. Ich besuchte ihn und hatte anschließend eine zweite Reise geplant, um ihn noch mal wiederzusehen. Er starb fünf Wochen, bevor ich wieder zu ihm gefahren wäre. Mein erster Impuls, als ich von seinem Tod erfuhr, war Wut. ›Du Arsch, warum hast du nicht auf mich gewartet?‹, dachte ich. Die Traurigkeit kam später.«

Gefühle in der Trauer können also auch Wut, Ärger, Verzweiflung sein, aber auch Liebe, Dankbarkeit, Taubheit und Erleichterung. Manchmal machen wir komische Sachen, wenn wir trauern, die für uns aber sinnvoll sind, auch wenn es andere nicht verstehen.

Manche Leute gehen immer wieder zu den Lieblingsorten ihrer Verstorbenen. Andere meiden sie und gehen Umwege. Manche räumen sofort alle Sachen weg und geben die Kleider in die Sammelstelle, während andere alles in der Wohnung so lassen, wie es war, und die Jacke hängt im Flur, als würde der verstorbene Mensch gleich zurückkommen.

Manche Leute stürzen sich in Aktivität, arbeiten viel oder gehen viel aus und wollen unter Menschen sein. Andere ziehen sich zurück, suchen Ruhe und wollen sich nicht an Gemeinschaftlichem beteiligen.

Beim Trauerkaffee erzählte eine Trauernde empört: »Alle sagen mir, ich solle etwas unternehmen und unter Leuten sein, dann würde es mir besser gehen, aber ich will nicht rausgehen, ich will auch nicht unter Leuten sein. Ich will einfach nur meine Ruhe haben!«

Alles ist erlaubt, nichts daran ist verkehrt, wenn es das Bedürfnis der trauernden Person ist.

Oft verspüren trauernde Menschen auch körperliche Symptome wie Zittern, Kopfschmerzen, Herzrasen oder Übelkeit. Mitunter können die Körpererfahrungen auch sehr widersprüchlich sein, beispielsweise Müdigkeit und Schlaflosigkeit, Heißhunger und Appetitlosigkeit, lähmende Starre und Bewegungsdrang.

## Trauermodelle

Bestimmt habt ihr schon mal von Trauerphasen gehört. Elisabeth Kübler-Ross, eine Schweizer Ärztin, die als Pionierin der Sterbebegleitung gilt, hat ihr berühmtes Modell der der Sterbephasen 1969 publiziert.

Basierend auf diesem Modell entwickelte die Schweizer Psychologin Verena Kast eins der ersten Trauermodelle. Es bestand aus vier aufeinanderfolgenden Phasen. 1. Das Nicht-Wahrhaben-Wollen, 2. Aufbrechende Emotionen, 3. Suchen und Sich-Trennen und 4. Der neue Selbst- und Weltbezug. Das Problem an einem solchen linearen Modell ist, dass es vorgibt, Trauer habe einen Anfang, und wenn man den Weg »abgearbeitet hat«, erreiche man ein Ende. Aber so ist es nicht. Trauer ist viel komplexer und sehr facettenreich. Auch bleibt die Frage nach einem Ende offen.

Trauermodell von Chris Paul

Ein Modell, mit dem wir gerne arbeiten, ist das Facettenmodell von Chris Paul, das »Kaleidoskop des Trauerns«. Es ist beweglich und sehr individuell. In der Arbeit mit trauernden Menschen haben wir immer wieder die Erfahrung gemacht, dass es hilfreich ist, das Modell zu benutzen, um die momentane Situation sichtbar zu machen und um die eigene Trauer besser zu verstehen.

Jeder Trauerprozess ist einzigartig. Dennoch gibt es Themen, mit denen sich Trauernde immer wieder beschäftigen. Das sind die Facetten: Überleben, Wirklichkeit begreifen, Gefühle wahrnehmen, sich anpassen, verbunden bleiben und den Verlust einordnen.

Wie in einem Kaleidoskop sind alle Facetten von Anfang an gleichzeitig da. Mal tritt die eine, mal die andere Facette in den Vordergrund, manchmal mehrere zugleich. Das Kaleidoskop ist in Bewegung. Die Facetten werden nicht gradlinig nacheinander beschritten oder gar abgehakt, sondern auf verschiedenen Phasen des Trauerwegs immer wieder neu bearbeitet.

Die Facette »**Überleben**« steht gerade am Anfang eines Trauerprozesses oft im Vordergrund. Es geht um das pure Über- und Weiterleben nach dem – eigentlich nicht erträglichen – Verlust eines nahen Menschen. Zu der Facette gehört alles, was dazu beiträgt, die Verlusterfahrung und die erste Zeit danach irgendwie zu überstehen. Dazu können Ablenkung, Arbeit und Aktivität ebenso gehören wie Verstummen, Sich-Zurückziehen, Weglaufen und manches, was Außenstehenden seltsam erscheinen mag.

Die Facette »**Wirklichkeit**« symbolisiert das Begreifen, dass ein wichtiger Mensch wirklich tot ist. Dazu kann ein körperlicher Abschied von der verstorbenen Person hilfreich sein, um den Verlust mit allen Sinnen zu begreifen. Aber auch Dinge wie das leere Zimmer zu sehen, die Sachen auszusortieren, mit Menschen über den Verstorbenen zu sprechen (das erste Mal im Präteritum, vielleicht) gehören dazu.

Die Facette »**Gefühle**« zeigt, wie verschieden Emotionen auf einem Trauerweg sein können. Neben Traurigkeit und Schmerz gibt es auch Wut, Liebe, Dankbarkeit, Erleichterung, Ohnmacht und vieles mehr. Alle diese Gefühle haben ihre Berechtigung und brauchen ihren Raum.

Jedoch sind nicht alle Gefühle gleichermaßen gesellschaftlich akzeptiert. Manche trauernden Menschen machen die Erfahrung, dass die andauernde Intensität ihres Schmerzes oder ihrer Sehnsucht nach der verstorbenen Person von ihrem Umfeld nicht lange ausgehalten wird und es nach einer gewissen Zeit die Erwartung gibt, es müsse »mal wieder gut« sein. Andere Gefühle, wie Erleichterung angesichts eines Todes oder Wut auf den verstorbenen Menschen, werden vom Umfeld oft als unangemessen oder unangebracht bewertet und Trauernden nicht zugestanden.

Bei der Facette »**sich anpassen**« geht es vor allem um äußere Veränderungen, wie zum Beispiel eine neue Rolle. Dann ist der Ehemann plötzlich Witwer oder die Tochter Halbwaise. Trauernde müssen mit Veränderungen in ihrem Leben, ihrem Alltag, ihren Aufgaben sowie den Reaktionen ihrer Umgebung zurechtkommen, die der Tod eines nahen Menschen mit sich bringt. Sich diesem veränderten Leben anzupassen, kostet Kraft und Mühe.

Bei der Facette »**verbunden bleiben**« geht es um Beziehung. Die bleibende Verbundenheit mit dem verstorbenen Menschen zu spüren, ist für viele Trauernde etwas Positives. Dazu wird Raum benötigt zum Erinnern, um über die verstorbene Person zu sprechen und um ihr einen Platz zu geben. Viele Dinge, die wir im vorstehenden Kapitel beschrieben haben, finden sich auf dieser Facette wieder.

Die Facette »**Einordnen**« befasst sich mit dem Einordnen des Verlustes in die eigene Biografie. Der Tod eines nahen Menschen und auch der eigene Umgang damit können alle bisher sicheren Grundüberzeugungen erschüttern und umwerfen. Vielleicht müssen Lebensentscheidungen neu überdacht oder auch verändert werden. Ein Tod kann frühere Erfahrungen und Ängste bestätigen und festigen. Er kann aber auch allem bisher Geglaubten widersprechen. Manchmal öffnen sich völlig neue Perspektiven, wenn ein Verlust unser Leben neu ordnet. Vergangenheit, Gegenwart und Zukunft müssen unter diesem Blickwinkel neu interpretiert werden, um neuen Boden für das Weiterleben unter die Füße zu bekommen.

Es kann im Trauerprozess hilfreich sein, immer wieder neu zu schauen, wie sich das persönliche Kaleidoskop verändert, wo man sich gerade befindet und was die aktuell wichtigen Bedürfnisse sind.

## Trauer bei Suizid

Wenn sich ein Mensch selbst tötet, dann sind die Zugehörigen neben der Trauer oft mit Fragen und Reaktionen der Umwelt konfrontiert, die ihre Trauer erschweren können.

Chris Paul

Chris Paul ist Fachfrau für erschwerte Trauerprozesse, Dozentin, Fachautorin, Trauerberaterin und Leiterin des Trauerinstituts Deutschland. Ihre Bücher für Betroffene und Fachleute im Bereich »Trauer« sind Standardwerke. Vor allem das von ihr vorgestellte »Kaleidoskop des Trauerns« und die »Konstruktive Schuldbearbeitung«, die sie entwickelt hat, setzen im deutschsprachigen Raum Akzente. Ein besonderer Fokus ihrer Arbeit liegt auf der Begleitung von Menschen, die Zugehörige durch einen Suizid verloren haben.

**Sarah:** »Es ist immer schmerzhaft, wenn ein naher Mensch stirbt. Was ist speziell bei der Trauer nach einem Suizid?«

**Chris:** »Jeder Tod hat eine eigene Geschichte, so ist es auch beim Suizid. Daher kann ich nur einige Punkte benennen, die es besonders schwer machen können, den Tod zu begreifen. Die Mischung daraus ist bei allen Trauernden einzigartig:

Suizid ist meist ein einsames Sterben, und vieles bleibt dabei unklar. Da ist oft niemand, der genau sagen kann, was der suizidierten Person durch den Kopf ging und ob sie gelitten hat. Oft ist sogar der Zeitpunkt unklar. Es kann außerdem traumatische Bilder beim Finden eines Verstorbenen geben.

Die polizeilichen Ermittlungen, die zwingend erforderlich sind, verhindern häufig eine direkte, liebevolle Abschiednahme.

Mögliche Verletzungen führen leider immer noch dazu, dass Hinterbliebenen von einer Abschiednahme zu einem späteren Zeitpunkt abgeraten wird, auch das macht es schwerer, den Tod buchstäblich zu ›be-greifen‹.

Verstorbene werden zudem oft auf ihre Krisen und den Tod durch Suizid reduziert. Die für viele Menschen so wichtige Erinnerungsarbeit und die Entwicklung einer starken inneren Verbindung zu den Verstorbenen wird dann überlagert von den Vermutungen über die Anlässe für den Suizid.

Suizid ist immer noch ein ›Angstgegner‹ für viele Außenstehende. Sie wollen nichts damit zu tun haben und meiden fast reflexhaft die Hinterbliebenen nach einem Suizid, um sich nicht mit dem Thema auseinandersetzen zu müssen. Oder sie machen ihnen sogar Vorwürfe, den Suizid verursacht zu haben. So distanzieren sie sich von der Tatsache, dass eine Selbsttötung eine menschliche Möglichkeit ist und in jeder Familie vorkommen kann.

Belastungen aus vorangegangenen Krisen oder psychischen Erkrankungen der Verstorbenen, die teilweise versteckt wurden und vielleicht schon

Scham und Schuldfragen ausgelöst haben, können die Situation erschweren.«

**Sarah:** »Die erste Frage nach einem Suizid ist meistens: warum? Oft denken Zugehörige, wenn sie wissen, warum dieser Mensch sich getötet hat, wird es einfacher. Ist das so?«
**Chris:** »Menschen brauchen Geschichten, Erklärungszusammenhänge, logische Abfolgen, um sich sicher zu fühlen. Suizide kommen grundsätzlich unerwartet oder zu einem unerwarteten Zeitpunkt, weil gerade alles gut schien, endlich ein Therapieplatz gefunden worden war oder jemand versprochen hatte, ›es‹ nicht zu tun. Damit ist die Welt subjektiv vollständig aus den Fugen oder aus dem Takt geraten. Es gibt nichts mehr, worauf man sich verlassen kann, am allerwenigsten auf sich selbst oder die eigene Intuition.
Die Warum-Frage sucht den Kitt, der die Bruchstücke aus Vergangenheit, Suizid und Gegenwart zusammenfügt. ›Wenn ich verstehe, was dazu geführt hat, kann ich es in Zukunft verhindern. Wenn ich herausfinde, wie viel ich falsch gemacht habe, kann ich entscheiden, wie ich damit weiterlebe. Wenn ich das Ganze verstehe, dann kann ich wieder einen Weg finden, mir selbst und anderen zu vertrauen.‹«

**Sarah:** »Nach einem Suizid ermittelt immer die Polizei, auch wenn Suizid keine Straftat ist. Was kann das bei Zugehörigen auslösen?«
**Chris:** »Das ist oft schwer auszuhalten. Der verstorbene Körper gilt plötzlich als beschlagnahmtes ›Beweismittel‹ und wird oft erst nach drei oder mehr Tagen ›freigegeben‹. Eine direkte Abschiednahme ist so erst nach Tagen des Wartens und der Ungewissheit möglich, das quält, macht ohnmächtig und lässt den Trauerprozess gleich mit großen Stolpersteinen beginnen.

Trauernde, die gerade erst vom Tod erfahren haben, werden nicht getröstet, sondern vernommen. Das verstärkt die Fragen nach Versäumnissen und Fehlern. Einsatzfahrzeuge im Vorgarten und stundenlange Polizeipräsenz im Haus vermitteln – auch wenn das nicht beabsichtigt ist – den Eindruck von Verbrechen und von Besonderheit auf die negativste Art. Es ist schwer, sich dabei als ›normaler Mensch‹ angesichts einer zutiefst menschlichen Situation, dem Tod eines geliebten anderen Menschen, zu empfinden.«

**Sarah:** »Suizid ist oft schambesetzt. Menschen möchten die Todesursache gern verheimlichen gegenüber dem sozialen Umfeld und auch vor Kindern. Was macht so ein Geheimnis mit einem?«
**Chris:** »Eine Lüge mag zu Beginn entlastend sein, aber sie zieht eine ganze Kette von weiteren Lügen nach sich, es wird immer schwerer, den Überblick zu behalten. Man muss sich kontrollieren, sich verschließen, damit einem die Wahrheit nicht doch ›rausrutscht‹. Das verändert Beziehungen. Vor allem Kinder und Jugendliche – die häufig durch eine Halbwahrheit oder Lüge geschützt werden sollen – spüren, dass sie belogen werden, und fühlen sich ausgegrenzt. Ich begegne immer wieder Menschen, denen als Kind vom vermeintlichen Unfalltod eines Elternteils erzählt wurde und die heute sagen: ›Dieser Verlust durch den Tod war schlimm. Aber am schlimmsten war, dass ich danach die ganze Familie verloren habe, weil niemand mehr ehrlich mit mir gesprochen hat.‹«

**Sarah:** »Du hast ein illustriertes Kinderbuch geschrieben zum Thema ›Suizid‹. Wie bist du dazu gekommen, und was war dir dabei wichtig?«
**Chris:** »Die Idee war schon ganz lange da, eine für Kinder verständliche und auch zumutbare Geschichte zu schreiben. Ich höre die Not der Eltern in meiner Praxis, in Seminaren und bei Vorträgen. Alle Erwachse-

nen fragen sich, wie sie mit ihren Kindern über den Suizid zum Beispiel des Vaters oder der älteren Schwester sprechen können. Vor allem, ob sie das überhaupt tun können und sollen.
Mir war es wichtig, aus der Sicht des Kindes in der Rückschau zu erzählen, was passierte und wie die Familie damit umgegangen ist. Ich wollte die Liebe unter den lebenden Familienmitgliedern zeigen, die nicht alles perfekt hinbekommen, aber die es immer wieder versuchen, einen Weg mit- und zueinander zu finden.«

**Sarah:** »Was ist hilfreich im Umgang mit Trauernden, die jemanden durch Suizid verloren haben?«
**Chris:** »Möglichst viel Normalität! Das gilt ja auch für andere Trauernde. Rücksichtsvolle, mitfühlende Normalität. In Kontakt bleiben. Angebote machen. Wiederholte Fragen nach Fehlern, Versäumnissen und Schuld aushalten, die wollen einfach immer wieder ausgesprochen werden und brauchen keine Absolution von anderen. Über die Verstorbenen sprechen, nicht nur über ihren Tod oder mögliche Krisen und Erkrankungen. Keine Pseudofachleute sein, also nicht aus eigener Hilflosigkeit drängen, dass jemand zur Therapie oder in eine Trauergruppe gehen soll. Geduldig sein, denn das ist ein langer Weg. Ängste ertragen und bereit sein, Absprachen zu treffen, die einem seltsam vorkommen. Wer einmal so einen Schicksalsschlag aus ›heiterem Himmel‹ ertragen musste, hält viel mehr für möglich als andere und fürchtet sich vielleicht, wenn jemand nur fünf Minuten zu spät zu einer Verabredung kommt. Eigene Ängste oder auch die Faszination angesichts der Möglichkeit, sich selbst zu töten, bitte woanders besprechen! Eigene Grenzen beachten, das gilt auch für alle Trauernden. Den Blick auf das halten, was jemand tut, wie jemand diesen schweren Weg geht und was noch verbindet. Denn das ist das Wichtigste, in Kontakt bleiben!«

## Wusstet ihr schon?

Trauer ist eine Krise. Die Fähigkeit einer Person, Krisen zu bewältigen, nennt man **Resilienz**. In der Wissenschaft wird Resilienz häufig als »psychische Widerstandskraft« definiert. Es gibt Resilienz stärkende beziehungsweise stabilisierende Faktoren. Das kann zum einen lösungsorientiertes Denken bei Problemen sein. Aber auch Optimismus, Hoffnung, Kreativität, Bescheidenheit und die Bereitschaft zur Vergebung können sich positiv auf unsere Widerstandsfähigkeit auswirken. Es gibt Hinweise, dass Spiritualität und Glaube ebenso einen positiven Einfluss auf die Bewältigung einer Krise haben. Die Vorstellung von einer alles umspannenden Kraft kann zum Beispiel in schweren Zeiten Zuversicht geben. Glaubensgemeinschaften können zudem gegen das Gefühl von Einsamkeit helfen.

Es gibt Eigenschaften, auf die eine Person in der Krise aktiv selbst zugreifen kann. Wichtig sind aber auch Faktoren, die von außen wirken. Dazu gehört ein stabiles Umfeld, aber auch, wie andere Menschen in einer Krise auf uns reagieren. Menschen, die zuhören und da sind, können die Resilienz einer Person stärken.

Wenn jemand eine Krise bewältigt, ohne daran zu zerbrechen, führt dies zu Lernerfahrungen, die die Persönlichkeit prägen und die Resilienz zusätzlich stärken. Das heißt, durch das positive Erlebnis der Bewältigung wird das Gefühl der Selbstwirksamkeit gestärkt.

Der Resilienz-Begriff ist sehr vielschichtig und wird in vielen Zweigen der Wissenschaften unterschiedlich diskutiert. Es gibt daher keine einheitliche Meinung darüber, warum manche Menschen weniger resilient sind und andere eine starke Resilienz besitzen.

## Gesetze

Verbeamteten Beschäftigten oder Angestellten des öffentlichen Dienstes wird in der Regel zwei Tage Sonderurlaub gewährt, wenn der Verstorbene mit der trauernden Person nach dem ersten Grad verwandt ist, also Eheleute, Eltern oder Kinder. Ein Tag gilt offiziell für den Todestag, der andere für die Bestattung. Bei anderen Arbeitsverhältnissen wird der Sonderurlaub im Arbeitsvertrag vermerkt, beläuft sich aber oft auf einen ähnlichen Zeitraum.

Viele Arbeitgeber sind kulanter, und es ist oft kein Problem, sich für einen längeren Zeitraum krankschreiben zu lassen, aber es sagt schon etwas aus über unsere Gesellschaft, in der das Funktionieren und Weitermachen einen großen Stellenwert hat. Denn es geht auch anders. Frankreich sieht für Eltern, die ein Kind verlieren, fünfzehn Tage Sonderurlaub vor, in Schweden und England sind es zehn Tage.

Trauer ist keine Krankheit. Dennoch geht der Bundesverband Trauerbegleitung davon aus, dass es in etwa zehn bis zwanzig Prozent der Trauerfälle zu einem problematischen Trauerverlauf kommt, der in der Regel professioneller Hilfe bedarf. Dafür wurde 2019 die »anhaltende Trauerstörung« ins ICD-11[5] aufgenommen. Sie ist dann gegeben, wenn unter anderem nach sechs Monaten noch ein schweres und anhaltendes Verlangen nach der verstorbenen Person gegeben ist. Wird eine Trauerstörung diagnostiziert, kann eine Behandlung bei der Krankenkasse abgerechnet werden.

5 ICD-11 ist die elfte Version der Internationalen statistischen Klassifikation der Krankheiten und verwandter Gesundheitsprobleme.

Prinzipiell ist dies positiv. Aber der Bundesverband Trauerbegleitung befürchtet, »dass die Diagnosemöglichkeit nach sechs Monaten zu einer Normierung des Trauerprozesses führen kann und zu einer Erwartung, dass eine Trauer nach sechs Monaten abgeschlossen zu sein hat, wenn sie gesund verläuft. Dies ist vollkommen unrealistisch und spielt Machbarkeitswahn und dem Druck zum Funktionieren in der modernen Gesellschaft in die Hände.«

## Angebote für Trauernde

Viele trauernde Menschen wünschen sich Unterstützung in ihrer Trauer, wollen aber keine Therapie machen. Das ist auch oft nicht notwendig, denn Trauer ist keine psychische Erkrankung. Es gibt viele Trauerbegleitende, die Unterstützung anbieten, die speziell auf Trauer zugeschnitten ist. Leider ist diese Unterstützung in vielen Fällen kostenpflichtig, da die Krankenkasse dieses leicht zugängliche Angebot nicht finanziert.

Trauerbegleitung kann aber maßgeblich sein für die Vermeidung von psychischen Störungen, die sich aus einer Trauer heraus ergeben können. Die Deutsche Gesellschaft für Palliativmedizin sagt dazu: »Trauerbegleitung verdient jede hilfreiche Form gesellschaftlicher Unterstützung und Anerkennung. Dieses Angebot muss weiter ausgebaut, bekannter gemacht und mit der Palliativversorgung und ambulant niedergelassenen Ärzten vernetzt werden. Denn Trauerbegleitung in ihrer gesamten Bandbreite hat nachweislich präventiven Charakter.«

Ein ebenfalls leicht zugängliches Angebot ist die Telefonseelsorge, zu erreichen zu jeder Tages- und Nachtzeit unter der Nummer 0800-1110111. Dort sitzen geschulte ehrenamtliche Mitarbeitende, die gut zuhören können. Sie können die Telefonnummer des Anrufenden nicht sehen, man kann also ganz anonym sprechen.

Es gibt auch Selbsthilfegruppen, in denen sich Trauernde miteinander austauschen können, sowie offene angeleitete Trauergruppen oder Trauercafés. Für eine intensivere Auseinandersetzung mit Aspekten der eigenen Trauer eignet sich eine Einzelbegleitung. Trauerbegleitende findet ihr unter anderem im Internet.

Es gibt auch Angebote für bestimmte Verluste, wie zum Beispiel Gruppen für Menschen, die ihre Kinder verloren haben. Der Verein AGUS e. V. ist eine Selbsthilfeorganisation, die sich an Trauernde richtet, die einen Menschen durch Suizid verloren haben.

## Warum ist das wichtig?

Trauer ist so individuell und vielfältig wie wir Menschen auch. Sie unterliegt großen Schwankungen, ist unterschiedlich stark ausgeprägt und kann in verschiedenen Facetten auftreten.

Wenn wir mehr über Trauer sprechen und lernen, werden wir verstehen, dass Trauer ein normaler und gesunder Prozess ist, der für unsere seelische Gesundheit unerlässlich ist. Nur dort, wo Trauer gesehen wird, kann sie sich auch verändern. Nicht verarbeitete Trauer kann uns daran hindern, uns in unserem weiteren Leben zu entfalten. Wenn wir unsere Trauer und auch die Trauer von anderen so annehmen, wie sie ist, und uns einander mehr zumuten, können wir gesellschaftlich mehr Raum für Trauer schaffen.

Katrin

# MEIN LEBEN GING EINFACH WEITER

Wenn ich über den Tod und meine Verluste spreche, werde ich oft gefragt, wie ich das alles so gut verkraften konnte. Diese Frage stelle ich mir selbst immer wieder. Wie kann ich nach so vielen Verlusten glücklich sein? Hätte ich nicht längst zusammenbrechen müssen? Habe ich vielleicht alles bloß verdrängt, und der Absturz kommt noch?

Kurz nach dem Tod meiner Mutter dachte ich, dass nun mein Zusammenbruch kommen würde. Mein Vater war gestorben, alle Großeltern, mein Bruder und meine Tochter. Ich war fassungslos, dass jetzt auch noch meine Mutter gestorben war.

Ich wünschte mir, mein Körper und mein Geist hätten einen Blackout. Die Welt sollte für mich einfach anhalten. Ich wünschte, ich wäre für ein paar Monate auf Pause gestellt. Alle Menschen in meinem Umfeld sollten sehen, dass all diese Verluste einfach viel zu viel waren, der Schmerz zu groß und mein Herz gebrochen. Ich wollte so richtig durchdrehen, kollabieren, mit Krankenhaus, Psychiatrie, das volle Programm, um mir und allen anderen klarzumachen, wie schlecht es mir ging. Ich wünschte mir eine diagnostizierte Depression, damit die Welt sehen konnte, dass es mich hart getroffen hatte.

Doch es kam anders. Ich funktionierte weiter, einfach so, obwohl ich es nicht wollte. Natürlich habe ich sehr viel geweint, ich war erschöpft und blieb auch ein paar Wochen krank zu Hause, aber im Großen und Ganzen lief mein Alltag genauso weiter wie eh und je. Ich brachte die Kinder in die

Kita, kaufte ein, machte Essen, wusch Wäsche und ging dann auch wieder arbeiten. Ich habe die Trauerfeier gestaltet, den Grabstein entworfen und mich um Erbschaftsangelegenheiten gekümmert, Rechnungen bezahlt und Verträge gekündigt.

Wie war all das möglich? Mein Leben ging einfach weiter. Warum konnte ich nach all diesen Verlusten so normal weiterleben und nach einiger Zeit wieder lachen, Spaß haben und sogar Lust empfinden?

Es ist schwierig, diese Fragen zu beantworten. Ehrlich gesagt habe ich nichts aktiv oder bewusst dafür getan. Erst jetzt, sechsundzwanzig Jahre nach meinem ersten Verlust, schreibe ich darüber und reflektiere meine Schutzmechanismen und meine Trauer.

In der Psychologie und anderen Wissenschaften erforscht man dieses Phänomen unter dem Begriff »Resilienz«. Als ich mehr über diesen Begriff las, konnte ich meinen Umgang mit Verlusten und Krisen besser verstehen und akzeptieren. Zuvor dachte ich noch, meine Reaktion wäre vielleicht unnormal.

Ganz offensichtlich verfüge ich über eine sehr starke Resilienz, also über eine starke Widerstandskraft und die Fähigkeit, Lebenskrisen zu bewältigen. Viele Umstände und Faktoren haben dazu beigetragen.

Bei jedem Verlust blieb mein Umfeld stabil, Schule, Ausbildung, Freunde, Familie, zumindest für die folgenden ein bis zwei Jahre, bis der nächste Verlust folgte.

Meine Sozialisierung hat vermutlich auch zur Stärkung meiner Resilienz beigetragen. Wirkliche Probleme gab es in meiner Familie nicht, denn es gab für alles eine Lösung. Ich erinnere mich an Sätze wie: »Das ist doch kein Problem!«, »Wir müssen eben das Beste daraus machen!«, »Die Dinge sind, wie sie sind!« … Meinen Eltern war es immer wichtig, nach einer Niederlage schnellstmöglich wieder aufzustehen und weiterzumachen. Das führte einerseits zu meinem lösungsorientierten Denken, es hatte aber auch zur Folge, dass ich Konflikte nie aushalten konnte.

Meiner Familie war es außerdem sehr wichtig, nicht aufzufallen. Wir wollten möglichst allen Problemen, die nicht lösbar waren, aus dem Weg gehen. Wir waren richtige Anpassungskünstler, denn es war einfacher, mit dem Strom mitzuschwimmen, um Widerständen auszuweichen. Ich bin in der DDR aufgewachsen und bin bei sehr vielen unsinnigen Dingen mitgeschwommen. Beim Pioniergruß rufen, beim Appell stehen, Halstuch binden, Pionierlieder singen, Fahne schwenken ... Ich war ein furchtbar braves, angepasstes Kind und habe all diese Dinge nie hinterfragt.

Wenn ich unzufrieden, traurig oder wütend war, sagte meine Mutter: »Es nützt nichts, Trübsal zu blasen, denk lieber an die schönen Dinge dieser Welt und genieße sie mit allen Sinnen!«

Mein Optimismus, Opportunismus, meine Oberflächlichkeit, mein Drang, Probleme schnell und einfach zu lösen, meine Fähigkeit, mich mit wenig zufriedenzugeben und Schwierigkeiten auszublenden, sind alles Faktoren, die meine Resilienz stärkten und mir letztlich halfen, meine Verluste zu überleben.

Auf der anderen Seite fällt es mir dadurch schwer, meine Gefühle wahrzunehmen, Erschöpfung, Trauer und Wut zu erkennen und zu benennen. Nur selten schaffe ich es, mich fallen zu lassen und Schwäche zu zeigen. Für meine Trauer muss ich mir Zeit nehmen und sie regelrecht einladen.

Das ist der Grund, warum ich mich nach einem Zusammenbruch sehnte. Andere Menschen in ähnlichen Situationen wünschen sich das Gegenteil, suchen Normalität und Stabilität. Sie wünschen sich nach einem schweren Verlust, endlich wieder auf die Beine zu kommen. Ich dagegen wünsche mir manchmal, in die Tiefen meiner Trauer abtauchen zu können.

Mir geht es gut, ich bin glücklich. Manchmal habe ich ein schlechtes Gewissen zu zeigen, wie gut es mir geht. Dann traue ich mich nicht so richtig, meine Freude auszuleben, und es fühlt sich falsch an, das Leben zu genießen. Ich will nicht, dass irgendjemand denkt, mir hätte meine Familie nichts bedeutet, weil ich sie nicht genug betrauert habe. Als würde die Intensität meiner Trauer etwas über die Stärke meiner Liebe aussagen. Ich weiß, dass das nicht so ist.

Außerdem habe ich getrauert und werde es mein Leben lang tun. Oft kommt meine Traurigkeit in der dunklen Jahreszeit, in der Zeit, in der fast alle Todestage liegen, von November bis März. In dieser Zeit fühle ich mich manchmal verlassen und einsam. Ich weiß, dass ich das in Wirklichkeit nicht bin, aber mir fehlen meine Mama, mein Papa, mein Bruder und meine Tochter sehr. Ich vermisse sie alle und denke dann darüber nach, wie sie auf eine Frage antworten oder wie sie sich über meine Söhne freuen würden.

In diesen Zeiten schaue ich liebend gerne traurige Filme oder Serien an und schluchze vor dem Bildschirm. Es ist schmerzhaft und wohltuend zugleich. Gerne stöbere ich danach in meinen Erinnerungskisten, schaue Fotoalben oder Filmaufnahmen an. Manche Erinnerungen teile ich mit Sarah, mit meinem Mann und meinen Freundinnen. In diesen Momenten sind meine Gestorbenen wieder nah bei mir.

Ich liebe es, meinen Kindern von ihnen zu erzählen. Es macht mich stolz zu sehen, wie meine Söhne mir gespannt zuhören und neugierige Fragen stellen. Manchmal erzähle ich lustige Anekdoten von ihrer gestorbenen Schwester. Dann lachen sie mit mir oder beginnen zu weinen, weil sie es traurig finden, dass sie nicht mehr lebt. Meistens wollen sie Bilder von ihr sehen, und wir blättern gemeinsam die Alben durch. Oder wir kuscheln uns zusammen mit dem Clara-Kissen aufs Sofa und schauen ein Familienvideo. Es sind nur einige Minuten, in denen wir weinen, uns halten und erinnern. Danach wollen meine Kinder meistens wieder wild und ausgelassen spielen.

Für mich sind das sehr kostbare Minuten. Nach der Traurigkeit fühle ich besonders viel Liebe. In solchen Momenten kann Trauer richtig schön sein.

# HINTENDRAN

Es kann sein, dass Menschen dieses Buch lesen und es sie traurig macht, weil sie hier Dinge lesen, die sie gern bei ihren Abschieden getan hätten. Auch uns ging es so. Bei unseren ersten Verlusten waren wir unsicher und haben vieles nicht gewusst. Aber jeder Abschied war und ist anders. Wir haben immer etwas dazugelernt.

Es ist möglich, mit den Dingen, die nicht gut gelaufen sind, Frieden zu finden. In dem Moment des Abschieds tun Menschen oft alles, was sie gerade tun können. Manchmal sind es die Umstände, die einen Abschied erschweren. Oft fehlt uns das Wissen oder eine hilfreiche Person, die uns an die Hand nehmen könnte, um uns im Abschied zu unterstützen. Aber wir verändern uns und wachsen. Beim nächsten Todesfall können wir vieles neu entscheiden.

Wie ein Abschied gelaufen ist, hat Auswirkungen auf den weiteren Trauerprozess. Daher wünschen wir uns bessere Gesetze und liebevolle Begleitung für alle Trauernden. Es sollte viel mehr Informationen über Abschiednehmen, Trauern und Bestatten geben. Warum wird beispielsweise darüber nicht mehr in Schulen und Ausbildungsstätten gesprochen?

Wir zeigen in diesem Buch viele Möglichkeiten, sich bei einem Abschied einzubringen. Der Untertitel dieses Buches lautet, »Warum selbstbestimmtes Abschiednehmen so wichtig ist«. Selbstbestimmung bedeutet, zu wählen, ob oder wie viel ihr euch einbringen möchtet. Das geht aber nur, wenn ihr wisst, was alles möglich ist. Wir freuen uns über jeden Menschen, der dank unseres Buches etwas selbstbewusster entscheiden kann.

Aber es ist nicht nur eine individuelle Frage. Die Frage »Wie wollen wir Abschied nehmen?« ist auch eine gesellschaftliche. Aus welchen Möglichkeiten wollen wir wählen? Welche Rahmenbedingungen soll Abschied haben? Wie viel Raum darf, soll oder muss er sogar einnehmen, damit wir gesund trauern können? Soll es mehr freie Zeit geben vom Arbeitgeber? Brauchen wir mehr Freiheiten für den Umgang mit der Asche unserer verstorbenen Menschen? Sollten wir nicht allen, die das wollen, ermöglichen, ihre Verstorbenen zu waschen, anzukleiden oder zwei Tage im Sarg zu Hause aufzubahren? Brauchen wir neue Orte für Abschiede? Sind vielleicht Bestattungsunternehmen mit einem Büro, einem Versorgungs- und einem Abschiedsraum nicht das Ende aller Träume? Darf und muss unsere Abschiedskultur nicht vielfältiger sein?

Wir brauchen unterschiedliche Angebote für unterschiedliche Bedürfnisse. Viele Menschen haben beispielsweise die Idee von einem Abschiedshaus gehabt. Wir wünschen uns das auch.

Wir stellen uns ein Haus vor mit einem großen Garten, vielleicht neben einem Friedhof gelegen, etwas abseits von der nächsten lauten Straße. Wilde Blumen wachsen im Garten. Apfelbäume spenden Schatten. Kinder können dort spielen. Erwachsene sitzen um den Tisch, schaukeln in der Hängematte oder liegen auf der Wiese. Freunde bemalen den Sarg eines geliebten Menschen. Es gibt ruhige Ecken, wo das Schilf rauscht und man allein sein kann, aber auch Gartenfeste, Filmabende und Gesprächsrunden.

Im Haus sind Räume mit Kühlungen. Zugehörige können sich dort so lange von ihren Verstorbenen verabschieden, wie sie wollen. Es gibt Essen und Trinken und ein weiches Sofa, wenn sie eine Pause brauchen. Es gibt ein Klavier und einen Raum, wo es still ist. Es ist jemand im Haus, der da ist, zuhört, Kaffee kocht, Nähkurse anbietet für Kissen aus Vaters Hemden und Farben neben den Sarg stellt. Die Lebenden werden gestärkt, und die Toten werden behütet, sodass bewusste Abschiede entstehen, die richtig sind.

Der Tod mag immer noch ohnmächtig machen, aber nicht mehr die Umstände, unter denen Abschied stattfindet. Das sollte uns etwas wert sein. Wir haben als Gesellschaft daran viel zu gewinnen.

Der Tod ist immer da, wird immer da sein. Er lässt sich nicht davon beeindrucken, ob wir mit ihm umgehen können oder nicht. Aber dann, wenn wir uns dem Tod zuwenden, ihn ansehen, anstatt ihm den Rücken zuzukehren, dann werden wir vielleicht auf eine ganz neue Weise spüren, wie zart und kostbar das Leben ist, werden behutsamer und liebevoller miteinander und unserer Welt umgehen. Das ist vielleicht ein revolutionärer Gedanke oder ein törichter, aber das ist unsere Hoffnung.

# Dank

Die »Sarggeschichten« sind und waren immer ein Gemeinschaftsprojekt von vielen großartigen Menschen, die ihre Energien und Talente einbringen und eingebracht haben, damit es weitergeht und neue Filme entstehen. Unser Dank gilt euch allen, denn ohne euch wären die Filme nie so erfolgreich geworden und dieses Buch gar nicht möglich gewesen.

Erfahrungen zu teilen, damit Menschen daraus lernen können, ist eine wundervolle Möglichkeit, die Botschaft des selbstbestimmten Abschiednehmens in die Welt zu tragen. Daher sind wir den Menschen, die ihre persönlichen Geschichten in diesem Buch teilen, besonders dankbar: Marco, Ingeborg, Hildegard, Katrin, Svea, Claas, Hauke, Muriel, Timo, Marit, Christiane, Wieland und Corinna, Cora, Anke und Tilman, Anika, Philipp und Frank, Stefan, Gitti und Ali, Andreas, Sophie, Anja und Martin, Nora und Peter, Fenja und Emilia.

Ebenso bedanken wir uns bei allen, die uns mit ihrem Wissen und ihrer Erfahrung geholfen haben, für ihre Interviewbeiträge: Julian Heigel, Kevean Mönchgesang, Joerg Vieweg, Jan Möllers, Ute Walkusch, Uli Michel, Stephan Bruns, Mechthild Schroeter-Rupieper und Chris Paul.

Ein riesiger Dank geht auch an alle, die uns bei der Umsetzung dieses Buches geholfen haben: Dorit Felsch, die als Erste unseren Text lektoriert hat und uns mit ihrem Wissen und Erfahrungsschatz zur Seite gestanden hat, dem Mosaik Programmleiter Johannes Engelke mit Lektorin Katharina Fokken, insbesondere Redakteurin Nina Schnackenbeck für die Begleitung und das finale Lektorat, Elisabeth Ruge und Katharina Vogel von der Elisabeth Ruge Agentur für die Vermittlung, Fotografin Tara Wolff für ihre fantastischen Bilder und den Spaß beim Shooting und Julia Deufel for being such a delightful corpse model, sowie Joris Bas Backer für seine wunderbare Zeichnung »Der Weg der Toten«. Danke an unsere Filmerin Katinka Zeuner, die mit uns »skriptet« und dreht und so viel Geduld mit uns hatte, während uns Film- und Buchproduktion gleichzeitig an unsere Grenzen brachten. Danke an Doreen Fröhlich und Jasmin Schreiber, durch die unser Verlag und unsere Agentur auf uns aufmerksam wurden.

Für das Inspirieren, Fragen beantworten, Bilder schicken, Querlesen und Ideen haben bedanken wir uns bei: Alessa Rhode, Thies Diestelkamp, Barbara Till, Peter Gustavson, Olaf Ihlefeldt vom Südwestkirchhof Stahnsdorf, Thomas Sitte, Eric Wrede, dem Fuhrunternehmen Gustav Schöne, dem Ricam Hospiz, den immer freundlichen Mitarbeitenden von Bade Hamburg Bestattungsbedarf, Verena von Rimaneo – Trauerbegleitung und Erinnerungskunst und Christian Ketz vom Asgard Bestattungshaus Rostock.

Ein besonders inniger Dank geht außerdem an all unsere nahen Menschen für die seelisch-moralische Unterstützung, fürs Zuhören und Dasein, fürs Austauschen und Reden und fürs Freischaufeln von Zeit!

An meine Mama, für ihre Liebe und das Immer-an-mich-Glauben.
An meinen Mann, für den Zuspruch und die liebevolle Fürsorge.

## In Gedenken an

Mit viel Liebe denken wir an alle Verstorbenen, deren Geschichten und deren Erinnerung in diesem Buch und in vielen Herzen weiterleben:
Ralf, Erna, Thomas, Clara, Renate, Christoph, Aref, Ingeborg, Mia, Zoe, Heide, Thomas, Silke, Paul und Dietmar.

# Literaturverzeichnis

Franz, Margit: *Tabuthema Trauerarbeit*, München 2021
Freud, Sigmund: *Trauer und Melancholie*, Frankfurt/M 1917
Globisch, Marcel und Hillmann, Thorsten: *Handbuch der Kinder- und Jugendhospizarbeit*, Stuttgart 2022
Gockel, Matthias: Sterben. *Warum wir einen neuen Umgang mit dem Tod brauchen*, Berlin 2019
Gockel, Matthias: *Was am Ende möglich ist*, München 2022
Kästner, Erich: *Das fliegende Klassenzimmer*, 1933
Kast, Verena: *Trauern*, Freiburg 2013
Kraft, Caroline und Brückner, Susann: *Endlich. Über Trauer reden*, München 2022
Kübler-Ross, Elisabeth: *On Death and Dying/Interviews mit Sterbenden*, Stuttgart/Berlin 1972, Neuauflage: Breisgau 2018
Linkman, Audrey: *Photography and Death*, London 2011
Michel, Uli: *Ein Kind in den Sternen*, Münster 2023
Müller, Hanna und Swiderski, Carla: *Wie Tiere trauern*, Hamburg 2022
Pachl-Eberhart, Barbara: *Vier minus drei*, München 2010
Paul, Chris: *Wir leben mit deiner Trauer*, Gütersloh 2021
Paul, Chris: *Ich lebe mit meiner Trauer*, Gütersloh 2021
Paul, Chris: *Warum hast du uns das angetan?*, Gütersloh 2008
Paul, Chris: *Schuld. Macht. Sinn*, Gütersloh 2019
Saunders, Cicely: *Sterben und Leben*, Zürich 2009
Schroeter-Rupieper, Mechthild: *Geht sterben wieder vorbei*, 2020
Schroeter-Rupieper, Mechthild: *Für immer anders*, 2020
Strauss, Sandra: *Nicht gesellschaftsfähig*, Leipzig 2022
Thanatos Archive: *Beyond the Dark Veil*, San Francisco 2015
Vieweg, Joerg: *Der Einbalsamierer*, Gera/Jena 2020
Worden, J. William: *Grief Counseling and Grief Therapy*, New York 2018

# Weiterführende Links

**Kostenüberblick der Verbraucherinitiative Bestattungskultur:**
www.aeternitas.de/fuer-betroffene/kosten-und-vorsorge/kostenueberblick/uebliche-gesamtkosten

**Sarg aus Pilzgeflecht:**
www.loop-biotech.com

**Sarg selbst bauen:**
www.feuerundnaturbestattung.wordpress.com/sarge/sarg-selbst-hergestellt/

**Kompostierung:**
www.reerdigung.de
www.recompose.life

**Fair produzierte Grabsteine:**
www.natursteinonline.de/zeitschrift/wissen/grabmale_ohne_kinderarbeit.html
www.fairstone.org/partner/fair-stone-partner-grabsteine/
https://koblenz.bund-rlp.de/themen-und-projekte/oeko-soziale-beschaffung/fairesteine-keine-steine-aus-ausbeuterischer-kinderarbeit/

**Bestattungsvorsorge:**
www.bestatter.de/bestattungsvorsorge/

**Vordruck Vorsorgevollmacht:**
www.bmj.de/SharedDocs/Downloads/DE/Service/Formulare/Vorsorgevollmacht.html

**Patientenverfügung in leichter Sprache:**
www.saarland.de/masfg/DE/service/publikationen/publikationen_msgff_einzeln/patientenverfuegung_ls.pdf?__blob=publicationFile&v=4

**Deutsche Gesellschaft für Palliativmedizin, Arbeitsblätter für Palliativ Care:**
www.dgpalliativmedizin.de/pflege/palliative-care-lehren-lernen-leben.html

**Grüne Damen und Herren:**
www.ekh-deutschland.de

**Schmuckstücke:**
www.rimaneo.de

**Sternenkind Fotografie:**
www.dein-sternenkind.eu

**Drive-Thru-Aufbahrung:**
www.cbsnews.com/video/michigan-funeral-home-offers-drive-thru-viewing/
www.joincake.com/blog/drive-thru-funeral/

**Abschied und Trauer bei Tieren:**
www.wissenschaft.de/erde-umwelt/trauern-elefanten-um-ihre-toten/
www.zeit.de/zeit-wissen/2014/04/lebenserwartung-tiere-alter/seite-3?utm_referrer=https%3A%2F%2Fwww.google.com%2F

**Anteil von Sarg- und Urnenbestattungen in Deutschland in den Jahren 2012 bis 2021:**
https://de.statista.com/statistik/daten/studie/1281529/umfrage/sarg-und-urnenbestattungen-in-deutschland/

**Erinnerungsstücke aus Asche:**
www.rest-in-vinyl.de
www.klapperglas.myshopify.com/collections/asche-schmuck
www.cremationink.com/de/tattoos-with-ashes/

**Virtuelle Abschiedsräume:**
www.vyvyt.com
www.farvel.space

**Gedenkseiten-Portale:**
www.digital-danach.de/gedenkseiten-portale-im-internet-ueberblick/

**Windtelefon in Japan:**
www.daserste.de/information/politik-weltgeschehen/weltspiegel/japan-230.html
www.spiegel.de/panorama/sags-dem-winda-91066643-0002-0001-0000-000148008183

**Trauerkultur in Indonesien:**
www.daserste.de/information/politik-weltgeschehen/weltspiegel/sendung/indonesien-totenkult-sulawesi100.html
www.fluter.de/ma%27nene-ritual-tote-ausgraben

**Anhaltende Trauerstörung:**
www.dgpalliativmedizin.de/images/20170705_DGP_Stellungnahme_Anhaltende_Trauerstörung.pdf

**Trauerbegleitung:**
www.bv-trauerbegleitung.de
www.trauergruppen.de
www.gute-trauer.de

**Links zu den Interviews:**
Julian Heigel: www.thanatos-berlin.de
Joerg Vieweg: www.trauerhafen.de
Jan Möllers: www.memento-bestattungen.de
Ute Walkusch: www.fbbrandenburg.de
Uli Michel: www.uli-michel.de
Mechthild Schroeter-Rupieper: www.familientrauerbegleitung.de
Chris Paul: www.chrispaul.de

# Bildnachweis

Alles wurde darangesetzt, das Eigentumsrecht des abgebildeten urheberrechtlich geschützten Materials zu bescheinigen. Mögliche noch bestehende Ansprüche werden nach gängigen Maßstäben vergütet.

Alamy Stock Foto, Seite 123: Alamy Stock/Science History Images

Archiv der Autorinnen: Seite 16 (alle), 17 (alle), 38 (oben links), 40 (oben links), 45 (oben rechts), 67, 77, 118 (alle), 134 (alle), 135 (alle), 140 (oben links), 144, 165, 180, 184 (oben links; unten zweites bis viertes von links), 193 (beide), 213, 229, 234 (alle), 235, 237, 238 (Bildhauerin Konscha Schostak, Künstlerin Anette von der Bey), 240 (alle), 241, 242, 260, 297

Asgard Bestattungshaus Rostock (Christian Ketz): Seite 45 (Mitte rechts)

Backer, Joris Bas: Seite 100, 101

Bade Hamburg Bestattungsbedarf: Seite 39 (alle), 184 (unten links)

Dahms, Amanda: S 281

Filmstill cbsnews: https://www.cbsnews.com/video/michigan-funeral-home-offers-drive-thru-viewing/: Seite 145

Filmstill Sarggeschichten e.V.: Seite 40 (unten links), 42 (alle), 43 (alle), 44 (alle), 80, 82 (alle), 86, 131, 132 (oben links; unten), 166, 179 (alle), 190 (alle), 191 (alle), 201 (alle), 250, 251, 253, 257, 263 (alle), 264 (alle), 265 (alle)

Komatsu, Matthew: Seite 267

Paul, Chris: S. 278

pixabay: Seite 68

privat: Seite 48, 54, 64, 121, 181, 185 (Mitte rechts), 220, 266

Rimaneo Erinnerungskunst: Seite 140 (oben rechts)

Rhode, Alessa: Seite 233

Saunders, Dr. Cicely: Abdruck mit freundlicher Genehmigung des St Christopher's Hospice: Seite 84

Sibeaster: Seite 124

Steffin, Jasmin: S. 217

The Thanatos Archive: Seite 141
Wesner, Geli: Seite 248
Wisskirchen, Mika Jannek: Seite 168
Wolff, Tara: Seite 38 (unten links), 107 (alle), 108 (alle), 109 (alle), 110 (alle), 111 (alle), 112 (alle), 113 (alle), 114, 115 (alle), 116 (alle), 132 (oben rechts), 136 (alle), 169, 170, 172, 193 (alle)
Wrede, Eric: Seite 185 (unten rechts)
Unbekannt, gemeinfrei: totenmasken.com: Seite 139

# Register